hänssler

BIBELWISSEN

KARL BARAL

Handbuch der biblischen Glaubenslehre

Grundlagen für Glauben und Leben

Karl Baral, geb. 1949, verheiratet, vier Töchter, ist Pfarrer in Rutesheim (bei Leonberg). Jura- (Tübingen, Berlin) und Theologiestudium (Tübingen, Erlangen); gehörte während seines Studiums zum Tübinger Albrecht-Bengel-Haus. Seit 1982 Dozent bzw. Gastdozent in den Fächern Unterscheidungslehre und Dogmatik im Seminar der Liebenzeller Mission (Bad Liebenzell).

Die Deutsche Bibliothek — CIP-Einheitsaufnahme

Baral, Karl:
Handbuch der biblischen Glaubenslehre : Grundlage für Glauben und Leben /
Karl Baral. — Neuhausen-Stuttgart : Hänssler 1994
    (Hänssler-Bibelwissen)
    ISBN 3-7751-2058-0

hänssler-Bibelwissen
Bestell-Nr. 392.058

© Copyright 1994 by Hänssler-Verlag, Neuhausen-Stuttgart
Umschlaggestaltung: Daniel Dolmetsch
Titelbild: Daniel Dolmetsch
Satz: AbSatz Ewert-Mohr
Printed in Germany

Meiner lieben Frau Anneliese

und unseren Kindern
Christine,
Hanna,
Elisabeth und
Esther

Inhalt

2. TEIL:
VON GOTT

4. TEIL:
VOM MENSCHEN

5. TEIL:
VON CHRISTUS

6. TEIL:
DIE PERSÖNLICHE ZUEIGNUNG DES HEILS

7. TEIL:
DAS REICH GOTTES UND DIE VOLLENDUNG

1. TEIL:
EINLEITUNG UND GRUNDVORAUSSETZUNGEN

A. Von der Theologie

I. Die Ermöglichung der Theologie

Theologie heißt »Lehre von Gott«. Wenn wir uns mit Theologie beschäftigen wollen, stellen sich zunächst drei Fragen:
1. Was meint eigentlich das Wort »Gott«?
2. Können Menschen von Gott reden und lehren?
3. Von welchem Gott? Denn »Gott« ist kein Name.

1. Was meint das Wort »Gott«?

Wir können bei der Antwort auf diese Frage vom Menschen ausgehen und »Gott« als das definieren, was einem Menschen *(subjektiv)* das Höchste ist.

Luther: »Woran du dein Herz hängst, das ist dein Gott.« So gibt es viele Götter.

Diese Definition hält beim Gottesbegriff für wesentlich, was unser Leben bestimmt. Sie geht vom Menschen aus, von seinem Wählen.

Wir können bei der Frage nach dem, was ein Gott ist, auch einen *objektiven* Standpunkt einzunehmen versuchen und definieren: Gott ist das, was überhaupt das Wichtigste ist. Er ist die Macht, die jeden Menschen und alles Seiende »unbedingt angeht«; ohne die nichts zu denken ist.

Und tatsächlich ist es so, daß aus dem Bestehenden sich der Gedanke an einen solchen Gott aufdrängt (vgl. auch Röm 1, 19 ff.).

Auch läßt sich beobachten, daß der Mensch so beschaffen ist, daß er einen Gott sucht; der Kirchenvater Augustinus schreibt in seinem Buch »Bekenntnisse«[1]: »Geschaffen hast du uns zu Dir, und ruhelos ist unser Herz, bis daß es seine Ruhe hat in Dir.« So finden sich auch bei allen Völkern Gedanken und Vorstellungen von Gottheiten.

2. Können Menschen von Gott reden und lehren?

Dazu müßte ein konkretes Wissen über Gott vorhanden sein. Kann es solches Wissen geben?

Dafür ist eine Grundfrage: Ist dieser Gott in irgendeiner Weise Teil der Welt (z. B. Monismus; Pantheismus), oder ist er es nicht?

Wenn das der Fall wäre, müßten sich aus der Beschäftigung mit der Natur allgemeingültige Aussagen über Gott gewinnen lassen.

Wenn man aber die Welt der Religionen ansieht, ist bald zu merken, daß es solche allgemeingültigen Aussagen über Gott aus der menschlichen Beobachtung nicht gibt. Abgesehen davon, daß es sich bei ihm um eine Macht handelt (vgl. Röm 1, 20), was die Natur nahelegt, können Menschen sogar zu recht unterschiedlichen, ja gegensätzlichen Vorstellungen über Gott kommen, ohne daß man objektiv sagen könnte, die eine sei vom Verstand her auszuschließen.

So liegt es logischerweise nahe anzunehmen, daß Gott eben nicht der Natur immanent oder Teil derselben ist.

Das ist es, was die Bibel über Gott sagt: Er ist transzendent. Nicht Teil der Schöpfung.

In der Schöpfung kann man seine Spuren sehen, aber nicht ihn selber kennenlernen. Sondern das ist nur möglich, wo er selber sich vorstellt, also durch Offenbarung.

Anders lehrt etwa die Anthroposophie, die einen Monismus kennt, also keinen transzendenten Gott. Deshalb kann durch einen Schulungsweg die Möglichkeit der Erkenntnis höherer Welten erlangt werden.

3. Wer ist dieser Gott?

Die Bibel lehrt, daß Gott ein personaler Gott ist, der den Menschen als Person gewollt hat (1. Mo 1, 27); weiter, daß Gott dem Menschen im Anfang seine Gemeinschaft geschenkt hatte, daß aber diese Gemeinschaft zerbrochen ist.

Einst, am Anfang, stand Gottes Wort: »Es werde Licht« — und es wurde Licht (1. Mo 1, 3). Das Chaos mußte weichen. Die Naturgesetze wurden von Gottes Weisheit eingesenkt. Und als der Mensch geschaffen wurde und so in die Schöpfung eintrat, galt auch ihm dieses Gotteslicht; die Ordnung Gottes für sein Leben hieß Gottesgemeinschaft (1. Mo 1, 27).

Aber diese Gemeinschaft mit Gott zerbrach im Sündenfall, und die große Gottesfinsternis brach an. Der Mensch kannte bzw. achtete Gott und seine Ordnungen nicht mehr. Mord und Lieblosigkeit brachen ein als Zeichen der großen Gottesfinsternis.

Der Mensch hat Gott verloren — er kann den transzendenten Gott nicht finden; es sei denn, wenn dieser sich ihm offenbart, also sich in der Geschichte unzweideutig erweist.

Das ist geschehen! So lehrt die Bibel. Dieses große Wunder ist geschehen!

Und zwar hat er es so getan, wie es seiner Personalität entspricht: Durch sein Wort und seine Taten in der Geschichte, die er durch sein Wort wirkt (Jes 40, 4 f.; 55, 11) und deutet.

4. Wo und wie ist Gottes Offenbarung geschehen?

Auch noch nach dem großen Gottesgericht der Sintflut galt:
». . . das Dichten und Trachten des menschlichen Herzens ist böse
von Jugend auf« (1. Mo , 21).

Einer aus diesen Menschen mit dem bösen Herzen war Abram. Abram war Heide gewesen. Auch für ihn galt, was 5. Mo
26, 5 — dort wohl in erster Linie im Blick auf Abrams Enkel Jakob
— gesagt ist: Er war »ein umherirrender Aramäer« — nicht nur in
seinem äußeren Wandern[2], sondern auch geistlich: Er kannte den
lebendigen Gott nicht. Er fand ihn nicht durch eigenes Suchen
oder durch Anregungen aus seiner Umwelt.

Daß er den wahren Gott kennenlernte, war ein Wunder:
Das Wunder, daß dieser Gott aus seiner Verborgenheit heraus-
kam, aus seiner Transzendenz in die Immanenz hineinsprach.
»Und Jahwe sprach zu Abram« (1. Mo 12, 1) — so fand Abram
Jahwe, den wahren Gott. So beginnt die Heilsgeschichte.

So beginnt das Gotteslicht für den Menschen wieder aufzu-
gehen: In der Heilsgeschichte Gottes. Sie geht von Abraham über
Mose und durch die Geschichte Israels.

Gott offenbart sich — mit seinem Namen (2. Mo 3, 14 ff.), in
seinen Rettungstaten, seinem Bund und Gebot.

Gott redet. Er gibt sein Wort den Propheten.

Immer wieder wird bei den Schriftpropheten des AT mit
dem Wort chasa (schauen) der Offenbarungsempfang angezeigt.
Bei Micha ben Jimla sehen wir (1. Kö 22), wie das geschah. Der
Prophet wurde unmittelbar in Gottes Welt, in seine Ratsver-
sammlung hineingenommen (vgl. auch Am 3, 7: swdw/sodo)
und empfing dort das Wort, das er zu sagen hatte.

Direkter Empfang des Wortes ist Kennzeichen der alttestamentlichen Propheten. So können sie die Botenformel[3] benutzen:
»Ko amar JHWH« — so hat Jahwe gesprochen.

Solche Botenformeln finden sich allerdings auch bei heidnischer Prophetie. So kennen wir sie zum Beispiel aus den Tontafeln, die in Mari am oberen Euphrat gefunden wurden. Allerdings ist dort nicht Jahwe, sondern ein anderer Gott als Auftraggeber genannt. (Z. B. »Also sprach Anunitum: ...«[4])

Also gibt es auch heidnische Prophetie, die allerdings nicht aus der unsichtbaren Lichtswelt Jahwes stammt, sondern aus der unsichtbaren Finsterniswelt.

Es gibt in Israel und der Gemeinde auch Falschprophetie, die den Namen JHWHs benutzt, aber zu Unrecht; sie stammt aus dem menschlichen Herzen oder aus den Tiefen der menschlichen Seele oder aber aus Inspiration durch eine böse Geistesmacht (1. Kö 22, 21 ff.).

Höhepunkt der Heilsgeschichte — die »Mitte der Zeit«[5] — ist die endgültige Offenbarung im Sohn Gottes Jesus Christus:

In ihm ist Gott selber erschienen.
Joh 10, 30: »Ich und der Vater sind eins.«
Joh 14, 9: »Wer mich sieht, der sieht den Vater!«
Er hat die volle Offenbarung gebracht — Joh 1, 1.

Hebr 1, 1 f.: »Nachdem Gott vorzeiten vielfach und auf vielerlei Weise geredet hat zu den Vätern durch die Propheten, hat er in diesen letzten Tagen zu uns geredet durch den Sohn.«

Gott hat sich offenbart. Deshalb allein können wir von ihm reden.

Er hat es getan an dem Ort, da er es wollte: In Israels Propheten und in Jesus, dem Sohn, den er in Israel Fleisch werden ließ. Nirgends sonst. Das ist der Ort, den er wählte (vgl. z. B. Joh 1, 12 ff.; 4, 22: »... das Heil kommt von den Juden«; Apg 4, 12).

5. Gibt es eine natürliche Erkennbarkeit Gottes?

Dafür, daß es eine solche Erkenntnis gibt, könnten Stellen der Schrift, wie Röm 1, 19 ff.; 2, 14 f.; Apg 14, 17; 17, 27; Jes 40, 26 einen Hinweis geben. Es ist auf diese Weise erkennbar
— »daß ein Gott ist«,
— »seine ewige Kraft und Gottheit« (Röm 1, 19 f.),
— Gottes Gesetz (in Herzen, Gewissen und Gedanken von Menschen, verdunkelt) (Röm 2, 14 f.).
Aber aus der Schöpfung kann man Gott persönlich nicht kennenlernen, da er nicht Teil der Schöpfung ist[6]. (Mehr dazu im 2. Teil, A. I.)

II. Die Einordnung der Theologie

Weil kein Mensch Gott ohne Offenbarung kennenlernen kann, Gott sich aber allein in dieser Heilsgeschichte und darin zusammenfassend und abschließend in Jesus geoffenbart hat, gibt es nichts Vergleichbares sonst. Nirgends sonst ein berechtigtes Reden von Gott. Theologie kann also nicht etwa unter dem Begriff der Religion mit anderem Reden von Gott zusammengeordnet werden.

III. Die Folge für unser Leben

Was folgt daraus für unser Leben?

Wenn Gott redet, hat das Konsequenzen für uns. Wir können nicht »neutral« bleiben. Es bleiben uns nur zwei Möglichkeiten:
    Entweder können wir Gott durch Überhören seines Wortes verachten,
    oder aber können wir hören; das ist sein Wille; dazu redet er.
    Jes 1, 2: »Höret, ihr Himmel, und Erde, nimm zu Ohren, denn der HERR redet!«

Das hebräische Wort der Bibel für unser deutsches Wort »hören« (shama') bedeutet »hören« und »gehorchen«[7]. Salomo bittet um ein hörendes / gehorchendes Herz (1. Kö 3, 9a). (Er wußte: Es ist Gottes Gabe, daß ich hören und gehorchen kann!) Hören und Gehorchen gehören zusammen.[8]

So kann der Apostel Paulus schreiben vom »Gehorsam des Glaubens« (Röm 1, 5; 16, 26 (hypakoä pisteoos)). Das heißt: Gottes Reden ruft uns zu diesem Gehorsam, das heißt: zur *Nachfolge*. Diese umfaßt die ganze Existenz: Denken, Reden (beides ist im Hebräischen dasselbe) und Leben.
    Jesus ruft zur Buße, zur Umkehr (metanoia — shubah).
    Ihn dürfen wir mit dem Liedvers von Kurt Rommel bitten:
    »Herr, sammle die Gedanken und gib uns deinen Geist,
    der uns das Hören lehrt und gehorchen heißt.«[9]

Wie dieser Gehorsam konkret aussieht, davon ist genauer zu reden bei den einzelnen Punkten der Glaubenslehre als deren Konsequenz. Denn Gottes Offenbarung ist sein »Zuspruch und Anspruch«.

    »Ich bete an die Macht der Liebe,
    die sich in Jesus offenbart;
    ich geb mich hin dem freien Triebe,
    mit dem ich Wurm geliebet ward;
    ich will, anstatt an mich zu denken,
    ins Meer der Liebe mich versenken.

    Für dich sei ganz mein Herz und Leben,
    mein süßer Gott und all mein Gut!
    Für dich hast du mir's nur gegeben;
    in dir es nur und selig ruht.
    Hersteller meines schweren Falles,
    für dich sei ewig Herz und alles!«
                              Gerhard Tersteegen

IV. Entscheidungen

1. Die Rede von der Offenbarung und deren Verbindlichkeit macht dem abendländischen Menschen seit der cartesianischen Wende[10] (Descartes 1596-1650 — »cogito, ergo sum« (»Ich denke, also bin ich«)) Schwierigkeiten. Er denkt vom Ich aus, vom menschlichen Subjekt; vgl. hier auch die Schrift Immanuel Kants von 1793 über »Religion innerhalb der Grenzen der bloßen Vernunft«[11]. Dieses neuzeitliche Denken steht im Gegensatz zum objektiven Denken, etwa des Mittelalters, das von Gott aus denkt und von seiner Offenbarung.

Dieses objektive Denken finden wir in der Bibel; etwa Spr 1, 7a: »Die Furcht des HERRN ist der Anfang der Erkenntnis.«

Von Gott her denken und verstehen, dazu leitet uns dieser Satz an. »Er will zum Ausdruck bringen, daß an der ›Gottesfurcht‹ schlechterdings alles Verstehen im Leben hängt. Wo sie vorhanden ist, ist Einsicht möglich, wo nicht, entsteht menschliche Hybris.«[12] Solche Hybris (»Hochmut«) kann sich darin zeigen, daß Aussagen der Schrift mit dem Bemerken beiseitegeschoben werden: »Das kann ich nicht nachvollziehen.« Also wenn der Mensch das nicht nachvollziehen kann, dann ist es nicht so. Wenn er etwa die biblische Rede vom Gericht Gottes nicht mit seinem Gottesbild vereinbaren kann, dann darf es das Gericht nicht geben.

Oder die Gebote Gottes werden aufgelöst, weil der Betreffende sie nicht einsieht.

Dagegen ist »die angemessene Antwort auf Offenbarung« »nicht« »Kritik«[13]), sondern Hören und Sich-persönlich-hineinnehmen-Lassen in das Wort und Wirken Gottes.

2. Die Frage einer allgemeinen Offenbarung und Gotteserkenntnis ist eines der am meisten umstrittenen Probleme der Theologie in unserem Jahrhundert. Die Gefahr, die diese Lehre in sich birgt, ist z. B. am Anfang des Dritten Reiches deutlich geworden[14].

Das 1. Vatikanische Konzil der kath. Kirche hat 1870 entschieden, es gebe eine sichere Gotteserkenntnis aus dem Geschaffenen (gegen den Kantianismus im 19. Jahrhundert); nur wegen des übernatürlichen Zieles des Menschen bedürfe es der übernatürlichen Offenbarung[15].

Diese natürliche Erkenntnis sei

— *mittelbar*, nämlich »durch die Erkenntnis der Geschöpfe vermittelt«[16], und

— *analog*, »keine eigentliche Erkenntnis«; ihr liege zugrunde, sie sei ermöglicht durch das »in der Schöpfungstatsache begründete Verhältnis der Ähnlichkeit zwischen Schöpfer und Geschöpf, der freilich eine noch größere Unähnlichkeit gegenüber steht«[17].

Aus dieser »Analogie des Seins« folgt dann sogar eine »Methode der natürlichen diesseitigen Gotteserkenntnis«[18]; schon auf Dionysius Areopagita geht sie zurück[19]. Schon er hat einen dreifachen Weg zum Erkennen Gottes, seiner Eigenschaften gelehrt, der später nicht nur in der kath. Lehre, sondern auch in der lutherischen Orthodoxie begegnet[20]: den Weg der »Überhöhung« (»via eminentiae«), den Weg der »Verneinung« (»via negationis«) und den Weg der »Ursächlichkeit« (»via causalitatis«)[21].

Der Gedankengang dabei ist folgender: Gott ist Wirkursache aller Dinge.

Folgen:

— Was man bei Geschöpfen an Vollkommenheiten wahrnehmen kann, kann von Gott in überhöhtem, ins Unendliche gesteigertem Sinn gesagt werden (Weg der Überhöhung); z. B. menschliche Macht — Gottes Allmacht; menschliches Wissen — Gottes Allwissenheit.

— Jede Unvollkommenheit bei Geschöpfen ist bei Gott zu verneinen, auch jede Beschränktheit (Weg der Verneinung); z. B. wir sind endlich — Gott ist unendlich.

— Der Weg der Ursächlichkeit »geht von der Erwägung aus, daß Gott die Wirkursache aller Dinge ist und daß die Wirkursache jede Vollkommenheit der Wirkung in sich enthält. Daraus

folgt, daß Gott, der Urheber aller Geschöpfe, jede wahre Vollkommenheit der Geschöpfe besitzt.«[22]

Weil aber Gott Urheber der Schöpfung ist (nicht nur Ursache!),
und weil er durch sein Wort alles aus dem Nichts gerufen hat und
Gegenüber der Schöpfung ist[23], gilt dieser Schluß nicht.

Diese Tatsache — Gott ist Gegenüber der Schöpfung — spricht
überhaupt gegen den »dreifachen Weg«. Gott ist nicht eine Verlängerung oder ein Verwandter des Geschaffenen[24], wie es die
Lehre von der Analogie des Seins voraussetzt, sondern klar von
ihr unterschieden.

Gegen den »dreifachen Weg der Gotteserkenntnis« steht weiter
die Tatsache, daß nach der Heiligen Schrift in der Wirklichkeit
zwei Willensmächte wirken, Gott und der Satan. Das ist wichtig
— für das menschliche Erkennen: Wir sind Sünder, unser eigenes Erkennen ist, wenn es nicht von Gott geleitet ist, irrend[25];
— für die Beurteilung dessen, was uns begegnet. Weil eben zwei
   Willensmächte wirken, ist nicht einfach alles, was uns begegnet, Ausdruck des Willens Gottes, auch wenn es letztlich von
   Gottes Macht umfaßt ist. So kann man nicht schließen, weil in
   der Natur der Stärkere den Schwächeren frißt, sei Gottes
   Wille das Recht des Stärkeren.

Jedoch hat die Lehre von der »natürlichen Erkennbarkeit des Daseins Gottes«[26] und seines Willens, wie die Bibel sie lehrt, eine
wichtige Funktion.
   Diese Funktion ist nicht, daß wir die Lehre der Kirche aus
der Schöpfung und Geschichte nehmen sollen (natürliche Theologie); sondern die empfangen wir allein aus der übernatürlichen
Offenbarung, wie er sie in seiner Heilsgeschichte gegeben hat
(s. o. A, I 4).
   Aber sie hat eine Funktion von der Schrift[27] her: Die Schrift
läßt uns erkennen, was an der Wirklichkeit gottgemäß ist und

was nicht. Und von daher dürfen wir jene Lehre gebrauchen, z. B. bei der Mission:

— Es gibt eine Ahnung im Menschen von Gott, mit der wir rechnen können (vgl. auch die »Gottesbeweise«, die Gott zwar nicht beweisen[28], aber den sicheren Menschen beunruhigen können; vgl. Apg 14, 17; 17, 27; Röm 1, 1 ff.; 2, 14 f.)

— Wir dürfen anknüpfen an die Ahnung, das Gewissen, nicht um ein »Naturrecht« zu begründen, sondern um den Menschen allgemein (nicht nur Christen) das Gottesrecht deutlich zu machen (allgemeine Einsehbarkeit; es darf in seinem äußeren Sinn, wie es uns in den 10 Geboten entgegentritt, im Staat auch für Ungläubige verbindlich gemacht werden).

— Aufweis der Schuld der Heiden (Röm 2, 14 ff. im Umkehrschluß; Röm 1, 18 ff.)

— Nicht Analogie des Seins, aber Analogie des Glaubens: Wenn die Bibel von Gott in menschlichen Begriffen und Bildern redet, dürfen wir das in der Bindung an die Schrift so auch tun.

B. Von der Heiligen Schrift

Die Offenbarung ist geschehen in der Geschichte. Wie kommt sie zu uns heute? (Es geht an dieser Stelle nicht um die Frage, wie sie uns persönlich ergreift, obwohl sich das nicht trennen läßt; darüber aber im 6. Teil dieses Buches.)

Wir kommen damit zur Heiligen Schrift.

Wie kann es geschehen, daß durch sie Gottes Offenbarung uns gegenwärtig gemacht wird?

I. Sie ist Offenbarungsurkunde

1. Wie kann sie das sein?

1.1 Historisches Argument

Dieses liegt in der historischen Nähe zur Offenbarung (die ja in der Geschichte geschehen ist!).

a) Die Verfasser des AT waren Propheten oder Prophetenschüler oder standen sonst in historischer Nähe.

b) Das NT enthält die Lehre der Apostel, die sie selbst oder andere, die ihnen ihre Lehre mittelbar oder unmittelbar verdanken, niederschrieben.[29]

   Den Aposteln aber hat der irdische Herr Jesus Christus seine Lehre anvertraut[30]; sie sind Augen- und Ohrenzeugen (vgl. Apg 1, 21 f.); auch Paulus, der eine Ausnahme darstellt, kann sich auf Überlieferung vom Herrn berufen (1. Kor 11, 23; 15, 3); auch er ist Auferstehungszeuge (1. Kor 15,); er beruft sich auf »eine Offenbarung Jesu Christi« (Gal 1, 12).

1.2 Dogmatisches Argument

Die Bibel selber belehrt uns darüber.

a) 2. Petr 1, 20 f. sagt uns, »daß keine Weissagung der Schrift eine Sache eigener Auslegung ist. Denn es ist noch nie eine Weissagung aus menschlichem Willen hervorgebracht worden, sondern« — und jetzt wörtlich: »als vom heiligen Geist Getragene (feromenoi) haben Menschen von Gott her (apo theou) geredet.«

Zwei Aussagen sind hier besonders aufschlußreich:
   Zum einen waren jene Menschen vom heiligen Geist *getragen.*
   Hier ist zu bedenken, daß Tragen auch im hebräischen Wort für »glauben« (häämijn) steckt. Es ist eine Form des Wortes aman,

das die »ganz spezielle Bedeutung« des »Tragen(s) des Kindes in der Ausbiegung des Gewandes an der Brust ... oder an der Wölbung der Hüfte«[31] hat.

Glauben heißt demnach, sich mit seinem ganzen Sein und Leben in Gottes Arme von ihm als Kind nehmen und tragen lassen.

Solche von Gott Getragenen waren jene Schreiber, als sie die Heilige Schrift schrieben. Sie waren mit Gott aufs Innigste durch solchen Glauben verbunden.

Und als solche haben sie *zum andern von Gott her geredet*. Also sie waren ganz Menschen, aber sie standen auf der Seite Gottes und haben von ihm her gesprochen.

Wie konnten sie das? Dazu gibt uns ein anderes Bibelwort einen Hinweis:

b) 2. Tim 3, 16: »Alle Schrift ist von Gott eingegeben (gottgehaucht, von Gott inspiriert, griech.: theopneustos) ...«

Die Schrift ist also Offenbarungsurkunde (nicht bloß Offenbarungszeugnis, das dann nicht selbst Offenbarungsqualität hätte)[32]. Sie *enthält* nicht nur Gottes Wort, sondern sie *ist* Gottes Wort[33].

In Gott, der die Schrift eingegeben hat, liegt auch ihre innere Einheit begründet[34].

2. Was bedeutet das für unser Leben?

Wir verstehen von daher Worte, wie wir sie etwa in Psalm 119 finden oder wie Jesus sie sagt (Mt 5, 1): »Denn wahrlich, ich sage euch: Bis daß Himmel und Erde vergehen, wird nicht vergehen der kleinste Buchstabe noch ein Tüpfelchen vom Gesetz, bis es alles geschieht.«

Oder wie die Kirchenväter sie uns hinterlassen haben[35].

Gregor von Nazianz etwa: »Die kleinsten Linien der Schrift stammen vom Heiligen Geist. Also haben wir die geringsten Schattierungen des Sinnes zu beachten.«

Augustinus: »Die ganze Schrift ist mit dem Finger Gottes geschrieben worden, nämlich durch den Heiligen Geist, der die Gottesmänner erfüllte ... Ich lese die Bibel, als sei sie mit dem Blut Christi geschrieben ... Wir schöpfen unsern Glauben allein aus der Schrift, und er wird einzig durch diese Quelle gestärkt.«

Athanasius: »Die Bücher des Alten und Neuen Testamentes sind die Quelle unsres Heils, an welcher jeder, der dürstet, jederzeit trinken kann. Nur durch diese Quelle wissen wir um das ewige Leben. Niemand füge etwas hinzu, und niemand nehme etwas davon weg! ... Die Heilige Schrift ist göttlich eingegeben und genügt vollauf zur Erkenntnis der Wahrheit.« »Beschäftige dich anhaltend mit dem heiligen Wort Gottes und lies es, als wäre es für dich persönlich geschrieben ... Vertraue dich ganz dem Herrn an.«

Weiter: Der Reformator Martin Luther sagt über die Schrift[36]: »Diese Königin muß herrschen, ihr müssen alle gehorchen und unterworfen sein. Nicht ihre Meister, Richter oder Schiedsleute, sondern nur Zeugen, Schüler und Bekenner sollen sie sein ... und es soll keine andere Lehre in der Kirche vorgetragen und gehört werden als das reine Wort Gottes, das heißt, die heilige Schrift; sonst sollen Lehrer und Hörer mit ihrer Lehre verflucht sein.« Und das bekannte Abendlied (EKG 358) vom Ende des 16. Jahrhunderts bekennt:

»Dein Wort ist wahr und trüget nicht
und hält gewiß, was es verspricht,
im Tod und auch im Leben.«

Diese Worte sprechen von dem großen Vertrauen, das wir in das heilige Wort Gottes haben dürfen; von der Zuverlässigkeit der

Heiligen Schrift, von ihrem von Gott her begründeten Zuspruch und Anspruch, und wie wir in Ehrfurcht mit ihm umgehen sollen.

Auch von ihrer großen Bedeutung für unser Heil, wie wir es im Abschnitt über die Gnadenmittel (6. Teil, B. III.) sehen werden.

Daß die Heilige Schrift nicht nur Gottes Wort *enthält*, sondern *ist*, ist auch von großer seelsorgerlicher Bedeutung. Daher hat Luther einst gegenüber Zwingli bei den Worten bezüglich des Heiligen Abendmahls: »das ist mein Leib / mein Blut« auf das »ist« so großen Wert gelegt, weil es sonst als Gnadenmittel entleert wird. Entsprechend ist es bei diesem Wort.

3. Entscheidungen

3.1 Wir haben gesehen, daß der Heiligen Schrift Offenbarungsqualität zukommt. Damit gilt für sie, was oben bei der Offenbarung festgestellt wurde: »Kritik ist nicht die angemessene Antwort auf Offenbarung«[37], sondern Hören und Sich-persönlich-hineinnehmen-Lassen in das Wort und Wirken Gottes.

Maier: ». . . das Korrelat (Entsprechung) zur Offenbarung ist nicht Kritik, sondern Gehorsam, ist nicht Korrektur — auch nicht aufgrund der teilweise anerkannten und verwendeten Offenbarung —, sondern Sich-korrigieren-Lassen.«[37a]

Von daher ergeben sich Anfragen an die historische Kritik an der Bibel. Zwar ist die Offenbarung in der Geschichte geschehen. Die Geschichte ist deshalb ganz ernstzunehmen. Aber Sachkritik (»higher criticism«) (wie auch gewaltsames Harmonisieren) ist nicht angebracht: Sie geht ja von innerweltlichen Kriterien aus an die Offenbarung heran und meint, sie aus den Angeln heben zu können. So sind etwa Troeltschs Kriterien Kritik, Analogie und Korrelation nicht auf Offenbarungstexte anzuwenden; das wären »Atheistische Methoden in der Theologie« (Schlatter); sie gehen vom natürlichen Verlauf der Dinge aus, schließen aber aus, was Wesen der Offenbarung ist, daß aus der Welt eines transzendenten Gottes ein Einbruch ins Dieseits geschehen ist[38].

Entsprechend unangebracht sind theologische oder andere Kriterien, die an die gegebene Offenbarung herangetragen werden, um Teile davon auszumerzen[39].

> Leider gibt es auch die verstecktere Art der Bibelkritik, die den biblischen Text fälscht, wie es in der »Neuen Weltübersetzung« von »Jehovas Zeugen« der Fall ist, vermutlich aus dogmatischen Gründen. Während der Gottesname Jahwe (Jehova nach ihrer Lesart) im Urtext des Neuen Testaments nicht ein einziges Mal steht, findet er sich in ihrer Bibel recht oft; im Vorwort des Neuen Testaments dieser Übersetzung von 1963 steht, wie oft das der Fall ist: »Gottes einzigartiger Name, Jehova, erscheint 237 Mal im Haupttext der Neuen-Welt-Übersetzung der Christlichen Griechischen Schriften.« Ein Grund dafür könnte in folgendem liegen. In ihrem Buch »DIE WAHRHEIT, die zu EWIGEM LEBEN führt«, S. 1, ist zu lesen: »Es ist jedoch nicht ausschlaggebend, wie du den Gottesnamen aussprichst, ob ›Jahwe‹, ›Jehova‹ oder anders, solange du ihn aussprichst, wie es in deiner Sprache üblich ist. Verkehrt ist es indessen, den Namen nicht zu gebrauchen. Warum? Weil die Personen, die diesen Namen *nicht* gebrauchen, niemals das Volk sein könnten, das Gott aus den Nationen herausnimmt als ›ein Volk *für seinen Namen*‹ (Apg 5, 14).« Zu dieser Meinung würde es schlecht passen, wenn im Neuen Testament dieser Name überhaupt nie erscheint, was ja zeigt, daß Jesus und die Apostel sich an die jüdische Weise gehalten haben, diesen Namen nicht auszusprechen (von der Ausnahme des Hohenpriesters am großen Versöhnungstag abgesehen). Diese Änderung von neutestamentlichen Stellen, an denen »kyrios« (Herr) steht, ist auch insofern bedeutsam, als diese oft Christus meinen; nun steht aber dort »Jehova« (z. B. 2. Kor 3, 17[40]). Die »Zeugen« aber sehen Christus nicht als wahren Gott an, sondern als einen Engel, den Erzengel Michael. Das könnte auch hinter der Falschübersetzung von Joh 8, 58 stehen — um noch ein weiteres Beispiel zu nennen —, wo es heißt: »... Ehe Abraham wurde, bin ich«, ein Wort, das auf Jesu Ewigkeit und Gottheit hinweist (beides leugnen die ›Zeugen‹) übersetzen sie: »... Ehe Abraham ins Dasein kam, bin ich gewesen.« Gewesen,

das paßt besser zu ihrer Lehre, ist aber vom griechischen Text her nicht gedeckt, es ist eine *falsche* Übersetzung.

3. 2 Es ist nicht richtig, daß Geschichtlichkeit und Inspiration der Heiligen Schrift sich gegenseitig ausschließen[41].

3. 3 Es ist nicht richtig, »Einviertel- und Dreiviertel-Inspirationslehren«[42] anzunehmen; man kann nicht Personalinspiration der Verfasser, Realinspiration der Inhalte und Verbalinspiration (Inspiration der einzelnen Worte) voneinander trennen und das eine annehmen und das andere ablehnen. Andererseits sind diese Begriffe nicht in der Bibel zu finden und führen leicht zu Spekulationen oder auch philosophischen Abwegen. Geeigneter und dem Gegenstand angemessener ist der auf 2. Tim 3, 16 fußende Begriff der Ganzinspiration, wie ihn Maier verwendet[43].

3. 4 Es ist nicht richtig, Jesus und die Bibel gegeneinander auszuspielen (etwa wie Theodosius Harnack es tat: »Wir glauben nicht an ein Buch, sondern an Jesum Christum«[44]); gerade wer an Jesus glaubt, empfängt das Wort der Schrift aus seiner Hand und nimmt es ernst.

3. 5 Es ist nicht richtig, Gotteswort und Menschenwort gegeneinander auszuspielen. Menschen haben geredet — aber von Gott her und von ihm beschenkt. Die Bibel ist nicht nur Menschenwort, sondern auch ganz Gotteswort[45].

3. 6 Es ist nicht richtig, die Historie in Bedeutsamkeiten oder Symbole aufzulösen oder zugunsten solcher den Charakter von Geschichtstatsachen einzuschränken (Bultmann; Drewermann). In der Bibel geht es um die großen Taten Gottes, die er in der Geschichte getan hat (vgl. Apg 2, 11). Biblische Auslegung fragt zuerst: Was ist geschehen? Und dann erst: Was bedeutet das?[46]

II. Der Kanon der Heiligen Schrift

1. Bedeutung des Kanons

Kanon heißt Maßstab. Er »ist die Tabelle der von der Kirche als Urkunden göttlicher Offenbarung anerkannten Schriften«[47]. Damit, daß dieser Maßstab anerkannt wird, ist gesagt, daß es sonst keinen gibt. Mit der Heiligen Schrift als Kanon ist damit das reformatorische »sola scriptura« (allein die Schrift) mitgegeben.

Damit sind diese Schriften allein Quelle und Maßstab für die Lehre der Kirche. Die Konkordienformel, eine lutherische Bekenntnisschrift, sagt: »Solchergestalt wird der Unterschied zwischen der Heiligen Schrift Altes und Neuen Testamentes und allen andern Schriften erhalten, und bleibt allein die Heilige Schrift der einig Richter, Regel und Richtschnur, nach welcher als dem einigen Probierstein sollen und müssen alle Lehren erkannt und geurteilt werden, ob sie gut oder bös, recht oder unrecht sein.«[48]
Entsprechend sagt auch das Betheler Bekenntnis von 1933: »Die Heilige Schrift des Alten und Neuen Testamentes ist allein Quelle und Maßstab der Lehre der Kirche.«[49]

2. Umfang und Inspiration des Kanons

2.1 Der Umfang des hebräischen Kanons des AT stand wohl schon spätestens in der ersten Hälfte des 2. Jahrhunderts v. Chr. fest[50], der des NT im 4. Jahrhundert.

Diese Festlegung war aber kein begründender (konstitutiver) Akt, sondern sie war nur deklaratorischer (erklärender) Art.
Maier schreibt über die Festlegungen des neutestamentlichen Kanons, sie seien »ihrem Charakter nach eine Anerkennung dessen, was in der Kirche schon gilt und keineswegs Neuschöpfungen des Kanons. Insgesamt gilt das Urteil Alands: ›Die ver-

faßte Kirche als solche hat den Kanon nicht geschaffen, sie hat den geschaffenen Kanon anerkannt.«»[51]

Dahinter stand schon für das AT eine theologische Begründung. Schon die Juden betrachteten den Propheten Maleachi als das »Siegel der Propheten«, nach dem keine von Gottes Geist eingegebenen Bücher mehr gegeben wurden (Pache S. 167). Das aber war Voraussetzung für die Zugehörigkeit zur Heiligen Schrift.

Ähnlich erklärte das I. Vatikanische Konzil der kath. Kirche im Jahr 1870: »Nicht deshalb faßt die Kirche diese Bücher als heilig und kanonisch auf, weil sie etwa bloß durch menschliches Bemühen zusammengestellt und dann durch ihre eigene Vollmacht anerkannt worden wären; sondern deshalb, weil sie, *geschrieben auf Eingebung des Heiligen Geistes, Gott zum Urheber haben und als solche der Kirche übergeben worden sind.*«[52]

Da also die Inspiration Voraussetzung für die Kanonizität einer Schrift ist, macht nicht die Erklärung der Kirche eine Schrift zu einer kanonischen, sondern die Kirche kann nur anerkennen, was Gott schon geschenkt hat.

Welche Schriften kanonisch sind, das wurde für das AT schon den Juden anvertraut, für das NT war das Argument die Apostolozität, die die Nähe zur apostolischen Zeit und Tradition voraussetzt; schon von daher ist der Kanon abgeschlossen. Zu diesem historischen Argument kommt das dogmatische, daß der Heilige Geist bei dieser Feststellung die Kirche geleitet hat.

2.2 Allerdings erkennen nicht alle Kirchen den gleichen Umfang des Kanons an.

a) Während die reformatorischen Kirchen den hebräischen Kanon des AT anerkennen, hat sich die römisch-katholische Kirche im gegenreformatorischen Konzil von Trient 1546 anders festgelegt; es wurden die Apokryphen, wie sie in der Vulgata, der lateinischen Bibelübersetzung des Hieronymus (dieser lebte ca. 345 – 420), enthalten waren, ebenfalls als kanonisch anerkannt; »Wer aber eben diese ganzen Bücher mit allen ihren Teilen ... nicht als heilig und kanonisch anerkennt ... , der sei ausgeschlossen«, so wurde dort verfügt.[53] Die Bibelübersetzung des Hieronymus wurde zur maßgebenden Ausgabe der Heiligen Schrift erklärt. Dieser hatte zwar die Apokryphen aufgenommen, aber dabei »auf den offensichtlichen Unterschied zwischen diesen und den kanonischen Büchern hinsichtlich der Inspiration und der geistlichen Bedeutung aufmerksam« gemacht[53a]. Er wäre damit unter das Urteil des Trienter Konzils gefallen.

Maier: »Noch Cajetan, der Gesprächspartner und Gegner Luthers, war den Alttestamentlichen Apokryphen gegenüber zurückhaltend und meinte, in Glaubensfragen dürfe man nichts aus ihnen beweisen.«[54]

Zwar hatte das Judentum schon ab dem 3. vorchristlichen Jahrhundert mit der Septuaginta eine griechische Übersetzung des AT geschaffen, die die Apokryphen enthielt, die in der ersten Christenheit eine große Rolle spielte[55]. Jedoch wurden im Judentum diese zusätzlichen Bücher nicht als kanonisch angesehen[56]. »Das NT ... teilt diesen Kanon mit der Judenschaft.«[57]

Die Einstellung des Hieronymus zu den Apokryphen und auch die Luthers (»Das sind Bücher, so der Heiligen Schrift nicht gleich gehalten, und doch nützlich und gut zu lesen sind«), entspricht also der Lehre schon des vorchristlichen Judentums[58] und des Neuen Testaments.

b) Auch die »Neuapostolische Kirche« anerkennt den Kanon in anderem Umfang. Sie rechnet das 4. Esrabuch zu ihrer Bibel, eine pseudepigraphische jüdische Schrift aus dem 1. Jahrhundert n. Chr.[59]. Wichtig ist den Neuapostolischen eine lutherische Bibelausgabe aus dem 17. Jahrhundert, in die 4. Esra aufgenommen wurde, allerdings ausdrücklich nicht als biblische

Schrift. In der erklärenden Einleitung der Herausgeber zum zweiten Kapitel heißt es, Esra lehre, »wie sich die neue Apostolische Kirchen halten ... soll«. Die lutherischen Herausgeber haben damit an die Apostel Jesu und die auf sie gebaute Kirche gedacht, nicht an die Neuapostolische Kirche, die im 19. Jahrhundert entstanden ist. Ganz anders die Neuapostolischen; in einer ihrer Schriften heißt es dazu: »Unschwer ist aus der vorstehenden Schriftstelle die Tätigkeit der Apostel in gegenwärtiger Zeit ersichtlich«[60]; noch einmal sei betont, es handelt sich bei dem entsprechenden Wort nicht um ein Bibelwort, auch nicht um einen Abschnitt aus der pseudepigraphischen Schrift 4. Esra, sondern um eine Einführung aus dem 17. Jahrhundert.

2.3 Unter dem Stichwort »Traditionsgeschichte« vertritt der Tübinger Alttestamentler Hartmut Gese die Auffassung, es sei nicht »von zwischentestamentlicher Literatur« zu »sprechen oder von alttestamentlichen Apokryphen«[61]; »*ein* traditionsgeschichtlicher Gesamtprozeß« habe »die Bibel gebildet und geformt«[62]; damit sei es nicht richtig, die zwischen der Zeit Esras und dem Neuen Testament liegende Literatur aus dem Kanon der Bibel auszuschließen.

Nun ist mit der traditionsgeschichtlichen Sicht vieles für die historische Auslegung der Bibel Wichtige gesehen; allein die Frage, welcher Text im kanonischen Sinn für die Kirche verbindlich ist, ist eine andere.[63]

3. Entscheidungen

Von dem »Allein die Schrift«, wie es im Kanonbegriff steckt und in der Reformation ausdrücklich formuliert wurde, unterscheidet sich die römisch-katholische Lehre, nach der neben der Schrift auch die »Tradition«, nämlich die mündliche Überlieferung von Jesus und den Aposteln her, Quelle der Lehre ist.

Schon nach Vinzenz von Lerinum (5. Jahrhundert) ist die Schrift zwar »genugsam«, aber sie hat nicht die Kraft, die Irrtümer zu bekämpfen[64]. Man braucht also ein Mittel, »daß die Linie der prophetischen und apostolischen Auslegung nach der Norm der kirchlichen katholischen Meinung bestimmt wird«[65]. Dazu ist die Tradition nötig; es muß alles daran gewandt werden, »daß wir das festhalten, was überall, was immer, was von allen geglaubt worden ist« (Vinzenz)[66].

Schon im II. Konzil von Nicäa (787) wurde entschieden: »Wer nicht die ganze kirchliche Überlieferung annimmt, die geschriebene wie die ungeschriebene, der sei ausgeschlossen.«[67]
    Man sah zwar im Mittelalter — bei Thomas von Aquin (1225 – 1274) — die Heilige Schrift im Prinzip noch weitgehend als die alleinige Richterin in Streitfragen; jedoch für das Verstehen der Bibel wurde die Autorität der Väter und der Kirche angesehen, und es bekam manches Geltung, was man in der Bibel nicht findet, auch wenn man weithin keinen Widerspruch zur Schrift empfand[68].
    »Das ›Schriftprinzip‹ war also theoretisch da, wurde aber praktisch nicht kirchenkritisch wirksam.«[69]

Dann kam die Reformation mit dem »Allein die Schrift«; so sah sich die katholische Kirche veranlaßt, ihre Lehre auf dem Konzil von Trient deutlich darzustellen und festzusetzen. Es spricht aus, »daß diese Wahrheit und Ordnung enthalten ist in geschriebenen Büchern und ungeschriebenen Überlieferungen, die die Apostel aus Christi Mund empfangen haben oder die von den Aposteln selbst auf Eingebung des Heiligen Geistes gleichsam von Hand zu Hand weitergegeben wurden und so bis auf uns gekommen sind.«[70]
    Also nicht allgemein Tradition, sondern solche Traditionen, die die Apostel »aus Christi Mund« oder »auf Eingebung des Heiligen Geistes« empfangen haben und auch außer der Schrift zu uns gekommen sind. Die biblischen Schriften und Überlieferungen werden »mit gleicher frommer Bereitschaft und Ehrfurcht«

»anerkannt und verehrt«[71]. Also nur ursprüngliche, auf Christus zurückgehende Tradition; aber das wurde einfach für alle Lehren der Tradition angenommen, die in der Kirche zur Geltung gekommen waren und hinter denen sie mit ihrer Autorität stand[72]. »Dahinter steht die (damals allerdings noch nicht förmlich dogmatisierte) Überzeugung, daß die lehrende Kirche, repräsentiert im Papst und in den Bischöfen, nicht irren kann« und merkt, was wahrhaft apostolisch ist; daher darf auch niemand die Bibel anders auslegen, als die Kirche es tut[73].

Mit dem kirchlichen Lehramt schiebt sich also eine Zwischeninstanz zwischen Gottes Wort und den Christen hinein.

Nach evangelischer Lehre ist dagegen die Heilige Schrift nicht dunkel und vieldeutig, sondern sie enthält alles, was ein Mensch zum Heil braucht, und das auch in der nötigen Klarheit. Aus ihrer inneren Einheit ergibt sich ihre Fähigkeit, sich selber auszulegen. Von den klaren Stellen fällt ein Licht auf die Stellen, die uns bisher noch nicht verständlich geworden sind. Das, was wir für den Glauben brauchen, wird uns so in genügender Weise klar.

III. Heilige Schrift und Heilsgeschichte

Die Ganzheit und innere Einheit der Schrift hat weder eine Ungeschichtlichkeit zur Folge, noch führt sie zu einem flächigen Lesen der Heiligen Schrift. »Die Schrift ... beschreibt ... Schritt für Schritt Gottes Handeln in einem geschichtlichen Ablauf. Auf jeder Stufe offenbart sich Gott jeweils in spezifischer Weise. Wir haben es also mit einer ›fortschreitenden (progressiven) Offenbarung‹ zu tun.«[74]

Diese Eigenart der Schrift ist auch bei ihrer Auslegung zu beachten; ihr entspricht eine »heilsgeschichtliche Auslegung«[75].

Was ist Heilsgeschichte? Bei G. Maier finden wir das damit Gemeinte folgendermaßen definiert und erläutert: »Heilsgeschichte bezeichnet das unausgrenzbar in die Gesamtgeschichte hineinverflochtene Handeln Gottes, durch das er seinen auf Erlösung und Vollendung zielenden Heilswillen verwirklicht ... Alle Geschichte ist ... von Gott her konstituiert und ermöglicht. Aber es gibt in, mit und unter dieser Gesamtgeschichte eben eine spezifische Verwirklichung des Heils- und Vollendungswillens Gottes.«[76]

In der Bibel finden wir »verschiedene *Epochen*«[77] des Verhältnisses zwischen Gott und Mensch und des Handelns Gottes hinsichtlich des Menschen und der Schöpfung.

Es ist z. B. klar, daß der Sündenfall von großer Bedeutung ist und daß für die Zeit, bevor die Sünde in die sehr gute Schöpfung einbrach und das Verhältnis des Menschen zu Gott zerstörte, anderes gilt als für die Zeit danach.

Eine deutliche Markierung bildet weiter die Sintflut mit der anschließenden Garantie der Naturordnung durch Gott (1. Mo 22) und seine Aufrichtung der noachitischen Ordnung als neuer Lebensordnung (1. Mo 9, 1 ff.).

Wieder eine deutliche Zäsur finden wir mit dem Beginn der Heilsgeschichte bei Abram (1. Mo 12, 1 ff.).

Dann kommt der große Abschnitt, an dessen Anfang die Rettung Israels aus Ägypten mit der Gabe von Bund und Gebot durch Gott am Sinai steht.

Und schließlich folgt das entscheidende Geschehen in Jesus Christus, in seinem Kommen und in Kreuz und Auferstehung; in der Stiftung des schon lange versprochenen neuen Bundes (Jer 31, 31 ff., Lk 22, 20) mit der anschließenden Gabe des Geistes und der Gnadenzeit für die Völker.

Auch diese Zeit findet ihr Ende, wenn Jesus Christus wiederkommt und sein Friedensreich der 1000 Jahre anbricht (Offb 20, 1 ff.), das schon im AT versprochen ist (z. B. Jes 2, 1 ff.; Jes 11).

Und schließlich werden der neue Himmel und die neue Erde geschaffen (Offb 21, 1 - 22, 5).[78]

Viele schwarmgeistige oder gesetzliche Richtungen sind entstanden, weil diese Geschichte Gottes bei der Bibelauslegung nicht beachtet wurde.

Mit dem Anbruch einer neuen Epoche ist das Bisherige nicht bedeutungslos, auch wenn es z.T. heilsgeschichtlich überholt ist.
    Die Bibel selbst macht das klar, wenn sie etwa in Verheißung und Erfüllung (z. B. Mt 1, 22 f.) oder in typologischer Deutung (z. B. 1. Kor 10, 6. 11) eines auf das andere bezieht; der Weg der göttlichen Pädagogik schon im AT gibt Deutung auch des neutestamentlichen Geschehens (vgl. Gal 3, 24)[79].

Mildenberger schreibt richtig: »Sobald als Ziel der Auslegung die Anwendung der Schrift in den Blick kommt, kann ... die Schrift nicht anders als einheitlich ausgelegt werden.« Er sieht dafür zwei Möglichkeiten: Entweder »eine Auslegungsinstanz«, wie das Lehramt der römisch-katholischen Kirche, oder aber »eine Auswahl der anzuwendenden Texte«[80].
    Wie wir jedoch oben gesehen haben[81], ist die Einheit der Schrift vorgegeben, begründet in Gott, der die Schrift »eingegeben« hat; sie muß nicht erst von Menschen hergestellt werden.
    Weil Gott aber die verschiedenen Epochen seiner Heilsgeschichte durchschreitet, deshalb ist Bengels Satz für die Bibelauslegung wichtig: »Unterscheide die Zeiten, und die Schrift wird zusammenstimmen«[82].

C. Zum Inhalt und Aufbau

I. »Grundlagen für Glauben und Leben«

Grundlagen für Glauben und Leben sind der Inhalt dieses Buches. »Grundlagen«, das heißt, wir erheben nicht den Anspruch auf Vollständigkeit. Denn die Heilige Schrift ist immer größer als das, was wir tun, denken und schreiben. Ein Buch kann sie in keiner Weise ersetzen, sondern es ist für einen Christen nötig, in der Schrift zu leben. Dennoch wollen wir versuchen, einige *Hauptpunkte biblischer Lehre* besonders zu behandeln.

II. Wir wollen kein geschlossenes Lehrsystem[83]

Wir können der Offenbarung Gottes in der Heiligen Schrift nur nach-denken. Dabei ist wichtig, daß Gott selbst als lebendige Person dahintersteht. Und die Schrift und erst recht die hinter ihr stehende Person ist immer größer als unser Denken und Erfassen.

Wenn wir ein geschlossenes System wollten, würden wir voraussetzen, daß es ein Prinzip gibt, das im Grund alles enthält, was zu sagen ist, und daß wir dieses Prinzip voll erfassen[84].

Nun hat aber schon lange einer gesagt: »Wenn du's begreifst, ist es nicht Gott.« Gott kann dieses Prinzip niemals sein, er ist Person und ist größer als unser Denken. Wenn wir ein System der Lehre wollten, wollten wir ja im Grund Gott in unser System zwängen. Weber[85]: »Selbst wenn — was ja geradezu die Regel ist — an der Spitze des Systems eine Vorstellung von Gott oder von einer Gottheit steht, so muß sich diese ohne Bruch in das System einfügen: der Gott eines vom ›Prinzip‹ her entworfenen Systems ist zutiefst immer des Menschen Gott.« Der Gott aber, den wir uns selbst entwerfen, ist niemals der Gott der Bibel.

Wir wollen also der Offenbarung nach-denken, wir dürfen die Gedanken auch ordnen, aber es ist sehr gefährlich, ja unserer Stellung gegenüber der Offenbarung unangemessen und in die Irre führend, ein System machen zu wollen, in dem alles Platz hat und nach dem sich alles richten muß. Auch deshalb reden wir von »*Zentralaussagen*« und verstehen unser Unternehmen als *Versuch einer Darstellung*, wobei wir wissen, daß die Heilige Schrift immer größer ist als unsere Gedanken und Vorstellungen, und sie brauchen wir täglich für unser Leben.

Hilfreich kann hier die Unterscheidung Webers zwischen einer formalen und einer materialen (inhaltlichen) Systematik[86] sein. Wir können und wollen die verschiedenen Lehrpunkte und Aussagen geordnet darstellen[87]; das ist die Aufgabe eines Lehr-Buches.

Aber weil wir beachten wollen, was in 1. Kor 13, 9 steht: ». . . unser Wissen ist Stückwerk . . .«, können wir gar nicht ein materiales (inhaltliches) System aufbauen, ohne zu verkürzen, »hinzuzutun« oder »wegzutun«, was uns aber verboten ist[88]. Weil aber die Offenbarung geschehen und uns in der Heiligen Schrift gegeben ist, gibt es »auch die Möglichkeit *gehorsamer* Rede. Gehorsame Rede aber ist diejenige, die . . . lebt . . . aus dem *Hören* und *Warten*.«[89]

So wollen wir kein materiales Lehrsystem, sondern wir wollen hören auf Gottes Wort und unsere Darstellung aus dem Hören des Wortes kommen lassen und dabei wissen, daß jeder Leser dadurch nicht weniger auf das Lesen der Bibel selbst angewiesen ist.

Eine *formale* Systematik wollen wir versuchen, und zwar nach der Lokalmethode, nicht nach der analytischen, die leicht zum materialen System verführt; wir wollen das, was die Schrift sagt, in äußerer Ordnung zusammenstellen und dabei auch auf die *Zeitbezogenheit* insofern achten, als wichtige Anfragen, die uns in der heutigen Zeit als Christen gestellt sind, etwa durch die Existenz anderer Lehren, aufgenommen und besprochen werden.

2. TEIL: VON GOTT

»Mit ihrem ersten Schritt steht die Systematische Theologie am Scheideweg. Will und wird sie dem herkömmlichen Verfahren folgen und von ›Gott‹ im allgemein-religiösen oder metaphysischen Sinn sprechen — oder wendet sie sich konsequent der Tatsache zu, daß der im Neuen Testament bezeugte« — es sei hinzugefügt: und redende (K. B.) — »Gott kein anderer ist als der ›Gott Israels‹?« so stellt Hans-Joachim Kraus[90] die Entscheidungsfrage der Gotteslehre. Wir entscheiden uns im Sinn der letzteren der beiden Möglichkeiten.

Denn »der Gott Abrahams, Isaaks und Jakobs ist *nicht der Philosophen Gott* (B. Pascal)«[91]. Wenn wir also von Gott reden, meinen wir nicht einen, der unter verschiedenen Namen in verschiedenen Völkern und Religionen ebenfalls zu finden ist, sondern allein diesen einen Gott der Bibel Alten und Neuen Testaments.

A. Gottes Dasein[92]

I. Erkenntnis aus dem Geschaffenen?

Gott hat die Werke seiner Schöpfung »mit Weisheit gemacht« (Ps 104, 24). Die Weisheit Gottes senkte die Ordnungen in die bis dahin chaotische Welt. Die menschliche Weisheit kann ihnen nachspüren und möchte ihnen nachleben; mit einstimmen in das Lied, das die Schöpfung zum Lobe Gottes singt: »Die Himmel erzählen die Ehre / Herrlichkeit / Wucht (kabod) Gottes (el), und die Feste verkündigt seiner Hände Werk . . .« (Ps 19, 2 ff.).

Die Schöpfung spricht, wenn auch »ohne Sprache und ohne Worte« (Ps 19, 4). Sie preist Gott den Mächtigen und Starken (el), aber ohne Namen — »Gott« (el) ist kein Name. Der lauschende Mensch spürt hier einen Hinweis auf den »unbekannten Gott« (Apg 17, 23); er lebt aber in der »Zeit der Unwissenheit« (Apg 17, 30).

Erst die Offenbarung Gottes in seiner Heilsgeschichte läßt den Menschen ihn erkennen (siehe Ps 19, ff., wo wir den Gottesnamen finden und wo von seiner Thora die Rede ist)[93].

Die Schöpfung erzählt also. Aber was sie sagt, »enthält keine Anrede an« den Menschen »im Sinne einer Du-Ansprache« und »keine artikulierte Mitteilung«[94].

Gottes Weisheit handelt zwar darin[95]; sie wirbt in den Ordnungen der Schöpfung um den Menschen[96]. »Als Gottes Geschöpf ist der Mensch in der Schöpfung umgeben von der Weisheit des Schöpfers, umflutet von seiner Herrlichkeit ... Doch ... : die wirkliche Erkenntnis des *Schöpfers* ... steht im Zeichen der *Selbstoffenbarung seines Namens und seines Wortes*«[97]. Zwar sind es »Toren«, die sagen: »Es ist kein Gott« (Ps 14, 1; 53, 2); Leute, die nicht Weisheit kennen. Aber wenn es bei einem Menschen nicht zu der Vertauschung kommt, von der Röm 1, 21 ff. redet, daß statt des Schöpfers die Schöpfung verehrt wird, »dann ist dies allein der Tatsache der Selbstoffenbarung des Namens Gottes zu verdanken (Ps 8, 2) ... Dies alles hat mit natürlicher Theologie nichts zu tun.«[98]

Aus der Schöpfung kann also ersehen werden, »daß ein Gott ist« und »seine ewige Kraft und Gottheit« (Röm 1, 18 f.), und doch ist das eine sehr uneigentliche Erkenntnis; denn

1. Was heißt schon »Gott«?

Kraus: »Der Gott Israels ist unter keinen Gattungs- oder Artbegriff »Gott« zu subsumieren, unter keine Kategorie eines zuvor Gewußten oder jedenfalls in Umrissen schon Festgelegten. Der Gott Israels ist Gott im Concretissimum seiner namentlichen Selbstvorstellung. Christliche Theologie ist in die Irre gegangen, als sie diese unabdingbaren Voraussetzungen verleugnete.«[99]

2. Selbst die genannte so uneigentliche Erkenntnis ist nicht in das Belieben und die Macht des Menschen gestellt: »Gott hat es ihnen offenbart« (Röm 1, 19b). »Es handelt sich also um ein konkretes Geschehen, bei dem Gott selbst der Handelnde, der Mensch der Empfangende ist, nicht um einen rationalen Denkvorgang oder um ein logisches Rückschlußverfahren.«[100] Damit ist klar, daß es keine Gottesbeweise im eigentlichen Sinn geben kann[101].

II. Erkenntnis durch Offenbarung Gottes[102]

Daß Gott ist, wissen wir im eigentlichen Sinn dadurch, daß und wie er sich selbst vorgestellt hat in seinem Namen und in seinem (auch die Geschichte wirkenden und deutenden) Wort[103].

B. Gottes Wirklichkeit

Die Tatsache, daß ein Gott ist, und das Wissen darum kann rechten Gottesdienst und Heil des Menschen noch nicht begründen. V. Rad schreibt über den Menschen im alten Orient: »Wohl stand es den Alten fest, daß das Leben der Menschen dunkel von göttlichen Mächten umgriffen und bestimmt ist; aber diese Gewißheit war beileibe nicht tröstlich, solange der Mensch nicht wußte, was das für eine Gottheit war, mit der er es jeweilen zu tun hatte ...«[104] Entscheidend war und ist damals und heute:
— Wer ist dieser Gott? Und:
— Ist er *für* mich oder ist er mein Feind?

Deshalb war damals den Menschen so wichtig, daß Gott seinen *Namen* gab. Denn »der Name« war »nicht Schall und Rauch ... Im Namen existiert sein Träger, und deshalb enthält der Name eine Aussage über das Wesen seines Trägers oder doch etwas von der ihm eigenen Mächtigkeit.«[105] Wenn wir nach dem Wesen Gottes fragen wollen und uns dabei an seine Offenbarung halten wollen[106], ist es richtig, nach Gottes Namen zu fragen.

Gottes Name

Gott hat seinem Volk seinen Namen geoffenbart und sich damit vorgestellt. Auf Moses Frage an Gott nach seinem Namen antwortet er. »Gott sprach zu Mose: Ich werde sein, der ich sein werde ... Und Gott sprach weiter zu Mose: So sollst du zu den Israeliten sagen: Jahwe, der Gott eurer Väter, der Gott Abrahams, der Gott Isaaks, der Gott Jakobs, hat mich zu euch gesandt. Das ist mein Name auf ewig, mit dem man mich anrufen soll von Geschlecht zu Geschlecht.« (2. Mo 3, 14 f.)

In diesem Namen finden wir

1. Die Personalität Gottes

Gott *spricht* und stellt sich vor als »*Ich*«, er zeigt seinen *Willen;* er zeigt sich also als Person[107], als »Gegenüber«, »Du«[108]. »Damit wird jede Möglichkeit einer Verdinglichung Gottes, die Gottes Wirklichkeit zu einem menschlichen ›Objekt‹ herabwürdigt, ausgeschlossen.«[109] Seine Personalität zeigt sich in seiner Herabneigung zum Menschen[110], sie zeigt sich auch darin, daß er sich nicht instrumentalisieren läßt; er achtet die Person des Menschen, er will aber auch vom Menschen in seiner Personalität geachtet werden (siehe auch 3.).

Indem Gott seinem Volk sich so als der personale Gott vorstellt und seinen Namen gibt, eröffnet er die Möglichkeit eines personalen Verhältnisses; er gibt die Möglichkeit, ihn anzurufen[111].

2. Gott der Heiland — ein rettender Gott

»Ich werde sein, der ich sein werde« — in seinem Handeln mit seinem Volk in Wort und Tat erweist und offenbart er sich. Fast klingt dieser Name wie eine Hülse, deren Inhalt erst in der Geschichte klar wird. Er erweist sich als Retter Israels aus Ägypten, in Gericht und Gnade an seinem Volk durch die Jahrhunderte, bis hin zu der vollen und abschließenden Offenbarung im Sohn, in Jesus Christus. Hier ist Gott selber erschienen und hat sich geoffenbart. In seinem Namen, den Gott selbst bestimmt — der Bote Gottes bringt ihn (Mt 1, 21) —, wird inhaltlich klar, wer dieser »Ich werde sein, der ich sein werde« ist; dieser Name Jesus heißt »Der HERR ist Rettung«; und entsprechend wird er von dem Engel erklärt (Mt 1, 21): »... denn er wird sein Volk retten von ihren Sünden.« Kraus: »Der ›Gott des Volkes Israel‹ ... wird durch Jesus bekannt; er wird *in* ihm erkannt. *Der Name Jesus tritt ein in das Geheimnis der Namensoffenbarung des kommenden Gottes.* In diesem Namen neigt Gott sich ganz zu den Menschen seines Wohlgefallens herab. In ihm liegt die eschatologische *soteria*[112] beschlossen (Apg 4, 12). Das Dasein Gottes steht fortan unter diesem ganz bestimmten Namen, der ihn kennzeichnet und ihn von allem anderen, was ist und sein mag, unterscheidet. Und wiederum beruht alle wirkliche Bekanntschaft mit ihm und also jede tatsächliche Erkenntnis Gottes darauf, daß Jesus sich bekanntmacht. Das urchristliche Bekenntnis »*Kyrios Jesous*« (1. Kor 12, 3) zeigt das Geheimnis der *Namensidentität von Jahwe und Jesus* an. Jesus ist der Name gegeben, der über alle Namen ist (Phil 2, 9). Vor ihm erfüllt sich die universale Proskynese [kniefällige Huldigung], die nach Jes 45, 23 *Jahwe* gilt (Phil 2, 10 f.)«[113].

Nur in diesem Namen ist also Heil. Außerhalb seiner gibt es kein Heil. Außerhalb dieses Namens steht der Mensch unter dem Zorn Gottes[114]. Die *Gerechtigkeit Gottes* — das ist Gottes Verhalten, das der von Gott gestifteten Gemeinschaft gemäß ist[115] — begegnet diesem Menschen als einem, der sich außerhalb des Bundes

Gottes stellt, nämlich des Bundes, den Gott im Blut Jesu gestiftet hat; sie begegnet ihm also als einem Menschen, der in Aufruhr gegen Gott lebt. Sie begegnet ihm somit als »Gottes richterliches Urteil«[116]. In Jesus aber begegnet sie uns als schenkende Gerechtigkeit, als »eschatologische Heilsgabe«[117]. Denn im Kreuz ist das Urteil des Richters geschehen. Deshalb wird hier die Heilsgabe dem Glaubenden zuteil, der sich unter jenes richterliche Urteil stellt[118].

Gott ist der Heiland. Hier haben noch weitere biblische Aussagen über die Wirklichkeit Gottes ihren Ort[119].

a) Hier ist von der *Liebe Gottes* zu reden, die in unbeschreiblicher Weise und aus unergründlichem Erbarmen dem Menschen nachgeht, um ihn zu retten. Denn »so hat Gott die Welt geliebt, daß er seinen eingeborenen Sohn gab, damit jeder, der an ihn glaubt, nicht verlorengeht, sondern ewiges Leben hat« (Joh 3, 16).
Die Liebe, die schon in der Schöpfung das Du und das Gegenüber suchte (1. Mo 1, 27a)[120], die im Sündenfall vom Menschen einseitig aufgekündigt wurde, die ging dem Geliebten nach bis hin zur Hingabe des Sohnes, um dem Menschengeschöpf die Kindschaft zu bringen (Gal 4, 5; 1. Joh 3, 1 f.).

b) Hier ist zu reden auch von Gottes Barmherzigkeit; das alttestamentliche Wort (rachamijm) ist verwandt mit rächäm = Mutterleib. Der Gott, der sich als Vater vorstellt[121], fühlt wie eine Mutter mit ihrem (ungeborenen) Kind. Wer hier ablehnend von Anthropomorphismus redet, dem sei gesagt: Gott selber redet so von sich[122]. Und das ist seine brennende Leidenschaft zu seinem Geschöpf; er ist kein apathischer, philosophischer Gott.

c) Noch weitere Worte über die Wirklichkeit Gottes wären hier zu nennen, etwa seine *Gnade*, das ist seine persönliche Zuwendung zu uns[123]; oder seine *Geduld*, die ja ebenfalls ein Rettungshandeln ist (2.Petr 3, 15), ein Tragen aus dem Anliegen, ob es nicht doch möglich wäre, das Verlorene nach Hause zu bringen (vgl. Röm 9, 22).[124]

3. Die Freiheit Gottes

»Ich werde sein, der ich sein werde« — mit dieser Selbstvorstellung zeigt Gott auch seine Freiheit. Und zwar ist das auf zweierlei Weise wichtig:

3. 1 Gott sagt damit: Er kann handeln, wie er will. Er ist also nicht festgelegt durch irgend jemanden oder etwas. Er ist Gott. Mit einem anderen Wort der Bibel: Er ist der *Heilige*[125]. Er ist der Herr. Der, »ohn den nichts ist, was ist« (J. Heermann), der aber selbst durch nichts ist.[126] Der wahrhaft Allmächtige[127].

3. 2 In diesem Namen ist auch schon ausgedrückt, daß Gott sich nicht von den eigensüchtigen Interessen des Menschen einspannen läßt; Magie, Zauberei mit seinem Namen ist ausgeschlossen.[128] Wer seinen Namen so mißbrauchen will, verfällt seinem Urteil und begibt sich in einen finstern Machtbereich (2. Mo 20, 7; Röm 6, 16). Aber Gott ist und bleibt der Freie[129].

4. Die Beständigkeit und Treue Gottes

»Ich werde sein, der ich sein werde« — die hebräische Form des Imperfectums bringt »ein unvollendetes Geschehen . . . , also . . . eine unabgeschlossene Zukunft«[130] zum Ausdruck. »Nicht daß er ist, kennzeichnet sein Wesen, sondern daß er so ist, wie er ist, das heißt, daß er sich immer gleich bleibt‹, also ›Gottes Wesen in der Geschichte der Zukunft dasselbe ist wie in der Geschichte der Vergangenheit, der Gott des Volkes ist der Gott der Väter‹‹[131].

Dieses Verständnis des Gottesnamens wird noch unterstrichen dadurch, daß der Zusammenhang, in dem der Gottesname steht, auf den Gott der Väter verweist (2. Mo 3, 15b): »Jahwe, der Gott eurer Väter, der Gott Abrahams, der Gott Isaaks, der Gott Jakobs, hat mich zu euch gesandt. Das ist mein Name auf ewig, mit dem man mich anrufen soll von Geschlecht zu Geschlecht.«

Er ist der, »der da ist und der da war und der da kommt« (Offb 1, 4.; vgl. 4,b), der sich nicht wandelt, auch wenn er dem ungehorsamen Volk mit Gericht begegnet (Mal 3, 6. 9); die manchmal dargebotene Auslegung des Jahwenamens im Sinn »ich bin immer für euch da« bekommt hier eine Korrektur[132]. Aber Gott bleibt sich und seinem Wort treu.[133]

In Jesus Christus dürfen wir ihn mit Jochen Klepper bitten:

»Der Du allein der Ewge heißt
und Anfang, Ziel und Mitte weißt
im Fluge unsrer Zeiten:
bleib du uns gnädig zugewandt
und führe uns an deiner Hand,
damit wir sicher schreiten.«

5. Exklusivität (alleiniger Gott)

Im Jahwenamen nimmt Gott für sich in Anspruch: Von mir allein kann wirklich gesagt werden: Er ist (hebr. hajah). »Es gibt gar keine Größe auf der Welt, der ein hajah zugeschrieben werden könnte: es sei denn Jahve.«[134]

Zwar sehen manche Stellen der Bibel auf den ersten Blick so aus, als ob es nach ihnen auch andere Götter gebe. Jedoch solle Gottes Volk nur den einen verehren (Monolatrie); etwa der Anfang der 10 Gebote: »Ich bin Jahwe, dein Gott . . . Du sollst keine anderen Götter haben neben mir« (2. Mo 20, 2 f.); oder wenn der Apostel Paulus schreibt: »Und obwohl es solche gibt, die Götter genannt werden ... wie es ja viele Götter und Herren gibt, so haben *wir* doch nur *einen* Gott ...« (1. Kor 8, 5 f.).

Doch wird klar, daß diese Götter nicht mit ihm vergleichbar sind (vgl. auch Ps 96, 5; 1. Chr 16, 26; Jes 44, 6; 1. Kor 8, 4). Auch wo sie nicht einfach nichts sind, sondern wo Mächtigkeiten vorhanden sind, sind auch sie Geschöpfe dieses einen Gottes, wenn auch gefallene Geschöpfe.

Die Einzigkeit Gottes finden wir z. B. auch deutlich im »Höre, Israel« (5. Mo 6, 4), das Jesus ausdrücklich aufnimmt (Mk 12, 29)[135].

Der dreieinige Gott

Dieser eine Gott ist der Dreieinige, der Vater, der Sohn und der Heilige Geist.

Der Vater ist Person; ebenso sein Sohn Jesus Christus. Auch die Personalität des Heiligen Geistes wird aus der Heiligen Schrift deutlich, nicht allein aus der Taufformel Mt 2, 19, in der er neben dem Vater und dem Sohn steht[136], er ist z. B. auch der Paraklet, den der Vater senden wird (Joh 14, 16. 26).

Drei Personen und doch *ein* Gott. So hat er sich geoffenbart.

Auf ihn wurden wir entsprechend dem Willen Jesu getauft (Mt 2, 19; der Name steht in der Einzahl!). Ein christliches Bekenntnis zu Gott ohne dieses »›Spezificum christianum‹ der biblischen Gotteslehre«[137] gibt es nicht. Und zwar aus entscheidenden inneren Gründen:

Wir haben die »*Namensidentität von Jahwe und Jesus*«[138] gesehen[139]. Der Titel des Kyrios (HERR), der in der griechischen Übersetzung des AT (Septuaginta) den Gottesnamen Jahwe umschreibt, wird im NT für Jesus verwendet (z. B. 1. Kor 12, 3; Phil 2, 11).[140]

In Jesus ist Gott selber erschienen. Gott selber hat sich in ihm geoffenbart (Joh 1, 1). Und Gott selber ist unser Retter[141].

Und auch der Geist ist Gott[142]. Und »der Herr«, »der Kyrios ist der Geist« (2. Kor 3, 17); Gott bringt das neue Leben.

Wenn wir vom dreieinigen Gott sprechen, stehen wir vor dem unergründlichen, anzubetenden Geheimnis, daß der eine Gott (5. Mo 6, 4) sich uns wahrhaft persönlich zugewandt und geoffenbart hat und wirklich unser Heiland und Neuschöpfer geworden ist.

> »Jesus ist kommen, Grund ewiger Freude;
> A und O, Anfang und Ende steht da.
> Gottheit und Menschheit vereinen sich beide;
> Schöpfer, wie kommst du uns Menschen so nah!«
>   Allendorf

> »Gott selber ist erschienen
> zur Sühne für sein Recht.«
>   J. Klepper

Kraus: »Jeder Antitrinitarismus gelangt zwangsläufig dahin, entweder das Kommen Gottes in der Geschichte seines Reiches (also das Ereignis von ›Offenbarung‹) oder die Einheit Gottes zu verleugnen.«[143]

3. TEIL:
VON DER SCHÖPFUNG

A. Von der Erkennbarkeit der Schöpfung

Schöpfung besagt, daß Himmel und Erde einen von Gott willentlich gesetzten Anfang hat und daß alles, was ist, von ihm geschaffen ist und durch ihn seinen Bestand hat.

Biblische Schöpfungslehre besagt: Dieser Schöpfer ist Jahwe, der Gott Israels, der dreieinige Gott. Er ist der, »ohn den nichts ist, was ist, von dem wir alles haben« (J. Heermann[144]).

Beides ist nicht für den Menschen aus seinen Möglichkeiten sichtbar, erforschbar oder berechenbar. Alles, was auch die Wissenschaft sagen und erforschen kann, ist »ja nur ein Nachzeichnen der Lebensvorgänge im Rahmen eines Raumzeit-Systems, das schon durch die Schöpfung begründet wurde. Kein ernst zu nehmender Wissenschaftler wird sich daher ein Urteil über die Wirklichkeit der Schöpfung Gottes anmaßen, die ja die Voraussetzung für sein Denken und Forschen überhaupt erst bietet.«[145].
  Und doch ist es so, daß der Mensch nach den Ursprüngen fragt. Es gibt »ungezählte Theorien und Hypothesen über die Weltentstehung..., die mit wissenschaftlicher Erkenntnis nichts zu tun haben, sondern die lediglich dem Bedürfnis des menschlichen Geistes nach Erklärung der ›Welträtsel‹ entsprechen«[146].

Erkennbarkeit der Schöpfung ist ein Geschenk Gottes. Nur durch seine Offenbarung ist sie möglich. »Durch den Glauben erkennen wir, daß die Welt durch Gottes Wort geschaffen ist, so daß alles, was man sieht, aus nichts geworden ist« (Hebr 11, 3).

Es ist dieser Glaube,
»der nicht schaut
und doch dem Unsichtbaren,
als säh er ihn, vertraut;
der aus dem Wort gezeuget
und durch das Wort sich nährt
und vor dem Wort sich beuget
und mit dem Wort sich wehrt.«
                    Ph. Spitta[147]

»Die Rede von Gott als dem ›Schöpfer‹ und von der Welt als seiner ›Schöpfung‹ . . . ist ein nur in der Glaubensentscheidung zu erfassendes Offenbarungsurteil.«[148]
      Erst recht gilt das für den Satz, wer dieser Gott ist.

Es ist die frohmachende Botschaft der Heiligen Schrift: Der Gott, der die Seinen erwählt hat und in Jesus ihr Retter und ihr persönlicher Gott geworden ist, der ist der Schöpfer von Himmel und Erde, auch unseres persönlichen Lebens (Ps 139, 13-16).
Der Gott, der alles aus dem Nichts gerufen hat und alles erhält, er ist es, der auch die neue Schöpfung bringt.

B. Die Schöpfung aus dem Nichts

»Im Anfang schuf (hebr.: bara) Gott Himmel und Erde.« Das hebräische Wort bara = schaffen wird nur für das Schaffen Gottes verwendet. Nie wird dabei ein Stoff angegeben, aus dem dieses Schaffen geschieht; das zeigt: Gottes Schöpfung geschieht »aus dem Nichts«[149]. Die Schöpfung ist also weder aus Gott herausgeflossen (Emanation), noch ist sie aus schon Vorhandenem gemacht oder geworden. Hebr 11, 3 sagt es ausdrücklich: ». . . alles, was man sieht, (ist) aus nichts geworden«; und Röm 4, 17: »Gott . . . ruft das, was nicht ist, daß es sei«; »wenn er spricht, so geschieht's; wenn er gebietet, so steht's da.« (Ps 33, 9)

Gott ist also in seinem Schaffen ganz frei; nichts außer ihm hat ihn dabei bestimmt oder geleitet oder ermächtigt. Sein freier Wille geschieht.[150]

C. Die Endlichkeit der Schöpfung und ihre Abhängigkeit von Gott

Gott allein ist ewig (Ps 102, 26-28; vgl. auch Hebr 1, 10-12). Alles Geschöpfliche *kommt* nicht nur von ihm, sondern hat auch seinen Bestand nur in ihm (Kol 1, 17), und er »trägt alle Dinge mit seinem kräftigen Wort« (Hebr 1, 3 von Gott dem Sohn).

Leben und Existenz gibt es nur durch ihn.[151] Selbst seine Feinde werden jeden Augenblick von ihm gehalten, sonst würden sie ins Nichts zurücksinken. Auch »ewiges Leben« ist nicht Qualität eines Menschen aus sich, sondern Geschenk Gottes, der diese Verheißung in ständiger Treue zu seinem Wort erfüllt. Selbst ewiger Tod als ewige Existenz in der Verlorenheit der Gottesferne ist Existenz durch Gott.

D. Das Gegenüber von Gott und Schöpfung

Diese Abhängigkeit der Schöpfung von Gott ist ein Gerufen- und Gehaltensein durch den personalen Gott, der nicht Teil der Schöpfung ist, sondern als der »ganz Andere« ihr gegenübersteht. Er ist der transzendente Gott.

Damit ist jede Art von Monismus[152] nicht vereinbar, sei es Pantheismus, Materialismus, Spiritualismus oder auch der Monismus der Anthroposophie Rudolf Steiners[153]. Ebenfalls nicht möglich ist damit die Redeweise »von Gott als der ›Tiefe des Seins‹, als ›Urgrund‹ des Seins oder als ›Weltgrund‹ ... (Paul Tillich, John Robinson)«[154].

E. Gottes Schöpfung war gut

»Gott sah an alles, was er gemacht hatte, und siehe, es war sehr gut« (1. Mo 1, 31a). Zwar kam durch den Sündenfall mit der Trennung des Menschen von Gott auch Zerstörung in die übrige Schöpfung. Ein Riß geht durch sie hindurch und ein Seufzen (Röm 8, 19 ff.). Und doch ist das Geschaffene gut und kann vom Menschen gebraucht werden (1. Tim 4, 4). Auch seine Gaben, sein Leib, sein Verstand usw. sind Gaben Gottes, nichts Schlechtes. Der rechte Gebrauch und die Freude an diesen Gaben ehrt den Schöpfer.[155]

Der gefallene Mensch hat die Tendenz, entweder Geschaffenes zu vergotten (vgl. Röm 1, 22 ff.), zu verachten (1. Tim 4, 3) oder zu mißbrauchen.

F. Schöpfung und Weisheit

Schöpfungsglaube sollte eigentlich dazu führen, vielmehr damit zu rechnen, daß das Erfahrene nicht zufällig und nicht losgelöst von Gott zu verstehen ist. Gerhard v. Rad schreibt im Blick auf Israel: ». . . es behauptete die Nichtidentität von Gott und Schöpfung und hielt doch an dem Durchwaltetsein der Schöpfung fest.«[156]

Und deshalb konnte es ganz praktische »Lebenshilfen« geben, »Anweisungen, das Leben zu überstehen und nicht zu scheitern«[157]. Hat es auch für uns Christen heute konkrete Bedeutung, wenn wir den Schöpfer bekennen? Können wir etwas Konkretes sagen darüber, wie Gott und Welt zusammenhängen und wie Gottes Schöpferwirken für unser Leben und unseren Alltag von Bedeutung ist? Ein Schlüsselbegriff, den uns die Bibel dazu nennt, ist der der »Weisheit«.

V. Rad: »Kann der christliche Glaube nicht auch heute dem Menschen mit Erfahrungen und Wahrheiten an die Hand gehen, die Evidenz haben? Die Weisen Israels behaupteten, daß es keineswegs a limine (= von vorneherein) aussichtslos sei, die Schöpfung auf Gott hin zu befragen. Sie wußten von einer Art Urordnung, die sich auf allen Plätzen, ›an den lärmvollsten Orten‹ der Stadt bezeugt ... Ist demgegenüber der Eifer, mit dem wir das Walten Gottes in eine totale Verborgenheit hinabstoßen, christlich gerechtfertigt? Nun klagen wir über die ›Weltlosigkeit‹ Gottes. Haben wir der Vernunft gar nichts anzubieten? Wohl, — Weisheit ist nie ein neutrales Sachwissen; es ist ein Wissen, zu dem man sich bekennt, das man lebt und hinter dem ein Vertrauen steht. Auch wir predigen das absolute Vertrauen, aber dahinter kommt nichts mehr ... Lehren wir nicht im Grunde ein Leben ohne die Nähe Gottes? ... Von den Humanwissenschaften können wir eine Menge lernen ... Aber die christliche Interpretation der ›Wirklichkeit‹ können sie uns nicht abnehmen ...«[158]

Das sind sehr wichtige Sätze, in denen eine große Herausforderung für unsere Zeit liegt.

Schlüsselbegriff ist — wie schon erwähnt — hier das Wort »Weisheit«. Denn diese Weisheit ist entscheidend bei der Schöpfung. Ps 104,24: »Wie viele sind deine Werke, Jahwe; sie alle hast du mit Weisheit gemacht ...«; Spr 3,19a: »Jahwe hat mit Weisheit die Erde gegründet...«

Allerdings gebraucht die Heilige Schrift den Begriff der Weisheit verschieden; zum Teil meint sie damit die Weisheit Gottes, an anderen Stellen die menschliche Weisheit.

I. Die Weisheit Gottes

Sie ist es, von der die genannten Stellen Ps 104,24 und Spr 3,19a reden; durch sie hat Gott seine Schöpfungswerke gemacht und gestaltet. Sie begegnet uns schon auf den ersten Blättern der Bibel, auch wenn der Begriff »Weisheit« dort nicht erscheint. Denn sie hat mit der Ordnung zu tun, die die Schöpfung durchwaltet. Sie ist zwar nicht identisch mit der Ordnung, wie Hiob 28, 12 ff. zeigt[159]. Sie ist aber im Wort Gottes, dem »Schöpfungslogos«, vorhanden und begründet Ordnung (1. Mo 1, 3; vgl. auch Joh 1, 1 ff.[160]): In das Chaos hinein — ausgedrückt durch die Worte »Tohu wabohu« und »Finsternis« — spricht Gott: »Es werde Licht!« — Da wurde Licht, der Gegensatz von Finsternis, von Chaos, nämlich Kosmos, d. h. Ordnung.

Was oder wer ist diese Weisheit?
Wir haben gesehen: Sie ist transzendent, wie es Gott ist; jenseitig der Welt. Sie ist auch nicht geschaffen[161]. Sie wird zum Teil als Eigenschaft Gottes verstanden[162]. Gese[163] spricht von Hypostasierung der Weisheit; die Gottesoffenbarung in Israel ist personal; in seinem Wort (z. B. 5. Mo 30, 14), in seinem Angesicht (z. B. 2. Mo 33, 14 f.) und auch in seiner Weisheit kommt der Heilige, den kein Mensch sehen kann (2. Mo 33, 20), dem Menschen persönlich nah und wirbt um ihn und wirkt an ihm.

Also: Diese Weisheit gehört zu Gott selber, zu seiner Person; man mag sie »Eigenschaft« Gottes nennen; sie gehört auf jeden Fall zu ihm, zu seiner Wirklichkeit.
Gott selber in seiner Weisheit hat die Ordnungen der Schöpfung begründet.

In dreierlei Weise begegnen diese uns in der Bibel: als Ordnung in der Natur, als Ordnung für das menschliche Leben und als kosmische Ordnung.

1. Die Ordnung in der Natur, die Naturgesetze

1.1 Diese Ordnung ist gegeben in der Schöpfung (1. Mo 1,3)

1.2 In einem bestimmten Umfang — wir wissen aus der Bibel nicht sicher, ob dieser Umfang der Ordnungen geringer ist als

der ursprüngliche — werden diese Ordnungen nach der Sintflut von Gott neu bestätigt und für die Zeit der Geduld Gottes garantiert, in der er dem von ihm abgefallenen bösen Menschen (1. Mo 8, 21) dadurch Lebensmöglichkeit schenkt, um ihn heimzuholen zu sich in seiner Geschichte der Rettung, seiner Heilsgeschichte:

»Solange die Erde steht, soll nicht aufhören
Saat und Ernte, Frost und Hitze,
Sommer und Winter, Tag und Nacht.« (1. Mo 8, 22)

Noch bis heute gilt:

»Und das Licht scheint in der Finsternis,
und die Finsternis hat es nicht überwältigt« (Joh 1, 5[164]).

Von den Sternen bis ins kleinste Atom hinein gelten Gottes Ordnungen, und Gottes Werke »rühmen des Ewigen Ehre« (vgl. auch Ps 19, 2-7); »alle Lande sind seiner Ehre voll« (Jes 6, 3).

2. Die Lebensordnungen Gottes für den Menschen

2.1 Die eigentliche Lebensordnung für den Menschen, die Gott ihm zugedacht hatte, ist die Gottesgemeinschaft; dazu hat Gott ihn geschaffen und bestimmt: Ihm zum Bilde (1. Mo 1, 26 f.); zu einem »Sein in Gottes Liebe«[165].

2.2 Dieses Verhältnis zu Gott ist mit dem Sündenfall zerbrochen. Um Leben in der »Zeit der Geduld« zu ermöglichen, ist aber wenigstens ein Minimum an Lebensordnung für den Menschen nötig. Dieses gibt Gott am Anfang dieses Zeitabschnitts nach der Sintflut in der noachitischen Ordnung 1. Mo 9, 1-7 (unmittelbar nach der Garantie der Naturordnung 1. Mo 8, 22).

Zwar ist der Friede aus der Schöpfung gewichen (V. 2); aber Gott hat Grundgebote gegeben als jenes notwendige Minimum. Es ist *zum einen* der Damm gegen die »Roheit« und »Brutalität«[166] allem lebendigen Fleisch gegenüber: Das Verbot des Genusses von Fleisch, in dem lebendiges Blut ist[167].

Weiter ist das menschliche Leben hier absolut geschützt. Und die Grundlage dessen, was wir heute als Staat kennen, wird gelegt: Die menschliche Obrigkeit als Dienerin Gottes (Röm 13, 1 - 7), als Notordnung nach dem Sündenfall hat hier ihren Anfang: »Wer Menschenblut vergießt, dessen Blut soll auch durch Menschen vergossen werden; denn Gott hat den Menschen zu seinem Bilde gemacht« (1. Mo 9, 6). Menschen haben also im Auftrag Gottes darüber zu wachen, daß dieses zum Minimum an Lebensordnung gehörende Grundgebot, das überhaupt Leben ermöglicht, eingehalten wird.

Diese Sicht des Staates als Notordnung nach dem Sündenfall schließt jede Verherrlichung des Staates, aber auch alle Anarchie aus. Der Staat entspricht nicht dem ursprünglichen Schöpferwillen Gottes, er ist, wie gesagt, nur eine Notordnung. Es ist ein harter Zug in ihm und seinem Auftrag. Aber er ist eine Notordnung *Gottes*, die Gott eingesetzt hat, weil sie nach dem Sündenfall nötig geworden ist. Er ist beauftragt, eine äußerliche Ordnung aufrechtzuhalten. Seine zentrale Aufgabe ist der Schutz des menschlichen Lebens.

In seinen Aufgabenbereich gehört nicht das Glaubensbekenntnis seiner Bürger. Wo er diese Wegweisung der Bibel zu seiner religiösen und weltanschaulichen Nichtidentifikation nicht beachtet hat, ist es oft zu grausamen Verirrungen und Verfolgungen gekommen.

Der Staat hat äußere Gewalt, um äußere Ordnung zu garantieren. Die Glaubensentscheidung seiner Bürger ist nicht sein Aufgabengebiet; dazu ist ihm auch seine Gewalt nicht gegeben.

2.3 Nachdem Gott seine Heilsgeschichte begonnen hatte, erwählte er sich das Volk Israel; ihm gab er als neue Lebensordnung seinen Bund und sein Gebot (2. Mose 20 und 24). Es war mehr als in der noachitischen Ordnung. Und doch war dies noch nicht das Ziel und die eigentliche Ordnung Gottes für den Menschen.

2.4 Dieses Ziel und diese eigentliche Ordnung ist die Gotteskindschaft. Gott erreicht dieses Ziel im Neuen Bund, den er schon im Alten Testament verheißen hat (Jer 31, 31 ff.); er ist gestiftet im Blut Jesu (Lk 22, 20). Hier wird dem Glaubenden dieses wirkliche Gottesverhältnis geschenkt (Joh 1, 12; Röm 8, 14).

Wie die Naturordnungen, so hat auch diese Lebensordnungen die Weisheit Gottes gebracht. Beide Ordnungen gehören auch zusammen. So finden wir in dem Weisheitspsalm Ps 19 beide vereint, in Versen 1 - 7 die Ordnung in der Natur, in den Versen 8 ff. die Thora, das Gesetz, die Weisung Jahwes für das Menschenleben. Jesus, der »trägt alle Dinge mit seinem kräftigen Wort« (Hebr 1, 3), ist »uns von Gott gemacht . . . zur Weisheit« (1. Kor 1, 30); in ihm muß das Chaos aus unserem Leben weichen; in ihm kommt unser Leben zu seiner von Gott ihm zugedachten Ordnung, zum neuen Verhältnis mit Gott, zur Kindschaft (Joh 1, 12). Beide Ordnungen gehören zusammen. V. Rad: »Der uns geläufige Dualismus von menschlicher Gesellschaftsordnung einerseits und von Naturordnung andererseits war ja den Alten unbekannt. Die Weltordnung herrscht ebenso in der Natur wie durch das Sittengesetz (wie wir sagen würden) über die Menschen.«[168]

Und dasselbe gilt auch in der dritten Ordnung, die Gottes Weisheit gegeben hat und die die Bibel uns zeigt: die kosmische Ordnung[169].

3. Die kosmische Ordnung

Über die Gesetze der Natur und die eigentlichen Lebensordnungen für den Menschen hinaus deutet uns die Bibel an, daß es eine Ordnung gibt, die zwar diese Bereiche auch umfaßt, aber über sie hinausgeht in die unsichtbare Welt der Engel, ja selbst über diese und die ganze Schöpfung hinausreicht, indem sie über all dem Gott den Vater und den Sohn, Jesus Christus, sieht. Nicht viel ist uns in der Heiligen Schrift über sie gesagt; diese offenbart uns vor allem das, was wir für unser Leben und unser Heil brauchen. Und es ist uns nicht erlaubt, über das Gesagte hinaus zu spekulieren.

Nur an manchen Stellen wird uns über eine solche Ordnung etwas ausgesagt.

Wohl zum ersten Mal finden wir diese Ordnung angedeutet in der geheimnisvollen Stelle 1. Mo 6, 1 ff. Nach dem etappenweisen Anwachsen der Sünde vom Sündenfall über Kains Brudermord und das Lamechlied 1. Mo 4, 23 ff. kommt schließlich die weitere Etappe[170]: Selbst die kosmische Ordnung gerät durcheinander; so total ist das Einbrechen des Chaos. Mächte der unsichtbaren Welt vermischen sich mit Menschen[171]. Auf diese Sünde in kosmischer Dimension sendet Gott das kosmische Gericht der Sintflut.

Weitere Stellen finden wir im Neuen Testament, die auf eine »Haupt-Struktur«[172] hinweisen, in der eine solche Ordnung zum Ausdruck kommt, etwa 1. Kor 11, 2 - 16; Eph 5, 22 ff.[173].

So finden sich in der Gemeinde des Neuen Testaments zwar Frauen unter anderem in der Verkündigung (Prophetie) (Apg 21, 9; 1. Kor 11, 5) und im Gebet (1. Kor 11, 5), möglicherweise auch als Mitglieder von Leitungsgremien[174], aber nicht im Hirtenamt, zu dem außer der Gemeindeleitung auch die gemeindeöffentliche Feststellung von wahrer und falscher Lehre gehört (vgl. 1. Tim 2, 14)[175]. Damit ist Gottes Möglichkeit für Sonderberufungen nicht ausgeschlossen; das Hirtenamt der Frau als *normale* Ordnung in einer Gemeinde, in der Männer und Frauen sind, ist aber nach dem Neuen Testament nicht vorgesehen. (Daß in Christus auch die Unterschiede der Geschlechter aufgehoben sind, Gal 3, 28, hebt die Schöpfungsordnung für diesen alten Äon nicht auf, wie derselbe Paulus, der Gal 3, 28 schrieb, theologisch begründend in 1. Kor 11 schreibt.) Wo eine Kirche solch eine Ordnung eingeführt hat, ist aber zu bedenken, daß eine Kirchenordnung nicht Heilsordnung ist. Zwar soll die Kirchenordnung theologisch — und das heißt von der Heiligen Schrift her — verantwortet sein[176]; aber auch wo in einer Kirche die Kirchen*ordnung* nicht überall mit Gottes Wort zusammenklingt, dürfen die Menschen in Verkündigung, Lehre und Seelsorge *dem Wort Gottes und Sakrament* vertrauen, wo es recht da ist (CA V und VII). Sie anerkennen von der Kirche nach ihrer menschlichen Ordnung ordentlich berufene Personen und wissen auch, daß die Wirksamkeit von Gottes Wort und Sakrament nicht an die Person der Verkündiger und Austeilenden gebunden ist; die Menschen sind Werkzeuge, aber in seinem Wort und Sakrament redet und wirkt Gott selbst.

Es ist zu diesem Thema zu betonen, daß die Hauptstruktur der Bibel keine Wertigkeit aufrichtet, erst recht nicht die personale Struktur des Verhältnisses von Mann und Frau aufhebt, sondern Platzanweisung Gottes meint.

Die ganze Schöpfung — dazu zählt auch die unsichtbare Welt der Engel und Mächte — ist von Gott »weise geordnet« (Ps 104, 24); alles und jedes hat seinen Sinn und seine Platzanweisung — zu Gottes Ehre (Jes 6, 3).

II. Die menschliche Weisheit oder das schöpfungsgemäße Leben

Weisheit beim Menschen ist es, wenn er die von Gottes Weisheit gegebenen Ordnungen erkennt *und* anerkennt und darin lebt. Und zwar die Ordnungen der Natur und die fürs Menschenleben.

1. Die Ordnung in der Natur

Die Naturgesetze fallen dem Menschen tagtäglich in die Augen. Es erweist sich stets von neuem, daß ihre Beachtung nützlich ist und ihre Mißachtung Schaden bringt, ja tödlich sein kann.

Schon das kleinste Kind macht etwa seine Erfahrungen mit der Schwerkraft. Und jede Hausfrau rechnet tagtäglich mit vielen solcher Gesetze und beachtet sie. Kein Arbeiter, kein Handwerker, kein Landwirt kommt ohne sie und ihre Kenntnis aus.

Deshalb besteht ein großes Interesse daran, diese Gesetze zu kennen und zu erforschen. Sie anzuerkennen scheint selbstverständlich zu sein.

Auch an den Umweltproblemen merken wir, wie man solche Ordnungen nicht ungestraft zumindest für längere Zeit mißachtet werden können.

So finden wir im Blick auf diese Ordnungen ein großes Streben nach Weisheit.

Aber zur Weisheit gehört auch die andere Seite: Das Erkennen und Anerkennen im praktischen Lebensvollzug der Lebensordnungen Gottes für den Menschen.

2. Die Ordnung für das Leben des Menschen

Das Leben in der Gemeinschaft mit Gott — das ist die eigentliche Weisheit. Das hat einst der Mensch im Sündenfall zerstört.

Leben in Gottes Geboten — es wird weithin verachtet. Ein solches Leben außerhalb dieser Weisungen Gottes zerstört das eigene und anderer Leben. Es ist Torheit, auch dann, wenn es von sehr klugen und studierten Menschen geschieht.

Wahre Weisheit — Leben in Gottesgemeinschaft — ist auch heute möglich in Jesus. In ihm ist Gott gekommen und für uns da. Deshalb gilt: »Christus liebhaben ist besser als alles Wissen.« (Eph 3, 19; vgl. auch 1.Kor 1, 30).

Nur in der Gotteserkenntnis — einschließlich des praktischen Lebens mit Gott — ist auch rechte Welterkenntnis möglich. Drum: »Der Weisheit Anfang ist die Furcht des HERRN« (Spr 9, 10a)[177].

G. Gottes Erhaltung und Regierung der Schöpfung

Gott »ruhte« am siebten Schöpfungstag. Dieser Tag hat in der Schöpfungsgeschichte keine Abschlußformel, wie es die anderen sechs Schöpfungstage haben. Diese »Ruhe Gottes« hat noch kein Ende; sie ist auch kein »Nichtstun«, sondern ein »Wirken«, wie Jesus es den Juden, die ihn wegen angeblichen Bruchs des Sabbats verfolgten, sagte (Joh 5, 17). Es ist sein heilvolles Wirken zum Bestand und Erhalt der Schöpfung. Die ganze Schöpfung soll es erfahren. Auch den Menschen will er an diesem »Heilsgut«[178] teilhaben lassen.

Und tatsächlich lebt jeder Mensch von dem Wirken Gottes. Jedes Atom hat ja seinen Bestand, weil es jede Sekunde von Gott gehalten und getragen ist (vgl. Hebr 1, 3; Kol 1, 17); es würde sonst ins Nichts zurücksinken, aus dem es durch Gottes Wort gerufen wurde.

Jeder Atemzug ist von ihm geschenkt (Ps 104, 29 f.).

Aber das ist nicht das Ganze der »Ruhe Gottes«, an dem Gott dem Menschen Anteil geben will. Deshalb die Aufforderung in Hebr 4, in die Ruhe Gottes hineinzugehen. Es ist vielmehr das volle Heil gemeint, die volle Gottesgemeinschaft, wie sie ja dem Menschen von Anfang an zugedacht war (1. Mo 1, 27). Nun gibt er ihm Anteil an dieser seiner Ruhe, an diesem Heil.

Zwar ist dies im Sündenfall zerbrochen. Mit der Erwählung Israels wurde — einem äußeren Volk — eine äußere Sabbatruhe geschenkt (2. Mo 31, 12 ff.) und eine äußere Ruhe im verheißenen Land Kanaan (vgl. Ps 95, 11). Und doch war das nicht alles. Die wahre Gottesgemeinschaft, das wahre Heilsgut der Ruhe Gottes für den Menschen ist in Jesus zugänglich, der ruft (Mt. 11, 28): »Kommt her zu mir . . . , ich will euch Ruhe geben.« Seit er gekommen ist, ist der Weg zur Ruhe wieder frei (Hebr 4)[179].

Gottes Ruhe am siebten Tag zeigt also: Gott ist wirksam zum Erhalt und zum Heil seiner Schöpfung.

Er ist auch heute der, »ohn den nichts ist, was ist«, der Erhalter, und er »handelt« »in allem Geschehen«[180]. Selbst das Böse, das sich gegen ihn und seinen Willen auflehnt, muß letztlich seinen Plänen dienen.[181]

Die Naturgesetze zeigen: Bis ins kleinste folgen die Atome dem allgemeinen Willen Gottes.

Die Wunder zeigen: Gott kann nicht nur durch solche allgemeinen Gesetze regieren, er kann auch »Einzelfallregelungen« treffen.

Deshalb kann Jesus dem Gebet die Verheißung geben: »Bittet, so wird euch gegeben« (Mt 7, 7)[182].

4. TEIL:
VOM MENSCHEN

Die Heilige Schrift zeigt uns den Menschen in seiner Beziehung zu Gott und wie diese Beziehung auch die anderen Beziehungen und Verhältnisse prägt, in die er gestellt ist: die Beziehung zum Mitmenschen und die Beziehungen zu der übrigen Schöpfung.

A. Der Mensch in Beziehung zu Gott

I. Geschöpf und Sünder

»Der Mensch als Geschöpf und Sünder« — so überschreibt Mildenberger seine Lehre vom Menschen[183]. Mit diesen beiden Begriffen wird beschrieben, wie der Mensch alles, was er ist und hat, dem lebendigen Gott verdankt (»Geschöpf«), und wie all sein Elend auf der Störung und Zerstörung seines Gottesverhältnisses beruht (»Sünder«).

»Der Mensch als Geschöpf und Sünder« — biblische Lehre ist hier:
— Beides ist zu unterscheiden, das Geschöpfsein und das Sündersein, und
— beides gilt für den ganzen Menschen.

1. Geschöpfsein und Sündersein ist zu unterscheiden

In der Schrift finden wir verschiedene Gründe dafür[184]:

1.1 Der Mensch ist auch nach dem Sündenfall Geschöpf Gottes; die Sünde aber hat Gott nicht geschaffen, und andererseits ist der Teufel nicht Schöpfer unserer Natur. Er hat ja überhaupt keine

Schöpfermacht, sondern Gott allein ist der, »ohn' den nichts ist, was ist«[185].

1.2 Jesus, Gottes Sohn, hat unsere menschliche Natur angenommen, doch er war ohne Sünde.

1.3 »Den Menschen nimmt Gott um Christi willen in Gnade auf, die Sünde aber haßt er in alle Ewigkeit . . .« Gott wäscht den Menschen von der Sünde, reinigt und heiligt ihn. »So kann ja die Sünde der Mensch selber nicht sein . . .«[186]

1.4 Die Bibel lehrt die Auferstehung des Leibes, nicht aber der Sünde; wir selber werden auferstehen (Gott nimmt seine alte Schöpfung ernst!), aber ohne Sünde.

Geschöpfsein und Sündersein des Menschen ist also zu unterscheiden.

2. Beides gilt für den ganzen Menschen

2.1 Der Mensch als Geschöpf

a) Ganz Geschöpf

Der ganze Mensch ist Geschöpf, nicht bloß ein Teil von ihm. Er darf also sein ganzes Menschsein als Gottes gute Gabe annehmen.

Andererseits ist er als Ganzer nur Geschöpf; es ist nichts Göttliches an und in ihm; auch kein göttlicher Funke, wie es etwa die alte Gnosis und die Anthroposophie Rudolf Steiners[187] annehmen.

So hat er auch nicht aus sich Unsterblichkeit; nur wenn und weil Gott, der allein Ewige, ihm ewiges Leben oder auch ewige Existenz in der Verlorenheit zuspricht, hat er diese, so aber auch gewiß: Das Wort Gottes ist es, das allem seinen Bestand gibt. Also nicht aus sich selbst, sondern von Gott abgeleitet hat der Mensch Ewigkeit[188].

b) Die geschöpfliche Beschaffenheit des Menschen[189]

Diese Geschöpflichkeit des ganzen Menschen ist nach der Bibel eine einheitliche mit verschiedenen Aspekten. Wenn die Bibel etwa von Geist, Seele und Leib des Menschen redet, aber auch von Herz oder Fleisch, so meint sie nicht etwa wie die griechische Philosophie einen aus verschiedenen Teilen bestehenden Menschen, vielleicht sogar aus verschiedenwertigen Teilen[190], sondern es wird damit der Mensch als Ganzer umschrieben[191]. Es entspricht hebräisch-biblischem Sprechen und Denken, »nicht durch die Verwendung sauber voneinander abgegrenzter Begriffe« zu definieren, sondern »durch die Nebeneinanderstellung sinnverwandter Wörter« das Gemeinte auszudrücken[192]. Das gilt auch im Blick auf den Menschen. »Verschiedene Körperteile umstellen mit ihrer wesentlichen Funktion den Menschen, der gemeint ist.«[193]

Natürlich ist dabei die Funktion des betreffenden »Teils« des Menschen besonders im Blick, aber es ist dabei der ganze Mensch unter dem betreffenden Aspekt gemeint[194]. So meint das hebräische Wort für »Seele« (näfäsch; Grundbedeutung: Kehle, Gurgel) den »bedürftigen Menschen«; »Fleisch« (basar) ist »der hinfällige Mensch«; Geist (ruach) »der ermächtigte Mensch« usw.[195]. Die Fragestellung der herkömmlichen theologischen Anthropologie, ob der Mensch »*dichotomisch* (Geistseele − Leib) oder ... *trichotomisch* ... (Geist-Seele-Leib)« zu verstehen sei[196], ist also nicht biblisch und beruht auf einem Mißverständnis[197].

Das tut andererseits der Tatsache keinen Abbruch, daß das Neue Testament einen »Personkern« kennt, der beim Tod fortbesteht (etwa Lk 23, 43; 2. Kor 5, 8; Phil 1, 23); einen »Zwischenzustand« nach dem Tod und vor der Vollendung in neuer Leiblichkeit[198].

c) Die Gottebenbildlichkeit des Menschen

»Und Gott sprach: Laßt uns Menschen machen in unserem Bild, wie unsere Ähnlichkeit ... Und Gott schuf den Menschen ihm zum Bilde, zum Bilde Gottes schuf er ihn. Männlich und weiblich schuf er sie.« Diese Worte aus 1. Mo 1, 26. 27 sind Grundstelle für das Verständnis des Menschen. Der hier stehende Begriff der Gottebenbildlichkeit umschreibt »das Entscheidende der biblischen Sicht des Menschen überhaupt«[199].

Worauf bezieht sich die Gottebenbildlichkeit?

Wir haben gesehen (2. 1, b), daß der Mensch von der Bibel als Ganzer, also einheitlich verstanden wird. »Der ganze Mensch ist gottesbildlich geschaffen ...«[200] Es wäre also auch nicht richtig, »die Gottesbildlichkeit einseitig auf das geistige Wesen des Menschen« zu »beschränken ...«[201] Das hebräische Wort für ›Bild‹ (zäläm) ist im Gegenteil sehr real (›Bild‹, ›Plastik‹)[202].

Andererseits ist für die Auslegung dieser Stelle zu bedenken, daß die hebräische Sprache der Bibel ihre Stärke und Eigenart darin hat, Beziehungen und Verhältnisse, Aufgaben und Handlung auszudrücken; ihr erstes Interesse und ihre besondere Gabe liegt nicht in Wesens- oder Seinsaussagen[203]. Von den verschiedenen Auslegungen dieser Stelle sind deshalb besonders die zu beachten, die ein »relationales Verständnis«[204] haben, nicht die in Substanzen und Naturen denken[205].

Die traditionelle katholische Auslegung, die aus dieser Stelle die Unterscheidung einer Natur (Bild — zäläm) und einer Übernatur (Ähnlichkeit — d'mut) des Menschen nahm[206], die Natur als das Geringere, das aber nicht verloren werden kann, die Übernatur dagegen das Höhere, das verlierbar ist und im Sündenfall verloren wurde, bei der Taufe durch die Eingießung der Gnade aber wieder geschenkt wird, diese Unterscheidung, die die katholische Lehre vom Menschen und von der Rettung des Menschen grundlegend prägt, ist 1. Mo 1, 26 f. nicht zu entnehmen. Dieses Denken in Naturen und Substanzen[207] entspricht nicht dem personalen und relationalen Denken der Bibel.

Ohne Vollständigkeit zu beanspruchen, seien einige wichtige Aspekte der Gottebenbildlichkeit genannt.

aa) Unmittelbar nach 1. Mo 1, 27 spricht Gott den Menschen persönlich an (V. 28: »sprach **zu ihnen**«; anders 1. Mo 1, 22 bei den Tieren). Gott hat ihn »**als Gottes Gegenüber**«[208] geschaffen, als »ein von Gott anzuredendes Du und als ein vor Gott verantwortliches Ich«[209].

Seine Gottebenbildlichkeit im eigentlichen Sinn ist das Verhältnis zu Gott: eine Beziehung des Vertrauens, der Liebe, der Kindschaft. Darin zu leben ist seine eigentliche Bestimmung und Erfüllung.

Von Gott ist das Verhältnis der Liebe zum Menschen gewollt; zur Liebe aber gehört Freiheit. So gehört zur Gottebenbildlichkeit die Freiheit zum Ja der Liebe und als deren negative Kehrseite die »unmögliche Möglichkeit« des Neins zur Liebe.

Aber auch dann, wenn der Mensch in dieser seiner Bestimmung des wahren Gottesverhältnisses nicht lebt und damit sein Leben verfehlt, bleibt er Gott verantwortlich und wird ihm einmal Rechenschaft geben müssen.[210]

Gott will den Menschen als sein Du. Darin gründet die menschliche Würde, die auch nach dem Sündenfall fortbesteht (1. Mo 9, 6; Jak 3, 9) und die zum Grundbestand jeder Rechtsordnung gehört, will sie ihren Auftrag recht ausüben[211].

bb) Gott ist in sich ein Gott in Gemeinschaft (Dreieinigkeit): »Laßt uns (!) Menschen machen« (1. Mo 1, 26)[212]. Und so schafft er den Menschen zur Gemeinschaft: ». . . männlich und weiblich schuf er sie«. Zur Gottebenbildlichkeit gehört das **Gewiesensein zum Du Gottes und des Mitmenschen.**

cc) Gottebenbildlichkeit beinhaltet auch: Der Mensch soll **Zeichen der Herrschaft Gottes** sein. »So, wie auch irdische Großkönige in Provinzen ihres Reiches . . . ein Bildnis ihrer selbst als Wahrzeichen ihres Herrschaftsanspruches aufstellen, — so ist der Mensch in seiner Gottesbildlichkeit auf die Erde gestellt, als das

Hoheitszeichen Gottes.«[213] Hier wird die handfeste Bedeutung
von »zäläm« in 1. Mo 1, 26 f. (Bild, Plastik) besonders ernstgenommen. Der Mensch ist von Gott auf die Erde gestellt, auf daß
man an ihm sehen kann, daß Gott der Herr ist. So soll er leben.
Das ist seine Aufgabe, der er nur recht nachkommt, wenn er nach
dem Willen Gottes lebt und ihm die Ehre gibt. Auch seine Aufgabe des »Herrschens« (1. Mo 1, 28) ist nicht Willkürherrschaft,
sondern Verwaltung im Sinn und nach dem Willen des Auftrag-
gebers, der Gott ist[214].

2.2 Der Mensch als Sünder

a) Der ganze Mensch ist Sünder

Man kann und darf das Sündersein also nicht auf den Menschen
verteilen, etwa: Die Seele sei gut, der Leib aber sündig (oder umgekehrt). Denn — wie wir gesehen haben — der Mensch ist eine
Einheit. ». . . alles, was Gott geschaffen hat, ist gut . . .« (1. Tim 4, 4);
der **ganze** Mensch aber ist Geschöpf. Und doch ist der *ganze*
Mensch vom Sündenfall betroffen[215].

b) Was ist Sünde?

aa) Wenn Sünde mit dem neutestamentlichen Wort hamartia als
Zielverfehlung erklärt wird, weist das in eine richtige Richtung:
Sünde ist die Verfehlung der Bestimmung des Menschen zur
Gottesgemeinschaft, zu jenem Verhältnis des Vertrauens und der
Liebe, das wir als wahren Inhalt der erfüllten Gottebenbildlichkeit kennengelernt haben. Allerdings handelt es sich dabei nicht
um ein zufälliges Geschehen, vielmehr ist es eine *aktive* Verfehlung, ein Aufstand gegen Gott, Aufruhr gegen ihn. Der Mensch
will nicht mehr unter Gott sein, nicht mehr Kind sein, sondern
»sein wie Gott« (1. Mo 3, 5). Damit ist die Gemeinschaft mit Gott,
das Verhältnis der Liebe zerbrochen.

Sünde ist also nicht ein Fehler der Natur oder Verlust einer Übernatur oder Substanz, sondern **Abbruch der Beziehung zu Gott** und Existenz in solcher Beziehungslosigkeit gegenüber Gott und damit ein totales, den ganzen Menschen betreffendes Ereignis.

bb) Die Sünde ist aber nicht nur ein Verhalten des Menschen. Die Bibel zeigt uns, daß die Sünde »eine objektive Macht« ist, »die gleichsam außerhalb und über dem Menschen steht, die gierig von ihm Besitz ergreifen will; er aber soll sie beherrschen und niederhalten«[216] (1.Mo 4, 7b); sie ist eine schreckliche **Macht,** die den, der sie tut, versklavt (Joh 8, 34)[217].

c) Ursprung der Sünde

Die Sündenfallgeschichte 1.Mo 3 zeigt, wie die Sünde zum Menschen kam. Der Mensch ist »nicht selbst der Erfinder des Bösen«[218], sondern das ist der Böse, der Teufel. Der Mensch »wird zum Bösen versucht«[219]. Er öffnete dieser Macht der Zerstörung und des Chaos die Tür zu seinem Leben und damit auch zu der ihm anvertrauten Schöpfung.
Wie kam das Böse zu dem, der nun der Teufel und Satan ist, der doch auch aus Gottes Schöpferhandeln stammt? Hier bleibt für uns ein Geheimnis bestehen[220].

Der Teufel ist nicht ein Gegengott, nicht eine Macht *neben* dem Gott der Bibel, sondern sein Geschöpf[221]. Gott steht also unanfechtbar über ihm; nur durch Gott hat er seine Zeit und seine Existenz. Er war wohl einer der Engel (s. 2. Petr 2, 4 und Jud 5 - 7), die von Gott abgefallen sind[222], der ihr Oberster war oder wurde (vgl. Mt 25, 41; Offb 12, 7. 9).
Engel sind von Gott geschaffene »persönliche Wesen«[223] der Gotteswelt, die er frei geschaffen hat, die also die Möglichkeit hatten, von Gott abzufallen, was ein Teil getan hat.[224]

d) Erbsünde und Tatsünden

Durch den Sündenfall Adams ist »die Sünde in die Welt gekommen« (Röm 5, 12a). Seitdem steht die Menschheit unter der Macht der Sünde, sie ist darin gefangen wie in einem Gefängnis. Jeder Mensch wird in dem Gefängnis der Sünde geboren (vgl. Ps 51, 7). Das wird mit dem Begriff der **Erbsünde** ausgedrückt; sie wird neben anderen Bezeichnungen auch »**Grundsünde**«[225] oder »**Personsünde**«[226] genannt.

Es geht hier nicht um Natur, nicht um Erbanlagen oder um Geschöpfliches, sondern um den Zustand in der abgebrochenen Beziehung zu Gott, in dem jede Tat und jedes Verhalten Sünde ist (**Tatsünde**), weil sie nicht aus der Verbindung mit Gott gelebt wird (Röm 14, 23b), auch wenn sie vor Menschen edel aussieht. Denn Sünde ist nicht gleich Unmoral, sondern eine Tat wird dadurch als Sünde qualifiziert, daß sie ohne Gott getan wird.

Aus dem Leben in der Grundsünde kommen also die Tatsünden; jedoch nicht so, als ob das nur Schicksal wäre, sondern der Mensch ist für diese Taten verantwortlich; sie sind seine Schuld. Umgekehrt tritt der Mensch auch in die Grundsünde ein und eignet sie sich schuldhaft an in seinem Tun der Sünde.[227]

e) Ist auch im Leben des Christen Sünde?

Der Apostel Johannes schreibt — und schließt sich dabei ein —: »Wenn wir sagen, wir haben keine Sünde, so betrügen wir uns selbst und die Wahrheit ist nicht in uns. Wenn wir aber unsre Sünden bekennen, so ist er treu und gerecht, daß er uns die Sünden vergibt und reinigt uns von aller Ungerechtigkeit.« (1. Joh 1, 8 f.)

Unter dem Kreuz Jesu gibt es »Existenz ohne Vergangenheit« (Kemner). Jedoch hat die Sünde, solange wir noch in dem Leib der alten Schöpfung leben, einen »Brückenkopf« in uns. In der Wiedergeburt schenkt uns Jesus die neue Beziehung zu Gott; wenn die Wiedergeburt in der neuen Leiblichkeit zum Ziel gekommen ist, gibt es auch keinen Brückenkopf der Sünde mehr.

Aber auch jetzt schon hat der Christ durch Jesu Tat vom Kreuz und Ostermorgen die Hilfe gegen die Sünde: »Wer in ihm bleibt, der sündigt nicht« (1. Joh 3, 6).[228]

f) Was folgt aus der Sünde?

aa) Der Mensch steht unter dem **Zorn Gottes** (Joh 3, 36; Röm 1, 18).

Dieser Zorn ist nicht »eine Eigenschaft, ein Affekt, eine zornige Gesinnung«, sondern »ein Geschehen, nämlich Gottes *Gericht*«, das sich jetzt schon zeigt in dem »Dahingegebensein«, von dem Röm 1, 24 ff. spricht, und das sich am Jüngsten Tag vollziehen und endgültig wird (Röm 2, 5)[229].

bb) Der Mensch wird **Sklave der Sünde** (Joh 8, 34). Er muß sündigen[230].

cc) Er lebt im Kriegszustand mit Gott. In Röm 6, 23 erscheint die Sünde als Kriegsherr im Krieg gegen Gott[231]; der Sünder steht in ihrem Heer und empfängt ihren Sold: den Tod. Durch die Sünde hat der Mensch den Frieden mit Gott verloren und steht — bewußt oder unbewußt — im aktiven Widerstand gegen seinen Schöpfer.

dd) Die Sünde bringt den **Tod** (Röm 6, 23), und zwar den »*geistlichen Tod*«, den Verlust der Gemeinschaft mit Gott[232], schon in diesem irdischen Leben (Mt 8, 22; Lk 9, 60).

Auch der zeitliche, »*leibliche Tod*« ist Folge der Sünde (Röm 5, 12; 1. Kor 15, 21 f.)[233].

Und sie bringt den »*ewigen Tod*«[234], das ewige Abgeschnittensein von Gott, der Quelle des Lebens, das ewige Verlorensein (Offb 20, 14. 15; 21,: »der zweite Tod«).

Geschöpfsein und Sündersein prägen auch die Beziehung des Menschen zum Mitmenschen und zur übrigen Schöpfung (dazu B. und C.).

B. Der Mensch in Beziehung zum Menschen

Gott will den Menschen nicht nur als Individuum, er hat ihn auch in die Gemeinschaft gestellt. Und zwar hat er das von der Schöpfung her so gewollt. Wir haben das schon bei der Grundstelle für die Gottebenbildlichkeit (1. Mo 1, 26 f.) gesehen: Gott ist in sich ein Gott in Gemeinschaft, und so schuf er den Menschen zur Gemeinschaft: ». . . männlich und weiblich schuf er sie.« Das Gewiesensein zum Du Gottes und des Mitmenschen gehört nach dem Schöpferwillen Gottes zum Menschen[235]. Das ist Gabe und Berufung. Gott »will, daß sein (des Menschen, d. Vf.) Sein sich erfülle als Sein in der Begegnung, im Verhältnis, im Zusammensein von Ich und Du. Er gebietet ihm, er lädt ihn dazu ein und er fordert ihn dazu auf, seine Menschlichkeit als Mitmenschlichkeit nicht nur seine Natur sein zu lassen, sondern sie in seiner eigenen Entscheidung, in seinem Tun und Lassen, wahr zu machen und ins Werk zu setzen«[236].

»Der erste und zugleich exemplarische Bereich der Mitmenschlichkeit, die erste und exemplarische Unterscheidung und Beziehung zwischen Mensch und Mensch ist die zwischen *Mann und Frau*.«[237] »Sie ist nämlich . . . die *einzige*, die auf einer »strukturellen und funktionellen Unterscheidung« beruht«[238].

»Ist das Verhältnis von Mann und Frau die exemplarische Gestalt der Mitmenschlichkeit überhaupt, so erscheint wiederum die Ehe als die ›exemplarische Gestalt der Begegnung der Geschlechter‹«[239].

I. Mann und Frau

1. Beide Geschlechter hat Gott von Anfang an gewollt

Anders als die Bibel redet hier die Lehre vom androgynen Urmenschen, wie sie schon bei Plato[240] begegnet, wie sie auch Jakob Böhme vertritt; nach diesem »war« Adam »Männlein und Fräulein zugleich, ehe die Eva geschieden war. In diesem geistlichen männlich-jungfräulichen Leib lagen alle Grundanfänge künftiger Geburten, als in einer Mutter, und diese Vaterschaft hätte können aus ihm sich fortpflanzen. Er blieb aber nicht im Lichtsgrunde...« (Kayser, Schriften Jakob Böhmes, S. 64 f.). Auch Michael Hahn hat eine solche Lehre: »Gott schuf den Menschen ihm zum Bilde...; er schuf ihn (!) aber zu einem Männlein und Fräulein«[241]; also wo im biblischen Text »sie« steht (1. Mo 1, 27b), schreibt er »ihn« — das Männliche und Weibliche vereint in einem Menschen. Daß Adam eine Frau wollte, gehörte schon zur ›ersten Stufe des Sündenfalls‹, dessen ›zweite Stufe‹ war dann die »Scheidung in Mann und Weib«, der dann ›die dritte Stufe‹, die »Uebertretung des Gebots«, folgte[242].

Auch Rudolf Steiner, der Begründer der Anthroposophie, vertrat die Lehre vom androgynen Urmenschen[243].
Weiter gibt es in der modernen New Age-Bewegung solche Anschauungen[244].

Ganz anders als solche Lehren spricht die Heilige Schrift. Gerhard von Rad schreibt zu 1. Mose 1, 27: »Auch die geschlechtliche Unterschiedenheit ist schöpfungsmäßig. Der Plural in V. 27 (›schuf er sie‹) in seinem beabsichtigten Gegensatz zu dem Singular (›ihn‹) verwehrt die Annahme der Schaffung eines ursprünglich androgynen Urmenschen. Durch Gottes Willen ist der Mensch nicht einsam geschaffen, sondern zum Du des anderen Geschlechts berufen. Der volle Begriff des Menschen ist... nicht im Mann allein, sondern in Mann und Weib enthalten... ›Das ist der ungeheure Doppelsatz, so lapidar einfach, daß es einem kaum bewußt wird, daß mit ihm eine ganze Welt von Mythus und gnostischer Spekulation, von Zynismus und Asketismus, von Sexualitätsvergottung und Sexualangst hinter uns verschwindet‹ (E. Brunner...).«[245]

Gott hat die Geschlechtlichkeit von Anfang an gewollt; sie ist nicht etwas Niedriges, sondern steht unter Gottes »sehr gut« (1. Mo 1, 31). Sie ist nicht durch irgendeinen Fall des Menschen zustandegekommen; 1. Mo 2, 18 steht *vor* Vers 20.

2. Mann und Frau sind als Gottes Ebenbild geschaffen (1. Mo 1,27)

Beide segnet Gott, beide spricht er persönlich und unmittelbar an (1. Mo 1, 28).

3. Gott will den Menschen als Mann oder als Frau

Es ist sein Wille für den Menschen, »recht und ganz‹ Mann oder Frau zu sein. Jedes ist als das, was es ist, *so* Geschöpf Gottes ›und als solches Gottes Ebenbild‹«. Gottes Gebot »stellt . . . ›den Mann immer an *seinen*, die Frau immer an ihren Ort‹ . . . und darum ist es beiden verwehrt, das ihnen je Besondere miteinander zu vertauschen oder in einer angeblich höheren Einheit aufgehen zu lassen, also zu einem ›indifferenten‹ Wesen zu werden . . . Wo die je besondere geschlechtliche Bestimmtheit, angeblich ›zugunsten eines höheren Menschseins‹ gleichgültig, ja zur ›Last‹ wird, da ›beginnt die Flucht vor Gott, die als solche dann unfehlbar auch die Flucht in die Unmenschlichkeit ist‹«[246].

Gottes Gebot darf allerdings nicht vorschnell mit dem Rollenbild einer bestimmten Kultur gleichgesetzt werden[247]. Diese haben in manchem verschiedene Ausprägungen erfahren. »Aber die *Grenze* zwischen männlichem und unmännlichem, weiblichem und unweiblichem Sein, Verhalten und Tun ist darum keine Illusion . . . Das Gebot Gottes wird den Mann immer an seinen, die Frau immer an *ihren* Ort stellen.«[248]

4. Mann und Frau ordnet Gott einander zu

Die Einsamkeit des Menschen war nicht gut. So machte Gott ihm »eine Hilfe als sein Gegenüber« (esär k'nägdo) (1. Mo 2, 18).
Weil das Verhältnis von Mann und Frau der »erste und exemplarische Bereich der Mitmenschlichkeit«[249] ist, haben diese beiden Worte, die hier ein Gemeinschaftsverhältnis umschreiben, Bedeutung »für alle menschliche Gemeinschaft«[250]; zunächst und in erster Linie »meinen« sie aber »nur die Gemeinschaft von Mann und Frau«[251].

»Hilfe« bekommt der Mensch, so ist als erstes hier festgestellt.
Und zwar ist der Exegese aufgefallen, daß hier nicht das »gebrauchliche Wort für Hilfe«, nämlich das in weiblicher Form stehende hebräische »äsrah« steht, sondern die »neutralere« männliche Form »esär«[252]. Das zeigt, daß einerseits die Hilfe in ganz weitem Sinn und allgemein gemeint ist, zum anderen diese Hilfe auch nicht einseitig von der Frau dem Mann geleistet wird, sondern auch die Hilfe, die der Mann der Frau geben soll, ja in weiterem Sinn jeder Mensch dem Mitmenschen[253]. Gott hat den Menschen so geschaffen, daß er in einer Gemeinschaft leben soll, in der einer dem anderen hilft und einer den anderen braucht. Also nicht die perfekte Persönlichkeit hat Gott gewollt, die niemanden braucht. Der Mann braucht die Hilfe der Frau, die Frau die Hilfe des Mannes, jeder ist für den anderen da, jeder soll dem anderen mit seinen Gaben dienen.

Das wird näher ausgeführt durch die Worte **»als sein Gegenüber«** (k'nägdo). Also eine eigenständige, ebenbürtige Persönlichkeit hat Gott dem Menschen gegenübergestellt. So nur ist wirkliche »Hilfe« möglich, wenn solch ein Gegenüber da ist, daß man sich als Person begegnet und achtet und versteht. Ja, auch einander korrigiert, einander widerspricht in aufbauendem Sinn[254].

Dies wird durch die »kosmische Ordnung«[255] nicht ausgeschlossen, noch wird diese dadurch aufgehoben. Karl Barth hat hier wesentliches gesagt. Weber faßt einiges davon mit folgenden Worten zusammen: Es »steht die Verschiedenheit und Gemeinsamkeit beider Geschlechter zueinander unter einer ›bestimmten *Ordnung*‹ ... Es gibt hier wirklich Vor- und Nachordnung, Über- und Unterordnung ...! Eben darin hat die Frau ihre ihr besonders zukommende Würde, und der Mann gewinnt damit — da auch er ›ein der Ordnung *Unterworfener*‹ ist ... — keinerlei ›Eigenruhm‹ ... Da diese Ordnung, von der hier die Rede ist, ›zuerst in Christus selbst Ereignis ist‹ ..., so ist die Frau ›durch denselben Herrn unterboten, durch den der Mann überboten ist‹ ... ›In der *Nachbildung* des Verhaltens Jesu Christi darf und soll‹ der Mann der Frau ›vorangehen‹, ›wie sie ihm in der *Nachbildung* des Verhaltens der Gemeinde und also in der Nachfolge‹ ... Beide haben je an ihrem Platz einen Vorrang — aber an *ihrem* Platz! Das aber bedeutet: der Mann, der sich — im Gehorsam — an die beiden Teilen gegebene Ordnung hält, ist der ›starke‹ Mann, d.h. der Mann, der seine ›besondere Verantwortlichkeit‹ für eben diese Ordnung kennt und übt ..., und die diesem Manne entsprechende Frau ist die ›mündige‹, die sich ebenfalls ›in jene Ordnung, an den ihr zukommenden Ort‹ stellt ... Das Gegenbild ist der ›tyrannische‹ Mann und die ›hörige‹ Frau ..., die sich übrigens ›gegenseitig hervorrufen‹ ... und wiederum die ›rebellische‹ Frau und der ›schwache‹ Mann ... Wo es recht zugeht, da erweist sich der ›starke‹ Mann als der ›gütige‹ und die ›mündige‹ Frau als die ›sich bescheidende‹, und beide rufen sich wieder gegenseitig hervor ...«[256].

Interessant ist in diesem Zusammenhang, daß die Mahnungen Eph 5, 22 ff. und 5, 25 ff. jeweils an die betreffende Gruppe — Frauen bzw. Männer — gerichtet sind, nicht an die andere Seite. Es soll Hilfe sein für jeden, den Platz einzunehmen, der ihm vor Gott gebührt und auf dem sein Segen liegt[257]; es ist nicht Anspruch der anderen. Also nicht Anspruch des Mannes an die Frau auf Unterordnung und nicht Anspruch der Frau an den Mann auf Liebe, wie Christus sie bis zur Selbsthingabe geübt hat.

»Hilfe als sein Gegenüber«, so hat Gott das Verhältnis von Mann und Frau gewollt.

Bei der Hilfe ist alles eingeschlossen, auch die Arbeit in der Firma und im Haushalt; aber der Mitmensch ist nicht nur in seiner Funktion zu sehen, sondern als Person, der persönliche Liebe, Zuwendung, Achtung und Ehre gebührt. Andererseits ist nicht allein das persönliche Verhältnis im Blick, unabhängig von den Umständen, sondern die praktische und tätige Hilfe gehört dazu.

Von diesem Zueinandergeordnet- und Aneinandergewiesensein der Geschlechter her gesehen fällt ein kritisches Licht auf »alles, was in der Richtung der männlichen oder weiblichen Einsiedelei oder auch des (religiösen oder säkularen) Männer- oder Frauenordens oder gar -klosters, was in der Richtung eines männlichen oder weiblichen Fürsich- und Untersichseins geht«[258].

Es ist nicht dem entsprechend, wie Gott das menschliche Miteinander gedacht hat[259].

Es gibt nach der Bibel auch Ehelosigkeit, etwa um des Dienstes (Mt 19, 12) oder um der Nöte der letzten Zeit willen (1. Kor 7, 26). Eine solche darf aber nicht erzwungen werden; auf jeden Fall nicht von anderen, sie soll es auch nicht von der Person selbst (1. Kor 7, 9. 27)[260]. Andererseits bedeutet Ehelosigkeit noch nicht jene falsche »männliche oder weibliche Einsiedelei«; es gibt viele Frauen und Männer, die mit ihren Gaben in Diensten der Gemeinde oder der Gesellschaft stehen, etwa in Pflegeberufen, aber auch in vielen anderen Berufssparten und ehrenamtlichen Aufgaben.

5. Die Ehe

In der Ehe »haben wir es ... mit der *exemplarischen* Gestalt der Begegnung der Geschlechter zu tun ... Hier haben jeder Mann und jede Frau ihre natürliche Heimat«[261], auch wenn es Menschen gibt,

die von Gott außerhalb dieses gewöhnlichen Weges, nämlich
einen Weg der Ehelosigkeit geführt werden. Auch jede sonstige
Begegnung der Geschlechter ist daran zu messen und zu bewer-
ten, ob sie das bejaht oder verdunkelt oder gar leugnet, was Gott
mit der Stiftung der Ehe gegeben hat[262]. Also ein Miteinander,
das Ehen zerstört oder eine eventuelle künftige Ehe belastet oder
das ein Inbeschlagnehmen dessen darstellt, was Gott nur für die
Ehe gewollt hat, entspricht nicht dem heiligen und heilvollen
Willen Gottes.

Was ist nun biblische Lehre über die Ehe?

5.1 Stiftung Gottes im Urstand

Gott selber ist es, der die Ehe gestiftet hat, und zwar schon im Urstand, vor dem Sündenfall.

a) Er hat sie gestiftet als *objektive Ordnung.* Deshalb kann sie niemand verbieten, niemand auch ihren Inhalt anders bestimmen,
als er es getan hat.

b) Er hat sie gegeben als *subjektives Recht* für den einzelnen Menschen. Weder Staat noch Eltern oder sonst jemand dürfen einem
Menschen die Ehe verbieten, wenn er das Alter dazu hat.[263]
  Jeder darf eine Ehe eingehen. Und zwar gibt es keine Vor-
schriften oder Eingrenzungen der Rasse oder des Standes (vgl.
1. Kor 7, 39b).
  »Das stiftende Gebot Gottes erweist sich als Angebot ...,
das in freiem Gehorsam angenommen wird.«[264] Gott hat also die
Ehe gestiftet. Sie ist ein Angebot an jeden Menschen, die Ehe so,
wie er sie gestiftet hat, anzunehmen, nämlich eine Person anderen Geschlechts — eine solche Person seiner Wahl (1. Kor 7, 39b)
— zu heiraten. Mit der Annahme des Angebotes Gottes durch
Eheschließung ist das betreffende Paar in dem neuen Stand, dem
Ehestand; für sie gilt: Gott hat sie zusammengefügt (Mt 19, 6;

1. Mo 2, 24). Und zwar unabhängig davon, ob die betreffenden Menschen die Ehe als *Gottes* Angebot gewußt oder verstanden haben. Gott nimmt den betreffenden Willensentschluß und Schritt des Menschen ernst[265] — auch dann, wenn er bei der Eheschließung mit dem betreffenden Partner bewußt oder unbewußt gegen Gottes Willen handelte. Denn die Ehe ist von Gott für alle Menschen gegeben, nicht nur für an Gott glaubende.

Leider hat sich in der Theologie teilweise ein schwärmerischer Ehebegriff eingeschlichen, der nicht mehr ernst nimmt, daß Ehen auf der Erde geschlossen und dabei von Gott ernstgenommen und zusammengefügt sind.

So fragt *Karl Barth:* »Was hat Gott zusammengefügt und eben damit die Scheidung verboten? . . . was, welche Ehe welcher zwei Menschen hat wirklich *Gott* in dieser unwiderruflichen Weise zusammengefügt? Es wäre doch besser, wenn kein Liebes- und kein Ehepaar, und wäre es das glücklichste, es von sich aus in Anspruch nehmen wollte, sich in diesem Fall zu befinden.«[266] »Denn das kann man nicht ernst genug zur Kenntnis nehmen, daß nun einmal durchaus nicht alles menschliche . . . Zusammensein zweier Menschen in Liebe und Ehe dies in sich schließt, mit sich bringt und anzeigt, daß *Gott* sie zusammengefügt hat, daß ihrem Bunde also Dauer und also Unscheidbarkeit zukommt. Es wäre ein Frevel, jenes Wort Jesu ohne weiteres auf jedes solche Menschenpaar anzuwenden, weil es sich als solches gefunden, auf dem Standesamt und vor dem ›Traualtar‹ sein menschliches Ja gesprochen und vielleicht so und so lange in ehelicher Gemeinschaft gelebt hat.«[267]

Hier findet sich in einem — wie gesagt schwärmerischen — Eheverständnis eine Abwertung des Weltlich-, Rechtlich-Institutionellen und seine Trennung vom »Himmlischen«. Anders sagt es die Bibel: Der Mensch darf wählen (1. Kor 7, 39b), aber seine Entscheidung nimmt Gott ernst, der Mensch ist dann gebunden.

Ähnlich finden wir es bei Helmut Thielicke: »Es kann sich also herausstellen, daß es offenbar nicht *Gott* war, der hier zusammengefügt hat, sondern daß Moira und Tyche (Schicksal und Zufall, d.Vf.) hier im Spiel waren und für die entsprechenden Irrungen und Wirrungen gesorgt haben.«[268]

Solche Ansichten, die Ehen kennen, die im Himmel geschlossen sind im Unterschied zu anderen, die es nicht sind, entsprechen eher dem Eheverständnis der Romantik, nicht aber dem der Bibel[269].

Eine weitere Minderung der Institution Ehe bei *Karl Barth* liegt darin, daß er das »Institutionelle« der Ehe von der Ehe selbst unterscheidet; Weber stellt es so dar: »Zu der gebotenen Nüchternheit gehört es auch, daß die ›*institutionelle* Seite der Ehe‹, also insbesondere die ›Heirat‹ für Barth . . . nirgendwo identisch ist mit der unter Gottes Gebot stehenden Ehe selbst.«[270] Das können wir nicht wie Weber »Nüchternheit« nennen, sondern eher Auflösung, schwärmerisches Eheverständnis. Es kommt hier wohl der an manchen Stellen erkennbare »platonische« Zug in Barths Theologie zum Vorschein.

5.2 Wesen und Inhalt der Ehe

»Die E. (Ehe, d. Vf.) ist die rechtlich anerkannte, mit Eheschließungswillen eingegangene, grundsätzlich auf Lebensdauer bestimmte Lebensgemeinschaft zwischen Mann und Frau.«[271] Diese juristische Definition entspricht auch der Sicht der Bibel, wobei hinzuzufügen ist, daß die Ehe zwar immer auch rechtlich ist, es aber auch Fälle geben kann, wo ein entarteter Staat die rechtliche Anerkennung nicht gewährt; dann hängt die Gültigkeit der Ehe nicht von seiner versagten Anerkennung ab. Weiter ist zu ergänzen, daß die Ehe eine ganzheitliche (alle Aspekte des Menschseins, wie Geist, Seele, Leib umfassende), exklusive und auf Nachwuchs angelegte Gemeinschaft ist.

a) Gemeinschaft von Mann und Frau

Eine gleichgeschlechtliche Gemeinschaft kann niemals Ehe sein.

b) Grundsätzlich auf Lebensdauer

Die Ehe dauert grundsätzlich »bis der Tod euch scheidet« (vgl. Röm 7, 2 f.; 1. Kor 7, 39).

Eine *Ehescheidung* kennt zwar das Alte Testament (5. Mo 24, 1 ff.)[272]; aber das war eine Notordnung »um eures Herzens Härte willen«, die ursprünglich von Gott nicht vorgesehen war (Mk 10, 5 f.). Auch das Alte Testament sieht eine Ehescheidung als eine schwere Angelegenheit, die unsägliches Leid bringt und die Gott nicht will (Mal 2, 13 - 16).

Jesus will bei den Gliedern seiner Gemeinde keine Ehescheidung (Mt 5, 32; 19, 9; Mk 10, 9 ff.; Lk 16, 18; siehe auch 1. Kor 7, 10 ff.). Er bringt ja das neue Herz, er ist die Möglichkeit des neuen Lebens, auch der Versöhnung zwischen Ehegatten. Eigentlich ist auch eine Ehescheidung gar nicht möglich; auch bei Scheidung besteht die erste Ehe fort, weshalb bei Wiederheirat die erste Ehe gebrochen wird (Mk 10, 11 f.)[273].

Eine Ausnahme wird genannt: ». . . es sei denn wegen Ehebruchs« (Mt 5, 32). Dies ist aber eigentlich keine Ausnahme, sondern es ist die Konsequenz der »unmöglichen Möglichkeit«, daß durch menschliche Schuld die Ehe zerstört ist. Jesus sagt also nichts von Ehen, die Gott nicht zusammengefügt habe, sondern er kennt Zerstörung von Ehen durch menschliche Schuld.[274]

c) Ehe und Recht

Die Bibel kennt keine Ehe ohne Recht. Schon bei der Schöpfung wird, als Gott dem Manne die Frau zuführt, in der Weise der Brautführung gesprochen[275]. Auch sonst gibt es nirgends Ehe ohne Recht. Das entspricht ihrer großen Bedeutung für das persönliche Leben der beiden unmittelbar Betroffenen, wie ihrer Familien und der größeren menschlichen Gemeinschaft, in die sie gestellt sind. »Wilde Ehe« ist Unzucht, sie wird nicht irgendwie legitimiert (Joh 4, 18b). Selbst Gott verzichtet nicht auf das Recht, wenn er an sein Verhältnis zu seinem Volk denkt, das er immer wieder mit der Ehe vergleicht. In vielen Rechtsbegriffen redet er zu seinem Volk: »Ich will mich mit dir verloben in Ewigkeit, ich will mich mit dir verloben in Gerechtigkeit und Recht . . . Ja, in Treue will ich mich mit dir verloben . . .« (Hos 2, 21 f.). Er sagt — in unsere rechtliche Situation übertragen —: »Ich gehe mit dir aufs Standesamt.« Gott bindet sich rechtlich. Das ist seine Liebe und Treue, die dem anderen nicht das Recht vorenthält, sondern es ihm schenkt und sich vor der sichtbaren und unsichtbaren Welt zu ihm bekennt.

d) Eingehung der Ehe

Es entspricht der personalen Struktur des Menschen und der Ehe, daß eine Ehe nicht gegen den Willen der Beteiligten eingegangen werden darf. Da zwar nicht die Ehe, aber die Eingehung der Ehe in unserer Rechtsordnung ein Vertrag ist, ist dies bei uns auch rechtlich gewährleistet.

e) Ganzheitliche und exklusive Lebensgemeinschaft

»Darum wird ein Mann seinen Vater und seine Mutter verlassen und seiner Frau anhangen, und sie werden sein *ein* Fleisch« (1. Mo 2, 24).

Das *Verlassen von Vater und Mutter* meint, daß nun eine neue Persongemeinschaft entsteht, »die sie enger miteinander verbindet als mit allen anderen Menschen, enger sogar als mit ihren Eltern«[276]. Dies muß — auch in den Fällen, wo Eltern und verheiratete Kinder unter einem Dach leben — von den Eltern und dem Ehepaar beachtet werden, sonst kann die Ehe nicht heilvoll bestehen.
Der Mann wird seiner Frau *anhangen*. Das hebr. Wort dafür (dabaq) heißt »ankleben«, das Hauptwort (däbäq) meint »das Zusammenschweißen des Metalls, Lötung«[277]. Engste und unauflösliche Verbundenheit ist gemeint. Der Mann »tritt in eine feste Lebensgemeinschaft mit ihr (seiner Frau, d. Vf.) ein«[278].

Und zwar ist es eine ganzheitliche, personale Lebensgemeinschaft: »...Sie werden sein *ein Fleisch*.« Wir haben schon gesehen, daß die anthropologischen Begriffe der Bibel nicht Teile des Menschen, sondern Aspekte ausdrücken. Das gilt auch für das

Wort »Fleisch«. Es »meint« »das Menschsein als Ganzes unter dem
Aspekt der Körperlichkeit . . . Das hat FDelitzsch richtig gesehen,
wenn er das ›zu einem Fleisch‹ als ›geistliche Einheit, allumfas-
sendste persönliche Gemeinschaft‹ versteht«[279].

Das Verhalten, das dieser Gemeinschaft entspricht, ist *Treue* in
ihrem zweifachen Sinn:
In ihrem abwehrenden und exklusiven Sinn: Nur du!
Und in ihrem inhaltlichen Sinn: Daß jeder den anderen trägt und
ihm täglich neu seine Fehler vergibt.
    Unsere Treue darf gründen in Gottes Treue zu uns, der täg-
lich so an uns handelt.

f) Auf Nachwuchs angelegt

Zur Ehe gehört das Ja zum Kind; so hat Gott sie gewollt (1. Mo
1, 28). Es gibt Ehen, die ungewollt kinderlos bleiben; das ist eine
— manchmal sehr schwere — Sonderführung Gottes. Aber wenn
ein Ehepaar in der Art Familienplanung betreibt, daß es grundsätzlich und überhaupt keine Kinder möchte, entspricht das nicht
der biblischen Sicht der Ehe. Zimmerli zu 1. Mo 1, 28[280]: »Über
Mann und Frau ergeht das Segenswort, das auch ein Geheiß in
sich enthält: *Seid fruchtbar und mehret euch und füllet die Erde.* Eine Ehe,
die das Kind abwehrt, ist eine Verhöhnung der göttlichen Ordnung. Gewiß, es bleibt auch hier wieder alles in Gottes Hand liegen. Wo Gott selber das Kind versagt, da werden Mann und Frau
es im Gehorsam gegen Gottes Willen glaubend tragen. Es gibt
auch hier Sonderberufungen. Als Regelfall aber ordnet Gott
nach dem Zeugnis des priesterlichen Schöpfungsberichtes der
Ehe das Kind zu.«

g) Ein Heiligtum, in dem Gott da sein möchte

Das hebräische Wort (zela') 1. Mo 2, 22, das in der Regel mit
»Rippe« übersetzt wird, aus dem die Frau geschaffen wurde, kann

auch »Seite« meinen, die »Langseite« von etwas[281]. Etwa die beiden
Längsseiten der Stiftshütte können so bezeichnet werden.
Die Stiftshütte hatte zwei solcher Längsseiten. Dazwischen war
der Ort der Gegenwart Gottes, der Ort, an dem er dem Menschen begegnete.

1. Mo 2, 22 zeigt nun: Der Mensch — und zwar Mann und
Frau — ist so als Heiligtum gedacht, in dem Gott wohnen will (vgl.
auch 1. Kor 6, 19). Ein Ort der Gegenwart Gottes, der nur dann
wahrhaftig zu seiner Bestimmung und Erfüllung findet, wenn
Gott da ist und da wohnt. Und das gilt insbesondere auch für die
Ehe; sie darf solch ein Heiligtum sein, in dem Gott die Mitte ist.
So hat Gott sie sich ausgedacht: Mann und Frau die beiden
(gleichwertigen) Längsseiten dieses Heiligtums, in dem Gott
wohnt.

6. Der Einbruch der Sünde in das Verhältnis von Mann und Frau

Der Einbruch der Sünde ist auch an dem Verhältnis von Mann
und Frau nicht spurlos vorübergegangen. Nur beispielhaft seien
hier zwei Dinge genannt. Gott spricht zur Frau (1. Mo 3, 16) von
Mühsal bei der Geburt und von der Herrschaft des Mannes über
sie. Das Leben wird mühevoll, und aus dem Zueinandergeord-
netsein von Mann und Frau in personaler Gemeinschaft wird ein
Herrschaftsverhältnis.[282]

Allerdings ist hier sehr zu betonen: Das ist nicht Gebot Gottes,
nicht eine neue Ordnung, sondern das sind »Tatsächlichkei-
ten«[283]. »So wird es von nun an sein«, das wird hier ausgesagt.
Aber wie es recht ist, die Mühsale der Frau bei der Geburt durch
die medizinische Kunst zu mindern, so soll der Mann sehen, daß
er mit seiner Frau so in persönlicher Achtung und als Gegenüber
umgeht, wie es der ursprüngliche Wille des Schöpfers ist; alles
andere ist Sünde.

II. Das Volk und die Völker

Jeder Mensch ist in natürliche Gemeinschaften hineingestellt: in seine Familie, sein Volk und in die Menschheit. Gott löst für diese Zeit der alten Schöpfung die natürlichen Bindungen nicht auf, auch wenn er seine Jünger in eine neue Familie und in das neue Gottesvolk hineinstellt (Gal 3, 28). Es ist Verantwortung und Verantwortlichkeit eines jeden Menschen im Blick auf die Gemeinschaft, in die er gestellt ist, gegeben. Jeder darf und soll sich (mit-) freuen und (mit-) leiden an den Freuden und Leiden der Gemeinschaft, in die er gestellt ist. Nur wer Sinn und Liebe für die eigene Gemeinschaft hat, kann auch die anderen recht verstehen und lieben.

Die Völker sind nicht allein Ergebnis eines Gerichtshandelns Gottes (1. Mo 11, 1 ff.), sondern sie sind begründet in seinem »Schöpferreichtum«[284]. 1. Mo 10 zeigt außerdem die Verwandtschaft und Einheit der »Völkerfamilie«[285]. Daher ist aller Rassismus und falsche Nationalismus, der meint, manche Völker und Rassen seien mehr wert als andere, abgelehnt. Wir werden vielmehr angeleitet, über die verschiedenen Ausprägungen und Gaben, auch der Sprachen der verschiedenen Menschengruppen — der eigenen und der anderen — zu staunen, sie zu achten und darüber den *Schöpfer* zu loben und anzubeten; denn »das Volk darf um keinen Preis zur Mitte des Daseins werden«[286], noch sonst eine Gabe, sondern Gott allein (1. Gebot), aus dessen Hand wir alles empfangen und es so erst recht schätzen können.

C. Der Mensch in Beziehung zur übrigen Schöpfung

I. Mensch und Erdland

Eine enge Beziehung des Menschen zur Ackererde zeigt uns die Bibel. Schon die hebräischen Worte für beide — »adam« bzw. »adama« — deuten diese Beziehung an[287]. Nach dem biblischen Bericht stammt der Mensch von der Ackererde: »Da bildete Gott der HERR den Menschen aus Staub vom Erdboden...« (1. Mo 2, 7).

Auch bekommt er einen Auftrag von Gott, der ihn an die Erde weist: »Gott... setzte ihn in den Garten Eden, daß er ihn bebaute und bewahrte« (1. Mo 2, 15). Auch nach dem Sündenfall ist er an diese Aufgabe gewiesen: »... daß er die Erde bebaute, von der er genommen war« (1. Mo 3, 23). Von Bewahren redet hier die Bibel nicht mehr. Der Mensch hat diesen Auftrag Gottes nicht erfüllt; er hat im Gegenteil im Sündenfall den Zerstörungsmächten den Zugang zur Schöpfung und zu seinem eigenen Herzen schon geöffnet; wie sollte er nun — als Gottloser und Gefangener der Sünde — noch wirklich »bewahren« können? Wie die Mächte der Zerstörung bannen, denen er sich selbst ergeben hat?

Der Mensch kann seiner Bestimmung, auch seinem Auftrag und Sinn von Gott her nur gerecht werden, wenn er in seiner Gottebenbildlichkeit lebt (1. Mo 1, 26 f.); und das heißt auch, wenn er so lebt, daß man an ihm sehen kann, daß Gott der Herr ist[288].

Wie kann er das?
Nur dadurch, daß er die Ordnungen, die Gott in seiner Weisheit für die Natur und das menschliche Leben gegeben hat, anerkennt und auch selbst darin lebt (siehe dazu Teil 3, F). Wenn er das nicht tut, gerät die Erde aus den Fugen (Jes 24, 5; Jer 3, 1. 9; 23, 15; hebr. chanaf[289]) und speit die Menschen aus (3. Mo 1, 26-28).

Das gilt wohlgemerkt nicht nur bei einem äußerlichen Verstoß gegen die Naturgesetze, etwa wenn mit Giften hantiert und so die Umwelt zerstört wird, was heutzutage für jedermann einsichtig ist, sondern ebenso bei einem Verstoß gegen Gottes Lebensordnung für den Menschen, etwa durch Mord, Ehebruch usw. Denn beide Ordnungen — die für die Natur und die für das Leben des Menschen — gehören zusammen[290].

Der jüdische Religionsphilosoph Martin Buber weist darauf hin, daß die Bibel, wenn sie die Worte »adam« und »adama« (Mensch und Erdreich) zusammenstellt, »zum Ausdruck bringen will ... eine *Existenzgemeinschaft* beider, eine Gemeinschaft, die sich zu einer eigentümlichen *Solidarität* auswirkt. Das Erdreich trägt den Fluch der Menschentat, es hat für sie einzustehn, aus einem alles von selber hervorbringenden wird es durch sie zu einem kargen und spröden, Dorn und Distel treibenden ... Der biblische Akker hat zu verantworten, was der aus ihm stammende, ihm verhaftete Mensch verschuldet. Sie sind auf Gedeih und Verderb miteinander verbunden, so aber, daß es der Mensch ist, der mit seinem Tun und Lassen das Schicksal des Bodens bestimmt, welches hinwieder zu seinem Schicksal wird.«[291]

Also auf die Sünde Adams spricht Gott den Fluch über die Adama, die Erde, die nun Mühsal und Dornen und Disteln für den Menschen bringt (1. Mo 3, 17 f.).

Kain, der das Blut seines Bruders auf die Erde vergossen hat, wird von ihr entfremdet: »Wenn du den Acker bebauen wirst, soll er dir hinfort seinen Ertrag nicht geben. Unstet und flüchtig sollst du sein auf Erden« (1. Mo 4, 12).

Vor der Sintflut war die Erde »verderbt; denn alles Fleisch hatte seinen Weg verderbt auf Erden« (1. Mo 6, 12).

Auch nach der Sintflut sehen wir, wie Menschen durch ihre Sünde die Erde verderben und von ihr ausgespien werden (z. B. 3. Mo 1, 26 ff.; Jes 24, 4 - 6).

Für die Zeit vor seinem Wiederkommen, also die Zeit, in der die Sünde zur Ausreifung kommt, sagt Jesus, da werde »die Sonne sich verfinstern und der Mond seinen Schein verlieren, und die Sterne werden vom Himmel fallen, und die Kräfte der Himmel werden ins Wanken kommen« (Mt 24, 29). Und das letzte Buch der Bibel führt das näher aus (z. B. Offb 8, 6 ff.) und weist auch auf den Zusammenhang zwischen diesen Gerichten und der Sünde der Menschen hin, ihrem Götzendienst und »ihren Morden[292], ihrer Zauberei, ihrer Unzucht und ihrer Dieberei« (Offb 9, 20 f.).

Buber schreibt: »Das Erdland hat seine natürliche Fügung und Ordnung, die es durch die Schuld des Menschen verliert und erst wenn die gesühnt ist wiedererlangt.«[293]

Solche Sühne kann eigentlich nur geschehen durch den Tod dessen, der schuldig geworden ist. Schon im Alten Bund hat Gott aber Sühne gestiftet in dem Sinn, daß ein stellvertretender Tod eines Opfertieres in einer den Opfernden einschließenden Stellvertretung geschehen konnte; allerdings gab es das dort nicht für alle Sünden. Eine solche Sühnetat für alle Sünden ist allein das Opfer Jesu am Kreuz. Sie hat die Kraft, die ganze Last der Sünde, auch die auf der Erde liegende, wegzunehmen. Das geschieht nicht einfach automatisch, sondern dort, wo ein Mensch diese Tat vom Kreuz persönlich erfährt und in Anspruch nimmt durch Taufe und Glauben und so die Last seiner Sünde weggenommen ist durch Christi Kreuzestat.[294]

Umweltschutz ohne Gott und ohne seine Gebote ist zum Scheitern verurteilt. Das zeigt uns die Heilige Schrift. Jes 11, 6 - 8 und Jes 11, 9 gehören zusammen. Dort kehrt der Friede auch in und mit der Erde und der Natur ein, wo Gott zum Ziel kommt.

II. Mensch und Tier

1. Mensch und Tier in ihrer Nähe zueinander

Die Bibel zeigt eine Nähe von Mensch und Tier[295]. Die Landtiere sind wie der Mensch Werk desselben sechsten Schöpfungstages[296], und auch die übrige Tierwelt ist unmittelbar davor geschaffen, nämlich am fünften Schöpfungstag (1. Mo 1, 20 ff.).

Mensch und auch Tiere sind von Gott aus der »adama«, der Ackererde gebildet (1. Mo 2, 7. 19)[297]. Weiter »werden die Fische und die Vögel ebenso wie sonst nur der Mensch durch einen Segensspruch zur Mehrung ermächtigt (vgl. 1. Mo 1, 22 mit 28), und schließlich wird den Menschen und den Landtieren die gleiche Nahrung zugewiesen (29 f.)«[298].

2. Mensch und Tier in ihrer Unterschiedenheit

Trotz dieser Nähe hat der Mensch eine hohe Sonderstellung.

»Durch die besondere Zuwendung Gottes zum Menschen ist er zugleich unübersehbar vom Tier unterschieden.«[299]

Schon bei der Schöpfung gibt Gott ihm in ganz persönlicher und liebevoller Zuwendung den Lebensodem ein. Auch Tiere haben zwar Odem des Lebens (1. Mo 7, 22)[300]. Aber von dieser persönlichen, innigen Zuwendung des Schöpfers wird nur beim Menschen berichtet.

Es zeigt sich auch hier, wie Gott den Menschen gewollt und wozu er ihn bestimmt hat: als Person, als sein personales Gegenüber. Etwas von dem, was Gottebenbildlichkeit (1. Mo 1, 27) meint, ist hier also ebenfalls angedeutet.

Hier sehen wir einen Unterschied zum Tier, der in der Bibel konsequent durchgehalten wird.

Der Segen wird den Menschen im Unterschied zu den Tieren persönlich zugesprochen (1. Mo 1, 28a: »*zu ihnen*« spricht Gott; anders 1. Mo 1, 22). Ähnlich ist es »bei der die Menschen und die Tiere betreffenden Nahrungszuweisung«, bei der »die Menschen angesprochen werden ..., von den Tieren aber in 3. Person die Rede ist« (1. Mo 1, 29 f.)[301]. Die Tiere »suchen ihre Speise von Gott« (Ps 104, 21), aber sie »haben kein direktes Verhältnis zu Jahwe«[302].

Tiere sind auch Gottes Geschöpfe, über die er sich erbarmt (Jona 4, 11); aber den Menschen hat er zu seinem Bild gemacht und zur

Gotteskindschaft bestimmt (Joh 1, 12 u.a.). Auf das Offenbar-Werden der Kinder Gottes wartet die ganze Schöpfung, auch die Tiere (Röm 8, 19); durch die Schuld des Menschen ist sie, die schuldunfähig ist[303] — auch ein Unterschied zwischen Mensch und Tier, der mit der Personalität und Gottebenbildlichkeit des Menschen zusammenhängt — in das Verderben hineinverstrickt, jedoch mit der Hoffnung auf »das göttliche Heilsziel, das Ende der Wege Gottes, das nicht nur für die Menschen, sondern auch für die Welt der Geschöpflichkeit bestimmt ist«[304]. Für den erlösten Menschen ist dieses Ziel offenbare Gotteskindschaft, für die Tiere und die übrige irdische Schöpfung von der Vergänglichkeit befreite Geschöpflichkeit[305].

3. Die Stellung des Menschen zum Tier

Bei aller Nähe zum Menschen, bei aller Hilfe, die sie ihm auch sind, sind sie solche Hilfe doch nicht im vollen und eigentlichen Sinne; »sie sind nicht das Gegenüber, das ›ihm entspricht‹«[306], also das personale menschliche Du, als das der Mitmensch ihm gegeben ist.[307]

Anders als bei der Frau, deren ›Name‹ dem Menschen vorgegeben (1. Mo 2, 23), die ihm also zugeordnet ist (erst nach dem Sündenfall kommt es zur Benennung der Frau durch den Mann, 1. Mo 3, 20a), wird die Tierwelt vom Menschen *benannt*; durch die Namensgebung bestimmt der Mensch, wie er die Tiere dem Menschen zuordnet und was sie ihm bedeuten[308], bei dem Mitmenschen ist ihm das vorgegeben.

In dem Segen 1. Mo 1, 28 wird der Mensch auch »mit der Herrschaft ... über alle Tiere betraut«[309]. Aus dem Zusammenhang, in dem die Gottebenbildlichkeit des Menschen steht, wird deutlich, daß der Mensch auch in dieser Herrschaft Gott verantwortlich ist; er soll sie so ausüben, daß man an ihm und seinem Tun sehen kann, daß Gott der Herr ist.

So kann ein Mensch, der Diener des auch über Tiere sich er-
barmenden Gottes (Jon 4, 11) ist, nicht unbarmherzig sein gegenüber Tieren (Spr 12, 10). Sicher ist es kein Zufall, daß ein Christ,
der Theologe und Dichter Albert Knapp, den ersten Tierschutz-
verein in Stuttgart gegründet hat.

5. TEIL:
VON CHRISTUS

Die Lehre von Christus ist das Herzstück der ganzen biblischen Lehre; denn Jesus Christus ist das Herz der Schrift. An ihm entscheidet sich alles. »In keinem andern ist das Heil, auch ist kein andrer Name unter dem Himmel den Menschen gegeben, durch den wir sollen selig werden« (Apg 4, 12)[310]. »Wer an den Sohn glaubt, der hat das ewige Leben. Wer aber dem Sohn nicht gehorsam ist, der wird das Leben nicht sehen, sondern der Zorn Gottes bleibt über ihm« (Joh 3, 36). »Wer den Sohn hat, der hat das Leben; wer den Sohn Gottes nicht hat, der hat das Leben nicht« (1. Joh 5, 12).

Was für die ganze biblische Lehre gilt, gilt auch in besonderem Maße für die Lehre von Christus: Die neutestamentlichen Aussagen können nur recht verstanden werden, wenn sie in ihrem Zusammenhang mit dem Alten Testament gesehen werden. Manche falschen Jesusbilder und -lehren hätten vermieden werden können, wenn das beachtet worden wäre.

Wir wollen die Lehre von Christus nun in der Weise darstellen, daß wir zuerst die Person, dann den Weg und schließlich das Werk Jesu betrachten. Zwar gehören alle drei Punkte zusammen, aber sein Werk konnte Christus nur vollbringen, weil er auch in seiner Person der ist, der er ist[311], und er hat es getan auf dem Weg, den er gegangen ist.[312]

A. Die Person Christi

Jesus Christus ist »wahrhaftiger Gott, vom Vater in Ewigkeit geboren, und auch wahrhaftiger Mensch, von der Jungfrau Maria geboren« — so erklärt Martin Luther das Glaubensbekenntnis der Kirche über das Geheimnis der Person Jesu[313].

Jesus Christus ist wahrer Gott und wahrer Mensch in einer Person — damit drückt er nicht allein das aus, was Bekenntnis der Kirche seit alters ist, sondern auch die Lehre der Heiligen Schrift.

I. Wahrer Gott

1. Menschensohn

Auf seine wahre Gottheit weist Jesus sehr deutlich hin in einer Selbstbezeichnung, die dies auf den ersten Blick nicht erwarten läßt; es ist der »Titel« *Menschensohn*. In der aramäischen Sprache Jesu heißt das normalerweise einfach »Mensch«. Es ist aber auffallend, daß im Griechischen des Neuen Testaments dieser Ausdruck nicht mit »Mensch« wiedergegeben wird, sondern mit »Menschensohn«. Die genauere Untersuchung zeigt auch, daß dies seinen Grund hat. Jesus bezeichnet sich als den Menschensohn von Dan 7[314]. Dieser ist nicht allein ›inklusiver Repräsentant‹ des Gottesvolkes[315], er kommt »mit den Wolken des Himmels« (Dan 7,13); er ist somit »eine göttliche Gestalt«[316] und kommt »zu dem, der uralt war«, also zu Gott. Es »kommt Gott zu Gott«[317]. Jesus hat den Menschensohntitel oft auf sich bezogen und in dem Verhör vor dem Hohen Rat dabei deutlich auf die Danielstelle Bezug genommen (Mt 26,64). Maier[318]: »Jesus hat also Dan 7,13 verbindlich ausgelegt: er selber ist der ›Menschensohn‹. Und zwar bezeichnet ihn dieser Titel ... zugleich als Gott, eben als die göttliche Gestalt, von der Dan 7,13 spricht.«[319]

2. Gottessohn

Der neutestamentliche Gebrauch des »Titels« Gottessohn steht in engster Beziehung zu 2. Sam 7,12-14[320]. Der Davidsnachkomme, dem ein ewiger Königsthron und die Gottessohnschaft zugesprochen ist, ist da verheißen. Die davidischen Könige Israels waren allesamt nur Vorläufer des letzten, ewigen Königs, in dem diese Verheißung zur Enderfüllung kommt. Auch Salomo, der das Haus Gottes baute, erfüllte nur vorläufig, was 2. Sam 7, 12 f. versprochen worden war.

Daß das auch im Judentum zur Zeit Jesu so gesehen wurde, wird aus dem Verhör Jesu vor dem Hohen Rat deutlich. Durch die Anklage der falschen Zeugen, er würde den Tempel, wenn er abgebrochen ist, in drei Tagen wieder aufbauen, wird der Hohepriester anscheinend an 2. Sam 7, 12 ff. erinnert. Offensichtlich versteht er diese Stelle auch messianisch, denn er nimmt Jesus unter Eid, er solle sagen, ob er der *Christus* (Messias), der *Sohn Gottes* sei (Mt 26, 60 - 63, vgl. auch Mk 14, 57 - 61)[321]. Jesus bejaht das und nimmt für diesen Gottessohn auch die Menschensohnstelle aus Dan 7 in Anspruch; der Menschensohn ist also der Christus und Gottessohn.[322]

Auch die Versuchungsgeschichte zeigt die Beziehung des Gottessohntitels zu 2. Sam 7, wenn der Teufel dem, den er eben (Mt 4, 6) als Gottessohn bezeichnet hat, die Weltherrschaft anbietet (Mt 4, 8 f.), die er allerdings aus *seinen* Händen empfangen soll.[323]

Ganz deutlich ist das Verständnis des Gottessohntitels aus 2. Sam 7 aus Lk 1, 32 f. zu sehen, wo die Worte jener Verheißung aufgenommen werden. Und zwar ist dies gerade das Kapitel, in dem die Gottessohnschaft aus dem Kommen Jesu aus Gott erklärt wird: »Der heilige Geist wird über dich kommen, und die Kraft des Höchsten wird dich überschatten; darum wird auch das Heilige, das gezeugt / geboren wird, Gottes Sohn genannt werden« (Lk 1, 35). Maier: »*Die Kraft des Höchsten wird dich überschatten*‹ läßt sich zunächst von 2. Mo 40, 35 aus verstehen. Dort wird gesagt, die Wolke habe die Stiftshütte ›überschattet‹ . . . Das bedeutete, daß Gott in der Stiftshütte war. So wird Maria gewissermaßen zur ›Stiftshütte‹, zum Heiligtum, in dem Gott in Gestalt seines Sohnes war . . . Von diesem ›*Überschatten*‹ her verstehen wir nun auch Joh 1, 14 besser: ›Das Wort ward Fleisch und zeltete (Stiftshütte!) unter uns.‹«[324]. Der Engel will »sagen, Jesus werde mit

Recht so (Sohn Gottes, d. Vf.) ›*genannt werden*‹. Warum? Weil er in der Tat ›*Gottes Sohn*‹ ist. Nämlich ohne menschlichen Vater, gezeugt aus dem Heiligen Geist und in Ewigkeit schon beim Vater gewesen (Joh 1, 1 ff), als eine Person des dreieinigen Gottes. In den Worten des Engels blitzt schon das Geheimnis der biblischen Trinität (Dreieinigkeit) auf.«[325] Was schon in der Verheißung 2. Sam 7 anklingt, nämlich daß die Erfüllung dieser ewigen Zusage nicht in einem Menschen liegt, wird hier bestätigt. Der Gottessohn ist nicht allein Mensch, er ist wahrer Gott.[326] Es ist ». . . sein Ursprung aus Gott, der ihn zum Sohne Gottes macht« (A. Schlatter[327]).

3. Herr (Kyrios)

In der griechischen Übersetzung des Alten Testaments wurde der Gottesname Jahwe durch das Wort »Kyrios« ersetzt; man sprach den Gottesnamen ja normalerweise nicht aus[328]. Nun wird im Neuen Testament Jesus als der Kyrios, der Herr bezeichnet. Und auf Jesus wurde »ohne weiteres . . . übertragen, was das Alte Testament von *Gott* sagt«[329]; zum Beispiel wird das, was Jes 45, 23 f. von Gott sagt, in Phil 2, 10 f. auf Jesus[330]; auch die Rettung durch das Anrufen des Namens des Herrn (Jahwe) Joe 3, 5 wird für Jesu Namen ausgesagt[331] (Röm 10, 9 - 13; vgl. Apg 4, 12). Cullmann: »Das erstaunlichste Beispiel bietet Hebr 1, 10. Es handelt sich dort um ein Zitat aus Ps 102, 26 ff.: ›Du, Herr, hast am Anfang die Erde gegründet, und der Himmel ist deiner Hände Werk.‹ Der alttestamentliche Text spricht hier offenkundig von Gott dem Vater als dem Schöpfer. Der Verfasser des Hebräerbriefs aber zögert nicht, auf Grund der Übertragung des Kyriosnamens auf Jesus, diesen nun mit den Worten des 102. Pss anzureden, und ihn so als Schöpfer Himmels und der Erde zu bezeichnen. Im V. 8 ist ja ausdrücklich gesagt, daß sich dieses Zitat, wie auch das vorhergehende aus Ps. 45, 7 f, wo geradezu die Anrede *theos* (Gott, d. Vf.) auftaucht, auf den Sohn bezieht«[332].

Noch viele weitere Hinweise der Bibel auf die wahre Gottheit Christi könnten angeführt werden[333].

So seine Bezeichnung als Gott (Joh 1, 18: »der eingeborene Gott, der in des Vaters Schoß ist«; Joh 20, 28, sowie mancherlei Stellen im Hebräerbrief und in den Paulusbriefen[334]).

Auch das »Ich bin« Jesu, insbesondere wenn es allein und absolut steht (z. B. Joh 8, 58; 4, 26; 8, 24. 28)[335].

Weiter sind zu nennen die Bezeichnungen Jesu als Heiland[336] und Logos[337].

Ein deutlicher Hinweis auf Christi Gottheit ist, daß zu ihm gebetet wird (Lk 24, 52; Apg 7, 58; 9, 14; 22, 16; 1. Kor 1, 2; 2. Kor 12, 8)[338].

Leugner der wahren Gottheit Christi sind ›Jehovas Zeugen‹. Für sie ist Jesus ein Engel, der Erzengel Michael. Er ist also nur Geschöpf[339], nicht auf der Schöpferseite.

Konsequenterweise lehnen sie auch — im Gegensatz zum Neuen Testament — das Gebet zu Jesus ab. In seinem Erdendasein war er *nur* Mensch; die Inkarnationslehre wird abgelehnt[340]. Auf die Erde kam er so, daß die himmlische Engelwelt (sie ist nach der Auslegung der »Zeugen« das »Weib« in 1. Mo 3, 15) einen der Ihren »beschaffte«[341]. Bei der Himmelfahrt kehrte er zur himmlischen Engelwelt als ihr Oberster zurück[342].

Gegen die Annahme einer Engelchristologie stellt sich insbesondere auch Hebr 1 und 2; wahrscheinlich sind diese Verse bewußt gegen Christen geschrieben, die dazu neigten, Christus für einen Engel zu halten[343].

II. Wahrer Mensch

Die Heilige Schrift bezeugt auch klar die wahre Menschheit Jesu.

Jesus wurde von einer menschlichen Mutter empfangen und geboren (Lk 1, 35; 2, 21b; 2, 7). Er wuchs als Mensch auf, wie andere Menschen (Lk 2, 40). Er bezeichnete sich selbst als Menschen (Joh 8, 40). Auch der Apostel Paulus, der so klar die Gottheit Jesu betont, spricht ebenso klar von seiner Menschheit (1. Tim 2, 5; vgl. auch Röm 9, 5). Ebenso der Hebräerbrief, der uns dazu auch deutlich sagt, warum die Menschheit Christi so wichtig ist: »Weil nun die Kinder von Fleisch und Blut sind, hat auch er's gleichermaßen angenommen, damit er durch seinen Tod die Macht nähme dem, der Gewalt über den Tod hatte, nämlich dem Teufel, und die erlöste, die durch Furcht vor dem Tod im ganzen Leben Knechte sein mußten ... Daher mußte er in allem seinen Brüdern gleich werden, damit er barmherzig würde und ein treuer Hoherpriester vor Gott, zu sühnen die Sünden des Volkes. Denn worin er selber gelitten hat und versucht worden ist, kann er helfen denen, die versucht werden.« (Hebr 2, 14 - 18)

»Denn wir haben nicht einen Hohenpriester, der nicht könnte mit leiden mit unserer Schwachheit, sondern der versucht ist in allem wie wir, doch ohne Sünde. Darum laßt uns hinzutreten mit Zuversicht zu dem Thron der Gnade ...« (Hebr 4, 15 f.).

Er wird uns gleich, seines Sühnopfers wegen und daß er ein mitfühlender, barmherziger Hoherpriester wird, der uns Menschen versteht, und unser Löser zu werden[344].

Also Jesus Christus ist wahrer Gott und wahrer Mensch. Gott und Mensch in einer Person, in »persönlicher Einheit«[345].

Also nicht nur in der Weise, wie »Gott seinem Wesen und Wirken nach in und bei allen Kreaturen, also auch in jedem Menschen, gegenwaertig ist und wodurch die Kreaturen ihr Sein und ihre Taetigkeit haben«; auch nicht nur in der Weise, wie Gott »mit den Glaeubigen« verbunden ist, »die sogenannte *unio mystica*«, die so eng ist, »dass dadurch die Glaeubigen als teilhaftig der goettlichen Natur beschrieben werden (2. Petr 1, 4)«; sondern es ist volle »Verbindung von Gott und Mensch in Christo zu *einer* Person«, »die persoenliche Vereinigung (*unio personalis* ...). Der Ausdruck besagt, dass in Christo Gott und Mensch nicht irgendwie verbunden sind, sondern eine persoenlich Einheit bilden.« (Pieper-Mueller S. 330). Näheres siehe Pieper-Mueller S. 330 ff.
In heutigen Dogmatiken wird die Einheit der gottmenschlichen Person oft unter dem Stichwort- und Gegensatzpaar »*Christologie*

von oben — Christologie von unten« bedacht[346]. Mildenberger, Grundwissen, 2. Aufl. S. 249 sagt zu dieser Unterscheidung: »Setzt die Christologie bei ihrer Fragestellung ein mit einer Betrachtung der Menschheit Jesu, um von dieser Menschheit aus zur Bestimmung der gottmenschlichen Einheit zu kommen? Oder geht sie bei ihrer Fragestellung von Gott aus, der in Jesus Christus Mensch geworden ist? . . . Mit dem Ausgangspunkt wird auch über das Ergebnis weithin vorentschieden. Christologie von unten wird die gottmenschliche Einheit als eine Bestimmung des Menschseins Jesu denken, Christologie von oben als eine Bestimmung Gottes.« Aber diese Unterscheidung geht an der Schriftlehre vorbei; keine der beiden Alternativen wird der Lehre der Bibel gerecht, nach der Jesus ganz und wirklich wahrer Gott und wahrer Mensch ist[347]. Dies Persongeheimnis Jesu ist bei allem theologischen Bemühen letztlich von Menschen nicht aufzulösen, sondern er selbst darüber anzubeten[348].

B. Der Weg Christi[349]

»Sein Lauf kam vom Vater her
und kehrt wieder zum Vater,
fuhr hinunter zu der Höll
und wieder zu Gottes Stuhl.«[350]

Das ist das Bekenntnis der Kirche vom Weg Jesu, wie wir es inhaltlich in der Bibel finden. Besonders klar finden wir diesen Weg in Phil 2, 6-11 in Kurzfassung, sowie ganz ausführlich im Johannesevangelium, das in seinem Aufbau den Weg Jesu beschreibt von seiner Herkunft aus der Gotteswelt (Prolog, Joh 1, 1-18) über die Durchführung seines Auftrags (Joh 1, 19 - Joh 12) bis zur Rückkehr zum Vater (Joh 13 - 20)[351]; schon im Alten Testament ist dieser Weg »durchs Kreuz zur Krone« — besonders deutlich in Jes 53 — vorgezeichnet.

I. Präexistenz

Jesu Existenz hat nicht erst mit seinem irdischen Dasein begonnen. Er ist ewig (Joh 8, 58), der ewige Sohn Gottes.

Schon bevor er auf die Erde kam, »war« er »in göttlicher Gestalt«; oder mit de Boor genauer übersetzt »in Gestalt Gottes wesend« (statt »war«)[352]. Er hatte schon »ehe die Welt war« »Herrlichkeit« bei Gott dem Vater (Joh 17, 5). Er ist »der Erstgeborene vor aller Schöpfung. Denn in ihm ist alles geschaffen, was im Himmel und auf Erden ist, das Sichtbare und das Unsichtbare . . . es ist alles durch ihn und zu ihm geschaffen. Und er ist vor allem, und es besteht alles in ihm« (Kol 1, 15-17; vgl. auch Hebr 1, 2 f.)[353].

Schon im Alten Testament ist seine Präexistenz, seine Existenz vor seinem Erdendasein und »vor aller Zeit«[354] bezeugt[355]. In der Stelle, die seinen Geburtsort Bethlehem weissagt (Mi 5, 1; vgl. Mt 2, 5 f.), heißt es von ihm, daß sein »Ausgang von Anfang und von Ewigkeit her gewesen ist.«[356]
Jesu Präexistenz zeigt seine »einzigartige Stellung, das unvergleichliche Verhältnis von Jesus zu Gott . . . Sie . . . stellt . . . die transzendente vor-, außer- und überweltliche Zugehörigkeit des ›Sohnes‹ zu Gott heraus, die in innerweltlichen, zeitlichen und anthropologischen Vorstellungs- und Denkformen nicht zu erfassen ist . . . Die präexistente Sohnschaft schließt . . . die . . . Lehre von der ›Adoption‹ des Menschen Jesus durch Gott aus und betont seine wesenhafte, analogielose Gemeinschaft mit dem ›Vater‹, die göttliche Seinswirklichkeit des Sohnes jenseits der Zone erwählter prophetischer Menschen oder ›Zeugen des Glaubens‹ (G. Ebeling)« (Walter Künneth)[357].

II. Inkarnation (Fleischwerdung)

»Das Wort wurde Fleisch und wohnte unter uns« (Joh 1, 14), so beschreibt Johannes das Geheimnis des Kommens des Gottessohnes »in unser armes Fleisch und Blut«[358]. Es geschah zu Gottes

Stunde zu unserer Erlösung (Gal 4, 4 f.). Es ist ein göttliches Geheimnis, das wir letztlich nicht ergründen und fassen können; wir können der göttlichen Tat und seiner Offenbarung im Wort nur nachdenken und darüber anbeten[359].

Nur platter Rationalismus oder sonstiges ideologisches Gefangensein kann meinen, diese Wundertat Gottes — auch in dem Wie des Geschehenseins, das die Bibel uns nennt — könne in heutiger Zeit nicht mehr bekannt werden[360].

Dieses *Wie* beschreibt das Apostolische Glaubensbekenntnis mit den Worten: »Empfangen durch den Heiligen Geist, geboren von der Jungfrau Maria . . .«

Es gibt damit in kurzen Worten das wieder, was wir in der Bibel dazu finden.

Die **Jungfrauengeburt**[361] ist dieses Wie der Fleischwerdung des Sohnes Gottes. Sie ist berichtet in Mt 1, 18. 20 und als Erfüllung von Jes 7, 14 verstanden (Mt 1, 22 f.). Dem oft vorgebrachten Einwand, im hebräischen Text des Jesajawortes sei nicht ausdrücklich von einer Jungfrau die Rede, sondern das hebräische Wort *almah* bedeute nicht allein das heiratsfähige Mädchen, sondern könne auch die junge Frau bis zur Geburt des ersten Kindes meinen, ist entgegenzuhalten, daß die jüdische Übersetzung des Alten Testaments ins Griechische, die Septuaginta, das Wort mit »Jungfrau« übersetzt und damit zeigt, wie dies an der Jesajastelle schon lange vor Christi Geburt verstanden wurde, nämlich so, wie es auch in Mt 1, 22 f. verstanden ist.

Auch aus dem Stammbaum Jesu in Mt 1 ergibt sich, daß Jesus zwar rechtlich in die Familie Josefs hineingeboren wurde[362], daß aber Josef nicht der biologische Vater Jesu war (Mt 1, 16); Jesus hatte zwar Maria als menschliche Mutter, aber keinen menschlichen Vater.

Dasselbe ist im Markusevangelium (Mk 6, 3) angedeutet, wenn auch in diesem Evangelium darüber nicht ausführlich berichtet ist. Außerdem steht es ausdrücklich in Lk 1, 35, vgl. auch Lk 3, 23. Lukas war mit dem Apostel Paulus eng verbunden. Man kann also davon ausgehen, daß auch Paulus um das Geschehen wußte und daß es in seinen Briefen vorausgesetzt ist.

> Zu unterscheiden von der biblischen Lehre von der Jungfrauengeburt sind Spekulationen und Lehren verschiedener Art über die Weise dieser Geburt und über Maria, die Mutter Jesu.
> In der Bibel wird nichts gesagt darüber, daß der Geburtsvorgang nicht in normaler Weise geschehen sei[363]; auch ist nichts darüber geschrieben, daß Maria nach der Geburt Jesu keine normale Ehe geführt (Mt 1, 25) und keine Kinder gehabt habe (Mk 6, 3 sind vermutlich Kinder der Maria erwähnt[364]).
> Das Dogma der kath. Kirche von der unbefleckten Empfängnis Marias (Pius IX., Bulle »Ineffabilis«, 1854), das besagt, »daß die seligste Jungfrau Maria im ersten Augenblick ihrer Empfängnis ... von jedem Fehl der Erbsünde rein bewahrt blieb«[365] — es ist gemeint, daß sie selbst so empfangen wurde, nicht daß sie Jesus so empfangen hat —, was heißt, »daß Maria keinen Augenblick ihres Daseins unter der Herrschaft der Sünde gestanden ist, daß sie durch die zuvorkommende Erlösung Christi die einzige Ausnahme vom Gesetz der Erbsünde darstellt«[366], entspricht nicht der Lehre der Bibel (Röm 5, 12).
> Auch von der Himmelfahrt Mariens mit Leib und Seele, wie es 1950 von der kath. Kirche dogmatisiert wurde, steht nichts in der Bibel und nichts vom »Königtum Mariens«[367] und davon, daß sie »Mittlerin zum Mittler«[368] sei; vielmehr ist Christus unser einziger Mittler (1. Tim 2, 5), und wir Christen sind »reichsunmittelbar« zu ihm.
> Maria hatte eine wichtige Aufgabe beim Kommen des Gottessohnes, an diesem einmaligen Punkt der Heilsgeschichte (Gal 4, 4). Diese gilt es zu achten[369], aber nicht auszubauen oder zu verlängern. Es scheint immer wieder Eigenart und Gefahr der katholischen Theologie zu sein, daß sie zwar die Heilstatsachen stehen läßt, aber ihre Einmaligkeit verwischt, so bei der Inkarnation (sie wird zum Prinzip und fortgeführt von der Kirche[370]), beim Kreuzesopfer (man hat die Lehre vom Meß-*Opfer*), Petrus und die Apostel haben nach katholischer Lehre Nachfolger im Amt im Papst und den Bischöfen, und so wird auch die Aufgabe Marias verbreitert und ausgebaut.

Die Bedeutung der Jungfrauengeburt[371] ist schon in Jes 7, 14 angezeigt: Sie ist ein »Zeichen«. Es gibt verschiedene Arten von

Zeichen. Die Sprache der Dogmatik kennt das »signum praebens et exhibens = Zeichen, durch das Gott selbst wirksam ist« und das »signum significas = Zeichen, das wie ein Wegweiser auf Gott hindeutet, ohne daß etwas geschieht«[372].

Das von Gott gegebene Zeichen der Jungfrauengeburt ist ein Zeichen der ersten Art. Künneth: »Es ist ein einzigartiges Signum (Zeichen, d. Vf.) für das Mysterium (Geheimnis, d. Vf.) der Herablassung und Selbsterschließung Gottes in Jesus von Nazareth«[373]: »Schöpfer, wie kommst du uns Menschen so nah!« (Allendorf)[374].

Dies Geschehen zeigt uns auch, daß es Gott allein ist, der uns das Heil gebracht hat. Wir können daran nicht mitwirken, aber wir dürfen es empfangen; es wird uns nicht wider Willen aufgedrängt, es will empfangen sein[375] (vgl. Lk 1, 38. 45). Künneth: »Die Jungfrau Maria repräsentiert nicht einen ›Übermenschen‹, sondern sie wird zur auserwählten ›Magd Gottes‹, die nicht selbst eine Leistung vollbringt, sondern das Wirken Gottes ›geschehen läßt‹..., die die ›Kraft des Heiligen Geistes‹ ›empfängt‹ und dem göttlichen Verheißungswort ›gehorsam‹ ist in einem unbedingten Vertrauen. In dieser Haltung wird Maria zum bleibenden Vorbild des reformatorischen ›allein durch Gnade‹...und ›allein durch Glauben‹...In ihrer heilsgeschichtlichen Rolle als Mutter des Herrn aber kommt ihr im Bekenntnis der christlichen Kirche ein unaufgebbarer Platz und eine verehrende Erinnerung in der Gemeinde zu.«[376]

»Das Wort wurde Fleisch« (Joh 1, 14); und dies Wunder ist geschehen, wie es das Glaubensbekenntnis sagt: »Empfangen durch den Heiligen Geist, geboren von der Jungfrau Maria.«

Jesus Christus »hielt es nicht für einen Raub, Gott gleich zu sein, sondern entäußerte sich selbst und nahm Knechtsgestalt an, wurde den Menschen gleich und der Erscheinung nach als Mensch erfunden« (Phil 2, 6-7).

Der *Begriff der Inkarnation* ist ganz auf dieses Geschehen in Jesus in jener Stunde der Zeiterfüllung (Gal 4, 4) zu beschränken[377]. Das wird heutzutage nicht immer so aufgefaßt. Manchmal wird der Begriff auch über das Kommen Gottes »in unser armes Fleisch und Blut« hinaus verwendet dafür, wenn ein (Christen-) Mensch dem Mitmenschen nahekommt, ihn sucht, obwohl die Bibel zwar auch zeigt, wie Jesus Zöllner und Sünder gesucht hat und ihnen nachgegangen ist, aber das nicht als Inkarnation bezeichnet.

In der katholischen Theologie scheint zudem die Inkarnation zu einem Prinzip zu werden. Fahlbusch stellt es folgendermaßen dar: »Die ›personale‹ Pastoral . . . folgt der theologischen Logik des *inkarnatorischen Prinzips*, das auch sonst die römisch-katholische Pastoral strukturiert«[378]. »Indem der menschgewordene Gottessohn als ›Alpha et Omega‹ geglaubt und betrachtet wird, erscheint die Inkarnation, über das vordergrundige geschichtliche Ereignis des Jesus von Nazareth hinaus, in einer *kosmischen Dimension* und in einer *endzeitlichen Perspektive*. Sie ist angelegt . . . auf die Durchdringung des Weltalls durch die Gnade Gottes, und sie zielt damit auf die ›allgemeine Wiederherstellung‹, in der ›mit dem Menschengeschlecht auch die ganze Welt vollkommen in Christus erneuert wird‹ (LG 4, 1). Die mit Christi Menschwerdung begonnene Wiederherstellung der Welt ›nimmt ihren Fortgang in der Sendung des Heiligen Geistes und geht durch ihn weiter in der Kirche . . . die heilige Kirche ist zur Heiligung der Welt berufen . . . Wie der Logos Fleisch geworden ist, so inkarniert sich die Kirche (Seele) in die Welt (Materie) und hat an ihr teil . . .«[379]. Inkarnation ist hier also nicht nur ein einmaliges heilsgeschichtliches Ereignis wie in der Bibel, sondern ein Prinzip, das sich im Kosmos durchsetzen soll. Die Kirche führt die Inkarnation fort (gegen das ›Ein-für-Allemal der heilsgeschichtlichen Taten Gottes). Sie ist zur Heiligung der Welt berufen; (anders redet die Bibel: Christus ist uns gemacht zur Heiligung (1. Kor 1, 30); wir sollen aus der Welt zu Christus rufen; er wird das Neue schaffen). Die Inkarnation Jesu geschah zu seinem Mitfühlenkönnen (Hebr 2, 17; 4, 15) sowie dazu, daß er seine Sühnetat und den Loskauf für uns vollbringen konnte. Was soll dann eine Inkarnation der Kirche? Wir sehen: Der Gebrauch des Begriffes Inkarnation in der obengenannten Weise ist sowohl irreführend, weil er das Ein-für-Allemal von Gottes Heilstat auflöst und einebnet, und zum andern ist er verwirrend und sachlich falsch.

Interessant ist es zu sehen, wie es zu dieser Theologie kam. In dem von Johannes Feiner und Lukas Fischer herausgegebenen ›Neuen

Glaubensbuch‹ lesen wir[380]: »Die katholische Theologie Frank-
reichs erfuhr ihre Impulse aus einem hundertjährigen Kampf zwischen restaurativen und progressiven . . . Gruppen des Katholizis-
mus. Seit Ende der dreißiger Jahre dieses Jahrhunderts stellten einige Vertreter der sogenannten ›Neuen Theologie‹ . . . in produk-
tiver Auseinandersetzung mit den Kommunisten die Frage nach
einer ›Inkarnation‹, einer ›Fleischwerdung‹ Gottes nicht nur im
Leben des einzelnen Christen, sondern in den Strukturen der
Welt und den Institutionen der Gesellschaft. Von . . . Teilhard de
Chardin . . . , dem Paläontologen und Mystiker der Materie, inspiriert, rufen sie dazu auf, die Verheißungen des Glaubens für ein
endgültiges Heil der Welt zum Impuls werden zu lassen, die
Strukturen der Welt und damit die Bedingungen menschlichen
Lebens zu verändern und zu verbessern. Diese Tendenz floß in die
›Pastoralkonstitution‹ des Zweiten Vatikanischen Konzils ›Über
die Kirche in der Welt von heute‹ ein und bildet den Anfang des-
sen, was heute unter dem Namen ›politische Theologie‹ diskutiert
wird«. Wir sehen, es sind ganz andere Quellen, die zu solchen
Lehren führten, als die Bibel. Leider besteht die Gefahr, daß diese
Tatsache durch den Gebrauch bekannter theologischer Begriffe
(Inkarnation) in ganz anderem Sinn verschleiert wird.

III. Der Leidens- und Sterbensweg des Gottesknecht-Messias

In diesem Stand der Erniedrigung war Jesus »gehorsam bis zum
Tode, ja zum Tode am Kreuz« (Phil 2, 8). »Dieser absolute Gehor-
sam war nicht eine sittliche Qualität, sondern der Vollzug der
Sendung des Vaters«[381].

1. Der Gottessohn unter das Gesetz getan

Jesus wurde »unter das Gesetz getan« (Gal 4, 4b; siehe seine Beschneidung, Lk 2, 21)[382].

2. Taufe — Ordination zum Amt des Gottesknecht-Messias

Mit seiner Taufe tritt Jesus bewußt in den Auftrag Gottes ein (Mt 3, 15)[383].

Da bekommt er die Amtsausrüstung mit dem Geist Gottes, wie es für den Messias verheißen ist (Jes 11, 2; 42, 1b)[384].

Da zeigt ihm die Gottesstimme aus dem Himmel seinen Auftrag: »Dieser ist mein Sohn, der Geliebte, an dem ich Wohlgefallen habe« (Mt 3, 17). Das ist eine direkte Aufnahme des Wortes über den Gottesknecht aus Jes 42, 1: ». . . das ist mein Knecht . . . und mein Auserwählter, an dem meine Seele Wohlgefallen hat.«

> Das hebräische Wort *äbäd* (Knecht) aus diesem Zitat aus Jes 42 ist in der griechischen Übersetzung mit *pais* wiedergegeben, was sowohl »Knecht« als auch »Sohn« heißen kann[385]; Matthäus gibt es mit »Sohn« (griechisch *hyios*) wieder (worin auch der Gottessohn von 2. Sam 7, 14a und Ps 2, 7 anklingt[386]).
> Im Aramäischen gibt es das Wort *talä*, das sowohl »Knecht« als auch »Lamm« bedeutet[387]. Johannes der Täufer, der das Himmelsereignis bei der Taufe Jesu miterlebte (Joh 1, 32), gibt das Wort mit »Lamm« (Joh 1, 29) und — wie Matthäus — mit »Sohn« (Joh 1, 34) wieder. Als das Gotteslamm ist der Gottesknecht auch in einem anderen Gottesknechtslied, in Jes 53, 7, gezeigt (». . . wie ein Lamm, das zur Schlachtbank geführt wird«).
> Das hebräische Wort *bchijr* (Auserwählter) gibt Matthäus mit *Geliebter* wieder. Das ist sachlich entsprechend: Der Geliebte ist der Erwählte[388].
> Wir sehen auch hier, wie die Linien der Weissagungen des Alten Testaments in Jesus Christus zusammenlaufen[389].

Jesus wußte also von der Taufe her: Das ist mein Weg, wie er im Alten Testament für den Gottesknecht vorgezeichnet ist (Jes 42, 1-9; 49, 1-13; 50, 4-11; 52, 13 – 53, 12).

> In Jes 51, 9 - 52, 3 finden wir ein großes Gedicht, in dem es um das Heil Gottes geht. Gott bringt Heil für sein Volk Israel und spricht es ihm zu. Auch in Jes 52, 4 - 6 geht es um Gottes neue, kommende Heilstat. Danach sehen wir in Jes 52, 7, wie die Tat des Heils Gottes verkündigt wird durch den Evangeliumsboten (hebr. *mbasser*,

griech. *euangelizomenos*). Westermann zu dieser Stelle[390]: »Der Freudenbote ... hat im Unterschied von dem Boten, der etwas anzukündigen hat, etwas zu verkündigen, was schon geschehen ist. Es ist Heil für Israel, das variieren die drei Sätze von 7b, und 7c bringt die eigentliche Botschaft: dein Gott ist König (geworden)! Die Botschaft besagt für die Hörer ... : jetzt ist es vor allen offenbar, daß Israels Gott Herr ist; eben das, was dann V. 10 ausspricht.« Die Tat ist geschehen, im Wort des Evangeliumsboten kommt sie zum Menschen. Und nun steht da in Jes 53, 1[391]: »Wer hat unserer Kunde geglaubt, und an wem wurde Jahwes Arm offenbar?«

Der Targum, die Übersetzung aus dem hebräischen Urtext ins Aramäische, die zugleich eine Erklärung ist, übersetzt hier statt »unserer Kunde« mit »unserem Evangelium« *(libsortana)*[392] und zeigt damit: Diese Kunde ist die Siegesbotschaft von Jes 52, 7! (So versteht es auch der Apostel Paulus, der in Röm 10, 15. 16 beide Worte, Jes 52, 7 und Jes 53, 1 zusammenstellt). Also: »Wer hat unserer Kunde Glauben geschenkt?« (Jes 53, 1).

Was ist denn so unglaublich an dieser Kunde?

Die Heils- und Siegestat Gottes sieht so ganz anders aus, nicht wie Sieg, sondern sie ist Leiden und Sterben: Jes 53, 1 ff. Es ist das Wort vom Kreuz (1. Kor 1, 18) schon hier im Alten Testament:

»... Er war der Allerverachtetste und Unwerteste,
voller Schmerzen und Krankheit ...
Fürwahr, er trug unsre Krankheit
und lud auf sich unsre Schmerzen ...
Die Strafe liegt auf ihm,
auf daß wir Frieden hätten,
und durch seine Wunden sind wir geheilt ...«

Es ist das Wort vom Gotteslamm, das unsere Sünde trägt (vgl. Joh 1, 29; Jes 53, 5 - 7), das den Weg durch Kreuz und Grab (Jes 53, 9) zur Krone (Jes 53, 10 - 12) geht.

Es ist die Kunde, die bis heute verkündigt und gehört werden darf, die den Glauben an Jesus wirkt und so die Rettung bringt (Röm 10, 9 - 17).

In diesen Weg wurde Jesus vom Vater im Himmel gewiesen (Mt 3, 17).

3. Leben, Leiden und Sterben

Dem Vater im Himmel gehorsam, betrat er diesen Weg, der ihm gewiesen war, und ging ihn
— in einem Leben und Dienst in Abhängigkeit vom Vater (Joh 5, 19; 8, 28. 29. 38) und
— im Leiden und Sterben. Er »ward gehorsam bis zum Tode, ja zum Tode am Kreuz« (Phil 2, 8).

»Gekreuzigt, gestorben und begraben«. Jesu Grablegung ist in der Bibel ausführlich berichtet; sie zeigt Jesu wirklichen Tod.

IV. »Hinabgestiegen in das Reich des Todes«

Jesus ist nach seinem Tod durch den lebenschaffenden Geist Gottes[393] »lebendig gemacht« worden und »hingegangen und hat gepredigt den Geistern im Gefängnis, die einst ungehorsam waren ...« (1. Petr 3, 18 ff.; 4, 6); er ist also — wie das Apostolische Glaubensbekenntnis sagt — »hinabgestiegen in das Reich des Todes«.

Die Bibel sagt uns nicht viel über dies Geschehen. Auch nicht genau, wann das geschah, ob vor oder nach seiner Auferstehung; auch nicht, ob er dabei das Gnadenangebot für diese Toten gebracht[394] und ob diese noch zum Glauben an Jesus und zur Rettung gekommen sind. Was dürfen wir von diesem »Hinabsteigen« Christi wissen? Jesus ist »niedergefahren zur Hölle (1. Petr. III, 18 - 20. Kol. II, 15) und hat da dem Satan und den verdammten Geistern sich als Sieger über Tod und Satan und als Herr über Tod und Leben erwiesen.«[395]

Schlatter, erklärt 1. Petr 3, 19 so: »Wann er (Jesus, d. Vf.) dies tat, sagt Petrus nicht, nur das eine, daß er es erst dann tat, als er das Kreuz getragen hatte und wieder lebendig war. Es wurde oft vermutet, es sei geschehen, ehe er auferstanden sei, an dem Tage, da er nach seinem eigenen Zustand noch zu den Toten gehörte ...

Das ist aber eine Erweiterung über das hinaus, was Petrus sagt. Weil Petrus das Werk Jesu unter den Geistern nicht nur durch seinen Tod, sondern auch durch sein neues Leben begründet, ist eher daran zu denken, daß diese Offenbarung an die Geister das Werk des auferstandenen Christus war. Auch darüber, was er mit seinem Wort bewirkt habe, hätte man später in der Kirche gern Aufschluß gehabt. Glaubten ihm nun die Geister, so daß sein Wort ihnen die Erlösung brachte, oder bestätigte ihnen die Botschaft Jesu nur ihre Verurteilung? Auch über den Erfolg der Botschaft Jesu spricht Petrus nicht, weil er uns nicht die Geister, sondern den Christus beschreiben will, dessen Werk eben durch sein Sterben von allen Schranken frei geworden ist ... Darum gibt Petrus der Neugier keine Nahrung, die gern wüßte, wie es im Jenseits sei und was Gott den Geistern gewähre und wie sich Christus ihnen offenbarte.«[396]

Stibbs (S. 142 f.) versteht die Stelle 1. Petr 3, 19 ganz anders: Das Wort pneumata (Geister) ohne nähere Qualifikation sei nie sonst in der Bibel für menschliche Geister gebraucht, sondern von guten und bösen übernatürlichen Wesen; es sind nach ihm die in 2. Petr 2 (Vers 4) und Judas 6 genannten Engel gemeint, die ja auch dort als Gefangene beschrieben werden. Dagegen spricht nach ihm (Stibbs S. 151 f.) auch nicht 1. Petr 4, 6; er versteht (aaO.) diesen Vers so, daß jenen Menschen das Evangelium zu ihren irdischen Lebzeiten verkündigt worden sei; es gehe also nicht um eine Gelegenheit, das Evangelium noch nach dem Tod zu hören. Auch der Zusammenhang in 1. Petr. 4, 6 spricht dafür, daß die Verkündigung vor dem Tod geschah.

V. Auferstehung[397]

»Am dritten Tage auferstanden von den Toten« — das gehört zum Kernbestand des Glaubensbekenntnisses der Christenheit.

Künneth: »Wer wissen will, was denn nun der entscheidende Inhalt des Evangeliums sei, bekommt eine unmißverständliche Auskunft: ›Das Evangelium, das ich euch verkündigt habe, welches ihr auch angenommen, in welchem ihr auch stehet, durch welches ihr auch gerettet werdet‹, lautet: ›daß Christus gestorben ist für unsere Sünden nach der Schrift, und daß er begraben ist, und daß er auferstanden ist am dritten Tage nach der Schrift, und daß er gesehen worden ist ...‹ (1. Kor 15, 1 - 5) ...«[398]

Wäre Christus nicht auferstanden, so wäre Predigt und Glaube vergeblich (1. Kor 15, 14)[399]; und ohne den Auferstehungsglauben gibt es keine persönliche Rettung (Röm 10, 9).

Der gekreuzigte und begrabene Jesus Christus wurde durch Gottes Tat auferweckt. Er ist der Anfang der neuen Schöpfung. Dabei verwendet Gott das alte »Material« der irdischen Leiblichkeit: Das Grab ist leer (was alle Evangelienbücher bezeugen und auch der Apostel Paulus voraussetzt[400]), an der neuen Leiblichkeit sind die Wund- und Nägelmale sichtbar (Joh 20, 27). Das ist seine Treue zur alten Schöpfung. Und doch ist es eine neue Leiblichkeit, ein »geistlicher Leib« (vgl. 1. Kor 15, 35 ff.): Gottes Tat — ein Akt der Neuschöpfung.[401]

Leugner der wahrhaftigen leiblichen Auferstehung Jesu gab es trotz der guten Bezeugung von Anfang an im außerchristlichen Bereich, etwa in der schon in der Bibel erwähnten Leichenraubtheorie (Mt 28, 11 - 15)[402].

Innerkirchlich lehren diese wahrhaftige Auferstehung *nicht* eine Reihe von Theologen unseres Jahrhunderts, z. B. Rudolf Bultmann[403] und Schüler von ihm, etwa Gerhard Ebeling. Klappert (Diskussion um Kreuz und Auferstehung, S. 35): »Die Auferstehung Jesu Christi bedeutet nach *G. Ebeling* im Kern die Entstehung des Glaubens der Jünger, in dem Jesus ›der Zeuge des Glaubens‹ zum Ziel kommt, d.h. zum Grund des Glaubens wird.« Klappert aaO. S. 37: »Ostern bedeutet ... nach Ebeling nicht die schöpferische Tat Gottes in der Auferweckung Jesu Christi von den Toten, sondern er sagt: ›Das Erscheinen Jesu und das Zum-Glauben-Kommen dessen, dem die Erscheinung zuteil wurde, war darum ein und dasselbe.‹ ... ›Das Lautwerden der Gewißheit Jesu nach seinem Tod und das sich auf sie einlassende Einstimmen des Glaubens ist ... als Auferweckung Jesu zur Sprache gekommen.‹« Auch Willi Marxsen gehört dieser Schulrichtung an. Klappert (aaO. S. 47): »Die Erscheinungen Jesu (nach Marxsen: nicht des Auferstandenen!) begründeten ... ursprünglich die Verkündigung der Urgemeinde ... Die Aussage: ›Jesus ist auferstanden‹ ist ...

nach Marxsen mißverständlich. Übersetze man sie aber, so besage sie mit dürren Worten, *daß die Verkündigung Jesu auch nach dem Kreuz und ›trotz des Kreuzestodes Jesu‹ (!) so ausgerichtet wird, wie Jesus sie selbst ursprünglich verkündet hat.«* »Die These Marxsens: *Ostern* ist im Kern die Fortsetzung der ›Sache Jesu‹, die mit der Verkündigung Jesu begann, ist *die Weiterereignung des Jesus-Kerygmas* in der Sendung der Zeugen . . .« (Klappert aaO. S. 4) Ostern heißt also nach Marxsen: »Die Sache Jesu geht weiter.« (Klappert aaO. S. 49) Auch »Jehovas Zeugen« lehren die leibhafte Auferstehung Jesu nicht. Während die biblische Lehre so ist, wie es Paul Gerhardt in seinem Osterlied ausdrückt: ». . . wo mein Haupt durch ist gangen, da nimmt er mich auch mit« (EKG 6, 6), also er nimmt mich hinein in seinen Tod und durch den Tod hindurch in das Leben der neuen Schöpfung, das er auch hat, ist das Denken der »Zeugen« ganz anders. Nach ihrer Lehre hat Jesus von Jehova die Unsterblichkeit geschenkt bekommen, und zwar ist das »Lohn für sein Werk — die Predigt von Jehovas Königreich und die Darbringung des ›Loskaufopfers‹«[404]. Von dieser seiner Unsterblichkeit, von seinem ›vollkommenen menschlichen Leben‹ »machte (er) . . . für sich keinen Gebrauch, sondern blieb im Geistleben. Deshalb konnte er dieses Recht auf Adams Nachkommen übertragen, die ohne Lebensrecht geboren wurden. Er erwarb damit den Verstorbenen die Möglichkeit, im zukünftigen Tausendjährigen Reich ins Leben zurückzukehren, um sich noch einmal für Gott und damit für das künftige Paradies auf Erden entscheiden zu können«[405]. Hier ist es sozusagen ein Rechtshandel mit Gott, in der Bibel ist es dagegen Gottes Rettungstat. Dazu ist noch zu ergänzen, daß die so ins Leben Zurückkehrenden nicht die eigentliche Gemeinde der »144 000 Auserwählten«[406] sind; sondern diese sind auch — wie Jesus[407] — im Himmel[408]; sie werden »schließlich durch eine Auferstehung von den Toten zu wirklichen Geistsöhnen Gottes im Himmel gemacht«; »sie werden geistige Leiber haben, genauso wie Gott einen geistigen Leib hat«[409].

VI. Himmelfahrt

»Aufgefahren in den Himmel«, so bekennen wir im Apostolischen Glaubensbekenntnis. Jesus kehrte zurück zum Vater, in die unsichtbare Gotteswelt (Lk 24, 50; Apg 1, 9)[410].

VII. Er sitzt zur Rechten Gottes

»Er sitzt zur Rechten Gottes, seines allmächtigen Vaters« (Aposto-
lisches Glaubensbekenntnis).

Er ist also in die Herrlichkeit und Herrschaft Gottes eingetreten[411]. Künneth: »Der Erhöhte ... besitzt das göttliche Herr-
schaftsrecht und die gültige Regierungsvollmacht, die weder
zeitlich noch räumlich gebunden ist, denn ›dextra Dei ubique est‹
— die Rechte Gottes ist überall.«[412]

Dort hat er den Heiligen Geist vom Vater empfangen und
diesen am Pfingsttag ausgegossen (Apg 2, 33).

Dort bereitet er für die Seinen die himmlische Wohnung
(Joh 14, 2 f.)[413], und dort tritt er für sie ein (Röm 8, 34; 1. Joh 2, 1;
Hebr 7, 25)[414].

VIII. Wiederkunft

»Von dort wird er kommen, zu richten die Lebenden und die Toten«:

So faßt das Apostolische Glaubensbekenntnis in Kürze zusammen, was die Bibel von der Wiederkunft Christi sagt (dazu
näher bei der Lehre von den letzten Dingen).

C. Das Werk Christi

Jesus ist in Treue und Gehorsam dem himmlischen Vater gegenüber eingetreten in die Aufgaben und Wege und unter die Lasten,
die Gott schon im Alten Testament vorgezeichnet hat zu unserer
Erlösung: Er ist der Menschensohn und Gottesknecht, er, der
Gottessohn und HERR, ist der Messias und Immanuel, der Prophet wie Mose. »Titel« nennt dies die Theologie oft; aber das wird
der Bibel nicht wirklich gerecht. Es sind Lasten und Aufträge, die
der Gottessohn auf sich nahm zu unserem Heil.

I. König, Priester und Prophet

»König, Priester und Prophet«, das dreifache Amt Christi, so wurden die Aufgaben Jesu Christi schon seit der Alten Kirche[415] zusammengefaßt. »Christus« heißt ja »der Gesalbte«. Wenn auch dabei in erster Linie das königliche Amt im Blick ist, waren Gesalbte im Alten Testament nicht nur Könige, sondern auch Propheten und Priester[416]. Der Christus-»Titel« kann uns also hinführen zu jener Lehre vom »dreifachen Amt Christi«[417]. »Christus ist der nach der Art der alttestamentlichen Priester, Propheten und Koenige (2. Mo 29, 7; 1. Sam 16, 13; 1. Kö 19, 16) der gesalbte einzigartige Priester, Prophet und Koenig, von dem alle Gesalbten im Alten Testament nur Vorbilder waren.«[418]

Das prophetische Amt ist »das Geschäft Christi, den Menschen den göttlichen Ratschluß der Erlösung zu verkündigen, und diese zur Annahme des ihnen gebotenen Heiles zu bewegen«[419]. Oder allgemeiner ausgedrückt: Die »Lehre und Verkündigung des Gotteswillens«[420]. Dies tat er, solange er auf Erden lebte, selber in »unmittelbarer Ausübung«, danach in »mittelbarer Ausübung«[421] durch Menschen in seinem Dienst[422].

Das priesterliche Amt ist es, »die Erlösung selbst und die Versöhnung mit Gott zustandezubringen«. Es »zerfällt . . . in zwei Teile, entsprechend den beiden Funktionen, die den Priestern obliegen, in das der Darbringung des Opfers und das der Gebetsvertretung bei Gott«[423]. Während das erstere »bereits vollzogen«[424] ist, übt er nun als der Erhöhte die Fürbitte für die Seinen (Röm 8, 34; 1. Joh 2, 1; Hebr 7, 25 und 9, 24), aber — so die herkömmliche Lehre — auch für »alle Menschen, weil alle Menschen, solange sie hier auf Erden leben, der Erlösung teilhaftig werden können«[425]. Daß er auch für Nichtchristen bittet, sehen wir beim irdischen Jesus Lk 23, 34; vgl. auch Jes 53, 12; vom Erhöhten sehen wir, daß er will, daß alle Menschen gerettet werden und daß er durch seinen Apostel die Seinen beauftragt, für alle Menschen zu beten (1. Tim 2, 1. 4).[426]

Das königliche Amt Christi meint seine ihm gegebene Herr-schaft »im Himmel und auf Erden« (Mt 28, 18), also über die ganze sichtbare und unsichtbare Schöpfung (vgl. 1. Mo 1, 1); und zwar wird diese unterschieden als solche über die Welt, über die Kirche und über den Himmel[427].

Die *Welt*, das meint »das Reich . . . , in dem Christus in Re-gierung und Erhaltung der Welt seine göttliche Macht übt«[428]. »Die unglaeubigen Menschen sowie die abgefallene Engelwelt und die vernunftlosen Kreaturen regiert Christus mit seiner All-macht.«[429]

Die *Kirche*, das Reich der Gnade; zu ihr gehören die an Jesus Glaubenden[430].

Der *Himmel* meint das Reich der Herrlichkeit mit den heiligen Engeln und den Menschen in der Seligkeit[431] (vgl. Röm 14, 9).

Die frühen Lutheraner und die Reformierten reden nur von der Kirche als dem Reich Christi, also nur das Reich der Gnade wird bei ihnen so bezeichnet[432]. Das hat insofern sein Recht, als das messianische Reich noch nicht sichtbar angebrochen ist; Jesu Reich ist »nicht von dieser Welt« (Joh 18, 36); das Neue ist in ihm zwar angebrochen, der neue Äon hat angefangen, aber sein all-gemeiner, sichtbarer Anbruch ist noch nicht da. Maier zu Mt 28, 18: »Dan 7, 14 hat sich erfüllt! . . . Doch sollten wir beachten, daß seine ›*Macht*‹ noch nicht sichtbar ist und daß sie auch dem Bösen noch Spielraum läßt (Matth 13, 24 ff.) bis zum Jüngsten Tag (vgl. Off 19, 11 ff.). Deshalb, weil das Böse noch gegenwärtig und wirksam ist, muß die Kirche leiden und sind auch keines-wegs alle Bereiche Jesus unterstellt (vgl. Eph 6, 11 ff.). Wer das übersieht, wird schwärmerisch und unwahrhaftig. Deshalb ist Luthers ›Zwei-Reiche-Lehre‹ viel biblischer als die moderne Lehre von der ›Königsherrschaft Jesu Christi‹, die angeblich schon Poli-tik, Wirtschaft und Geistesleben erfassen soll.«[433]

Die Zweireichelehre ist allerdings von der Bibel her nicht als »Bereiche«-Lehre zu verstehen, wie sie im Neuluthertum auf-tauchte[434], sondern als Zwei-Äonen-Lehre.[435]

Wie stellt sich die Zweireichelehre dar? »Gott regiert die Welt auf eine doppelte Weise: die eine hilft ... zur *Erhaltung* der Welt, die andere ... zur *Erlösung* der Welt.« Das erste dieser »Regimente« »führt Gott mit der linken, das zweite mit der rechten Hand«. Dies Reich Gottes zur Rechten ist das Reich Christi, Christus ist der König. Er regiert hier nicht mit Macht und äußerer Gewalt, sondern mit dem in Wort und Sakrament gegebenen Evangelium durch seinen Geist. Die Menschen empfangen hier das Wort des Evangeliums »durch den Glauben, der zur Liebe führt«.

Dieses Reich ist in der Welt gegenwärtig in den Menschen, die wahrhaft Christen sind.

Das andere Reich, das zur Linken, das weltliche Regiment, ist nötig »zur Erhaltung und Ordnung« der Welt.[436]

Das Reich Gottes zur Rechten setzt voraus, daß der neue Äon begonnen hat und Menschen da sind, in denen Gott seine neue Schöpfung hat anfangen lassen und die sich durch sein Wort leiten lassen.

Aber wir leben noch im alten Äon, in einer Welt, die »im Argen liegt« (1. Joh 5, 19), die sich im Aufstand gegen Gott befindet. Aber auch diese läßt Gott nicht versinken, sondern er erhält sie in der Zeit der Geduld; er »übt« »seine Weltregierung durch die Aufrichtung des Gesetzes aus ... und (ruft) seine in Empörung gegen ihn befindliche Schöpfungswelt ... durch seine Gesetzgebung zur Ordnung ...«[437]. Hier hat insbesondere auch der Staat, die weltliche Obrigkeit, seine Funktion (als »Notordnung nach dem Sündenfall«) (Röm 13, 1-7, 1. Petr 2, 13-17). Es »müssen« »im ›Weltreich‹ die Amtsfunktionen verschiedenster Ausprägung mit ihren Anordnungen durch Rechtssetzung, auch durch Zwang und Gewalt, dem Vollzug des göttlichen Gesetzeswillens dienen ... Das ›Weltregiment‹ Gottes schafft die Voraussetzung dafür, daß eine weltliche Rechtsordnung, eine iustitia civilis (bürgerliche Gerechtigkeit, d. Vf.), eine staatspolitische Sicherungsmacht, den Schutz und die Erhaltung des Einzellebens sowie der menschlichen Gesellschaft ermöglicht, garantiert und fördert. Darum ist es die Aufgabe des ›weltlichen Regiments‹, die zerstörenden Gewalten abzuwehren ...«[438]

Dieses weltliche Regiment ist nur äußerlich, es darf nicht die Gewissen richten, auch nicht zum Glauben zwingen, das wäre eine Überschreitung seines Zuständigkeitsbereichs. Es sichert äußeres Recht, äußeren Frieden. Die Erlösung, den wahren Frieden mit Gott, schafft es nicht. Das gehört zum Reich Gottes »zur Rechten«.[439]

Auch wenn der sichtbare Anbruch der Macht Christi noch aussteht, hat er alle Macht (Mt 28, 18) und übt sie verborgen aus. »Christus ist seit der Auferstehung in der Tat der wirkliche Herr der Welt, nicht nur der Gemeinde ..., auch des Staates, aber diese Herrschaft vollzieht sich in der Verborgenheit.«[440]

II. Jesu Erfüllung des Alten Bundes

Von den Linien des Alten Bundes, die in Jesus Christus zusammenlaufen und in ihm erfüllt sind, sollen hier noch zwei betrachtet werden, die zum Herzstück dessen gehoren, was Jesus Christus getan hat.

1. Jesu Sühnetat[441]

»Die Vorstellung des Todes Jesu als eines umfassenden Sühnegeschehens, als eines unsere Schuld, ja die des ganzen Kosmos sühnenden Todes, als einer universalen Versöhnung ist in vielfältiger Weise im Neuen Testament bezeugt und bildet mit Recht das Zentrum der christlichen Dogmatik« — so leitet Hartmut Gese seinen bahnbrechenden Aufsatz »Die Sühne« ein und weist damit auf die grundlegende Bedeutung des Sühnegeschehens im Tod Jesu hin[442]. Und er fährt zu Recht fort: »Die Christologie in all ihren Schattierungen ist auf dieses Versöhnungsgeschehen bezogen, und die christliche Rechtfertigungslehre ist die direkte Konsequenz dieser Sühnelehre.«[443]

Sühne ist nötig, wo eine für den Menschen irreparable Verschuldung eingetreten ist[444]. Das ist der Fall in der Sünde des Menschen. Sie bringt den Tod und liegt als Last auf der Schöpfung (Röm 8, 19 ff.; siehe auch oben, 3. Teil, C. I., Mensch und Erdland). In dieser »Situation, in der die Existenz verwirkt ist«, tritt die

Sühne ein; sie »geschieht durch eine (stellvertretende) Totalhin-
gabe« und »ermöglicht« so »die menschliche Weiterexistenz«[445].

Wie kann Sühne geschehen?
Eigentlich nur durch den Tod dessen, der sein Leben verwirkt hat
(vgl. z. B. 4. Mo 35, 33)[446]. Eigentlich gibt es für Leben und Sterben keine Stellvertretung und keinen Ersatz. Nicht für das Leben:
»Gott will nicht irgendwelchen, sondern *meinen* Gehorsam. Darum kann mein Ungehorsam durch nichts in der Welt gutgemacht
werden, weder durch meinen *eigenen* kommenden Gehorsam
(denn er gehört Gott schon im voraus und würde auch sonst niemals vergangenes Versagen sühnen können, weil die versagte
Stunde unwiederholbar ist . . .) noch durch *fremden* Gehorsam,
denn was mein Versagen wieder gut machen sollte, müßte wahrhaft mein eigener Gehorsam sein.«[447]
    Und auch für das Sterben gibt es eigentlich keine Stellver-
tretung: Der das Leben verwirkt hat und was das Land belastet,
bin *ich* und *ist* meine Sünde.
    Nun aber schafft Gott die »unmögliche Möglichkeit«: Er
stiftet Sühne — Sühne in dem Sinn, daß stellvertretend gestorben
wird. Sühne ist nicht Leistung des Menschen, sondern Gott stiftet sie. Nur wo er Sühne stiftet, gibt es sie; und auch nur, *soweit* er
sie stiftet.

Im Alten Bund schon hat Gott das aus seiner großen Barmherzigkeit getan: Er hat Sühne gegeben, aber dort noch nicht für *alle*
Sünden (vgl. z. B. 4. Mo 15, 22 - 29 mit 15, 30. 31). Nicht Gott ist
»der Empfänger der Sühne . . .; er ist vielmehr der eigentlich Handelnde bei dem Sühnegeschehen . . . Der Empfänger der Sühne
ist Israel«[448]. Sie ist Gottes Geschenk.

Wie das geschieht, sehen wir 3. Mo 4, 1 ff.:
Der, der gesündigt hat, nimmt ein Opfertier, legt seine Hände auf
den Kopf des Tieres, den »Kopf, der als Ausdruck der Individua-
lität schlechthin gilt«[449]; damit identifiziert er sich mit diesem

Tier[450]. Dann wird das Tier getötet — der opfernde Sünder selbst wird also getötet (es hatte ja durch die Identifikationshandlung »gleichsam eine Subjektübertragung« stattgefunden[451]). Dann wird das Opferblut zum Altar gebracht und damit gesagt: Dies Blut, das mein Leben ist, also mein Leben selbst, ist jetzt Gott geweiht. Nur durch den Tod komme ich Sünder zu Gott (vgl. dazu Röm 6, 10. 11!).

Das größte Sühnegeschehen im Alten Bund fand am großen Versöhnungstag statt (3. Mo 16). Da ging der Hohepriester mit dem Blut des stellvertretend getöteten Tieres ins Allerheiligste. Dort war die Bundeslade mit dem Sühnmal; da hatte Gott versprochen, dem Menschen zu begegnen (2. Mo 25, 22). Nun sprengte der Hohepriester vom Blut des Opfertieres an das Sühnmal und vollendete damit die Sühnung. Gese: »Die kultische Sühne vollzieht sich also nicht im bloßen Tod des Opfers, sondern in der Lebenshingabe an das Heilige, in Kontakt mit dem Heiligen.«[452]

Was sehen wir aus diesen Sühneriten?

Gese: »Sühne geschieht durch die Lebenshingabe des in der Handauflegung mit dem Opferherrn identifizierten Opfertieres.[453] Diese Hingabe ist »keine einfache Nichtung ... Das Opfertier wird an das Heiligtum Gottes hingegeben, es kommt in Kontakt mit dem Heiligen«[454].

Und zwar handelt es sich bei dem Sühnegeschehen nicht um »eine ausschließende Stellvertretung«, etwa als ob die Sünde auf das Opfertier abgeladen und das dann getötet würde[455], sondern um eine den Opfernden »einschließende Stellvertretung«[456] (vergleiche Paul Gerhardts Osterlied: ». . . wo mein Haupt durch ist gangen, da nimmt er mich auch mit«[457]); er wird in den Tod und in die »Lebenshingabe an das Heilige«, den »Kontakt mit dem Heiligen«[458] hineingenommen.

Durch dieses personale Geschehen — ein »Heilsgeschehen«[459] durch den Tod hindurch — entsteht neue Lebensmöglichkeit für den, der dem Tod geweiht war; »der Unheilszustand, die durchgreifende Störung der kosmischen Ordnung« wird beseitigt, »durch Lebenshingabe wird der Heilszustand ... der Ordnung wieder erreicht«[460].

Im Neuen Bund ist das Opfer Jesu Christi am Kreuz an die Stelle der alttestamentlichen Opfer getreten, die ihre Kraft und ihr Ziel in seinem Opfer hatten. Jesus Christus selbst ist der opfernde Hohepriester und das vollkommene, endgültige Opfer (Hebr 9, 11 ff.) und auch das Sühnemal, also der Ort der Gottesgegenwart, an dem das Opferblut dargebracht wurde (Röm 3, 25[461]).

Gese: »Die Heilsbedeutung des Todes Jesu ist nur mit dem Sühnegedanken zu fassen. Das ist der Sinn der Rede vom Blut Jesu. Die Rede vom Blut Jesu meint: Jesus ist nicht seinen, wenn auch noch so unschuldigen Tod, ist nicht für sich gestorben, sondern hier hat Sühnung stattgefunden.«[462] Gott hat mit der Auferweckung Jesu sein Ja zu dieser Sühnetat bestätigt.

Das Opfer Jesu Christi ist in keiner Hinsicht geringer als die Opfer des Alten Bundes. Seine Sühnekraft reicht für alle Sünden aus.

Allerdings wird diese Sühne nicht automatisch wirksam. Wie im Alten Bund bei der Opferung ein Identifikationsritus vollzogen wurde (Handaufstemmung auf den Kopf des Opfertieres), so nimmt auch im Neuen Bund Gott den Menschen ernst und läßt ihn das Heil in seiner Lebensgeschichte persönlich empfangen durch Taufe und Glauben (Röm 6, 1 ff.; Eph 2, 8; Mk 16, 16). Althaus: »Das Kreuz ist nicht eine naturhaft-magische Wandlung der Welt und der Lage des Menschen oder eine Geschichtstatsache, die über den Menschen entscheidet, ohne ihn zur Entscheidung gerufen zu haben ...«[463]

Letzterer Teil des Zitats von Althaus bezieht sich auf Karl Barths falsche Lehre vom Bekehrungstermin Golgatha. Barth: »Wer dürfte denn, was seine oder eines anderen Menschen Bekehrung betrifft, im Ernst um einen anderen Termin dieses Geschehens wissen wollen als um den Tag von Golgatha, an dem Er die Wende und Veränderung der menschlichen Situation an unserer Stelle für uns Alle vollzogen hat . . . ?«[464] Und so kann er über die »Gottlosen« schreiben: »Sie mögen wählen, wie sie es tun — sie mögen laufen, soweit sie kommen: die Stellung und das Los des Verworfenen, nach welchem sie in ihrer Torheit die Hände ausstrecken, indem sie Gott verwerfen, werden sie bestimmt nicht erlangen.«[465] Aber — wie Althaus sagt — das »Kreuz ist nicht . . . eine Geschichtstatsache, die über den Menschen entscheidet, ohne ihn zur Entscheidung gerufen zu haben«.

Es ist auch »nicht eine naturhaft-magische Wandlung der Welt«[466], so ist es aber in der Anthroposophie Rudolf Steiners.
Was nach ihr das Kreuz bedeutet, stellt das Handbuch Religiöse Gemeinschaften so dar: »Bei der Kreuzigung floß das *Blut des Christus Jesus* in die Erde, und ›es vereinigte sich ein Wesen, . . . das bis dahin nur kosmisch war . . . mit der Erdenevolution‹ . . . Die Erdenaura veränderte sich, . . . der kosmische Christus ist ›seit jener Zeit mit dem Geiste der Erde verbunden‹ . . . Seit Golgatha kann nun die Entwicklung der Menschheit wieder stetig aufwärts gehen, weil nun der Christus-Impuls dem luziferischen Einfluß entgegenwirken kann. Die Aufhebung von 1. Mo 3 durch die Kreuzigung ist also evolutionsbedingt, und der Mensch ist lediglich Zuschauer dieser ›Götterangelegenheit‹.«[467]

Gott ist ein persönlicher Gott; die Sühnetat ist eine persönliche Tat Gottes, und der Empfang der Sühne geschieht ebenfalls persönlich: durch persönliche Inanspruchnahme der Sühnetat Jesu im Glauben. (Siehe dazu auch unten bei der Lehre von der Zueignung des Heils.)

Es ist erstaunlich und »beunruhigend«, »daß die spezifische Sühnelehre« — also dieses »Zentrum« der biblischen Lehre — »in den verschiedenen Formen moderner Theologie immer mehr in den Hintergrund tritt«; »man« »bestreitet« »ihre zentrale Bedeutung für die Soteriologie (Lehre von der Heilszueignung (d. Vf.)) . . . Und man kann sogar fordern, die ›überholten‹ Anschauungen fallen zu lassen«[468].
Erstaunlich deshalb, weil hiermit das Herzstück des christlichen

Glaubens verlassen wird, obwohl man sich trotzdem christlich
nennt.

So konnte Rudolf Bultmann, der künftige evangelische Pfarrer
und Theologen ausbildete, schreiben: »Wie kann meine Schuld
durch den Tod eines Schuldlosen (wenn man von einem solchen
überhaupt reden darf) gesühnt werden? Welche primitiven Begriffe von Schuld und Gerechtigkeit liegen solcher Vorstellung
zugrunde? Welch primitiver Gottesbegriff? Soll die Anschauung
vom sündentilgenden Tode Christi aus der Opfervorstellung verstanden werden: welch primitive Mythologie, daß ein Mensch ge-
wordenes Gotteswesen durch sein Blut die Sünden der Menschen
sühnt!«[469]

Auch für Eugen Drewermann ist die Sühnetat nicht die Mitte des
Karfreitag; er schreibt: »...das wollte Jesus sagen, und das war
sein ganzes Leben: daß wir von Gott her die Angst besiegen
könnten und als freie Menschen zu leben vermöchten. Wirklich
nur deshalb *mußte* er sterben, und eben deshalb kann das Kreuz...
für uns trotz allem zu einem Zeichen des Heiles werden«[470]; »wenn
es in der Stunde des Karfreitags irgend etwas zu bedenken und zu
überlegen gibt, so einzig, wie man das Kreuz in aller Zukunft *ver-*
meiden, abschaffen, beseitigen, unnötig machen kann in jeder Form«[471].
Für Christen ist das Kreuz dagegen der Ort, an dem Gottes Heiligkeit und Liebe, seine Gerechtigkeit und Gnade in unergründli-
cher Weise uns begegnen und für uns da sind. Es lohnt sich, die
Passionslieder der Christenheit zu betrachten, um zu sehen, welche Tiefe der Rettung und des Trostes durch diese Sühnetat Gottes am Kreuz uns geschenkt ist und wie Menschen sie erlebt und
erfahren haben.

2. Jesus unser Löser

In 3. Mo 25, 47 ff. wird der Fall geregelt, daß ein israelischer
Mensch in Schuldknechtschaft eines Fremden oder Beisassen gerät. Also wegen seiner Schulden mußte er sich verkaufen. Nun
wird bestimmt, es solle »ihn jemand unter seinen Brüdern ein-
lösen« (V. 48). Der »Löser« *(goel)* kauft ihn los[472].

Gott selber als Löser *(goel)* begegnet uns in Hi 19, 25: »...ich
weiß, daß mein Löser *(goel)* lebt«, sowie häufig in Jes 40 ff.;
»...dein Löser ist der Heilige Israels« (Jes 41, 14 b)[473].

Und schon in 2. Mo 6, 6 erscheint das Wort (als Verb) »für den Loskauf aus Ägypten«[474], den Gott gegeben hat.

Gott erlöst sein Volk aus Ägypten und aus der Gefangenschaft in Babylon[475]. Die eigentliche und volle Erlösung kommt im Neuen Bund: Gottes Sohn wird Mensch, tritt in die Menschheitsfamilie ein — wird unser Verwandter, um unser Löser zu werden. Wir waren »unter die Sünde verkauft (Röm 7, 14), durch unsere Sünde waren wir »der Sünde Knecht« (Joh , 34; vgl. auch 2. Petr 2, 19). Aber er hat uns losgekauft mit dem Kaufpreis seines eigenen Blutes und Lebens von den Mächten der Sünde, des Todes, des Teufels und der Hölle, unter die wir uns verkauft hatten[476]. Er ist im wahren und vollen Sinn »der Löser *(goel)* meines Lebens vom Verderben« (Ps 103, 4).[477]

Der schwedische Theologe Gustaf **Aulén** hat versucht, die Versöhnungslehren, wie sie bisher vertreten wurden, in verschiedene Typen einzuteilen; er fand dabei »drei Haupttypen des christlichen Versöhnungsgedankens«[478].
Sein **erster Typ**, er nennt ihn »den klassischen«[479], ist der, welcher, wie er sagt, »mit dem Christentum selbst geboren ist, der in der alten Kirche leitend war und der schließlich durch Martin Luther vertieft worden und zu neuem Leben hervorgewachsen ist«. Hier ist »das Versöhnungswerk . . . eine Kampf- und Siegestat. Gott bekämpft und besiegt in und durch Christus die Mächte des Verderbens . . . , unter denen die Menschheit gefesselt ist, und versöhnt sich dadurch mit der Welt«[480]. Mildenberger[481] verweist für diesen Typ zu Recht auf das Lutherlied »Christ lag in Todesbanden«, in dem es heißt[482]:

»Es war ein wunderlich Krieg,
da Tod und Leben rungen;
das Leben behielt den Sieg,
es hat den Tod verschlungen.
Die Schrift hat verkündet das,
wie ein Tod den andern fraß;
ein Spott aus dem Tod ist worden.
Halleluja.«

In diesem Typ sind Versöhnung und Erlösung eins; es geht hier
»um eine Erlösung, die zugleich und vor allem Versöhnung ist«[483].
Christus ist der Sieger über die »Mächte des Verderbens ..., vor
allem Sünde, Tod und Teufel. Soweit diese Mächte in der Welt
herrschen, besteht Feindschaft zwischen Gott und Welt. Wenn sie
besiegt werden, hört die Feindschaft auf: Gott und Welt werden
versöhnt«[484]. »Durch ihre Sünde, ihren Ungehorsam« sind die
Menschen schuldig »vor Gott«, der sie deshalb den Mächten unterworfen hat. Indem Gott sie besiegt, ist er der versöhnt wer-
dende Versöhner[485].

Während in diesem ersten Typ »die Versöhnung ungebrochen als
Gottes eigene Tat aufgefaßt wird«, ist in Auléns **zweitem Typus**,
dem ›lateinischen‹, »die Versöhnung legalistisch im Rahmen eines
ungebrochenen Rechtsverhältnisses« verstanden »und deshalb
nur teilweise als Gottes Tat«[486]. Nach früheren Vorläufern finden
wir ihn voll entwickelt bei Anselm von Canterbury (in seinem
Buch »Cur Deus homo« [Warum Gott ein Mensch wurde])[487].
Nach ihm muß der Mensch die versöhnende Leistung bringen; er
kann es aber von sich aus nicht; deshalb muß Gott Mensch werden, um »seiner menschlichen Natur nach« die Genugtuung leisten zu können. In ihm bringt also der Mensch die Genugtuungs-
leistung; und zwar wird sie *an Gott* erbracht[488].

Im **dritten Typus** Auléns kommt nicht mehr der »Legalismus« des
zweiten Typs zum Tragen, dafür »kommt nun der Moralismus.
Denn das eigentlich Entscheidende in Bezug auf die Versöhnung
wird jetzt die moralische Verbesserung des Menschen«[489]. Man
sagt hier, »daß es nicht nötig sei, Gott zu versöhnen. Die ›Vaterlie-
be‹ Gottes sei der christliche Grundbegriff, der eigentliche Inhalt
der Lehre Jesu«[490]. »Die Sünde sei vor allem ... moralische Unvollkommenheit«; trotz derselben »habe« »der Mensch ... einen un-
verdorbenen Kern«, und »Gott (müsse) mit der moralischen Unvollkommenheit der Menschen Nachsicht haben, — ebenso wie
umgekehrt die Menschen ihrerseits mit der Unvollkommenheit
der Welt Gottes auch Nachsicht haben müssen«[491].

In diesem dritten Typus wird der Gottesbegriff den menschlichen
Vorstellungen und Wünschen angepaßt[492]. Aber der Gott, den der
Mensch sich ausdenkt, ist nicht der lebendige Gott.

In diesem Typus wird auch die Sünde nicht in ihrer Tiefe gesehen. Aulén: ».. .der Sündenbegriff (ist) relativiert worden«[493]. Wo man um den heiligen Gott und um die Tiefe der Sünde weiß, um die totale Verlorenheit des Menschen, muß man solche Rede, der Mensch sei eben unvollkommen wie Gottes Welt auch und Gott und der Mensch müßten eben nachsichtig sein (s.o.), nur als total unverständig oder als frech bezeichnen. Dann weiß man auch, daß keine Moral den Menschen Gott näherbringt, sondern allein Gottes Rettungstat. Bei diesem Typ aber ist es anders. Aulén: »Das Hauptgewicht wird hier wesentlich auf das gelegt, was von der Seite der Menschheit geschieht, und die Versöhnung wird dadurch mehr ein Weg zu Gott als der Weg Gottes zu der Menschheit«[494].

Auch im zweiten Typus wird die Tiefe der Sünde nicht ganz gesehen, obwohl ja gerade Anselm von Canterbury von der schweren Last der Sünde spricht[495]. Aulén: »Wo man noch von der Möglichkeit einer Satisfaktion (Genugtuung, d.Vf.) redet, ist der Gegensatz Gottes zur Sünde noch nicht radikal erfaßt«[496]. Und insbesondere — und das hängt mit jenem zusammen — ist nicht gesehen, daß es allein Gottes Tat ist, die uns das Heil gebracht hat. Nicht der Mensch bezahlt etwas an Gott, sondern Gott allein ist Subjekt der Erlösung und Versöhnung.

Der erste Typus steht der biblischen Lehre am nächsten. Er zeigt Gott als den alleinigen Urheber unserer Rettung. Er zeigt auch unsere Befreiung von den Mächten durch die Gottestat in Jesus, wie wir sie aus der biblischen Deutung dieser Tat vom Institut des Lösers her kennen (s.o.).

Von dem Löserinstitut her ist auch folgendes klar: Wenn von einem Empfänger des Lösegelds die Rede ist, so ist das nicht Gott, wie das bei dem ›lateinischen Typus‹ der Fall ist: »Gott hat von unten her eine Kompensation bekommen«[497], wie es aber auch manchmal in der Alten Kirche beim ersten Typus vorkam[498].
Auch in der Lehre von ›Jehovas Zeugen‹ ist Gott Empfänger des Lösegelds. In ihrem Buch »Du kannst für immer im Paradies auf Erden leben« lesen wir (S. 62) nach der Erwähnung der Rückkehr Jesu »in den Himmel« 40 Tage nach seiner Auferweckung: »Dort erschien er . . . ›vor der Person Gottes für uns‹ mit dem Wert seines Loskaufsopfers (Hebräer 9:12, 24). Bei dieser Gelegenheit bezahlte er im Himmel Gott das Lösegeld. Nun konnte die Menschheit befreit werden.«

Mildenberger nennt noch als moderne »christologische Bildungen« die »Prinzipchristologie« und die »Urbildchristologie«[499].
Beide setzen »bei der wirklichen Menschheit Christi« an, und es geht ihnen nicht, wie bei der traditionellen Zweinaturenlehre um »die Einheit von Gottheit und Menschheit« in Christus, sondern um »die *Einheit von Sein und Funktion*« in ihm. Sie »werden so bestimmt, daß sich *in ihm die Wahrheit des Menschseins so verwirklicht hat, daß diese Wirklichkeit des wahren Menschseins selbst wieder Verwirklichung wahren Menschseins ermöglicht*«[500].
Bei der »**Prinzipchristologie**« geschieht das so, daß dieses ›wahre Menschsein‹ »vorlaufend … als Prinzip oder Idee gedacht« wird; Christus ist dann »ein Beispiel … für die Verwirklichung dieses Prinzips«, das wiederum »als Anlaß (u. U. Ursache) dafür angesehen« wird, »daß sich die Wahrheit des Menschseins allgemein durchzusetzen beginnt«[501].
Solche »christologischen Bildungen« finden sich bei J. Moltmann und D. Sölle[502].
Die »**Urbildchristologie**« möchte »nicht zuerst die Wahrheit des Menschseins als Idee denken« und danach erst Christus als Beispiel für deren Verwirklichung[503], sondern sie setzt gleich beim irdischen Jesus an. Mildenberger stellt ihr Wesentliches so dar: »In Christus ist die Wahrheit des Menschseins in geschichtlicher Verwirklichung erschienen«, und diese »geschichtliche Verwirklichung ermöglicht (in einem historisch aufweisbaren Zusammenhang) die weitere Verwirklichung dieser Wahrheit«[504].
Als Beispiele nennt Mildenberger die Christologien von Schleiermacher, Gogarten und G. Ebeling[505].

Beide — die Prinzipchristologie wie auch die Urbildchristologie — gehören im Grunde genommen zum dritten Aulén'schen Typ[506].

6. TEIL:
DIE PERSÖNLICHE ZUEIGNUNG
DES HEILS

Das von Christus ein für allemal vollbrachte Heil kommt nicht in einem Automatismus ins Leben des einzelnen Menschen; denn Gott nimmt den Menschen ernst. Er will ein Verhältnis der Liebe. Liebe aber wird nicht *verordnet*, sondern Liebe will Freiheit, und deshalb wird um Liebe *geworben*. So hat Gott sich jahrhundertelang um Israel werbend gemüht. Und er wirbt bis heute um die Menschen.

Das Heil wird dem einzelnen Menschen persönlich zugeeignet.

A. Die Voraussetzungen des Heils

Die Voraussetzungen dieses Heils sind folgende:

I. Der Wille Gottes zur Gemeinschaft mit dem Menschen

Gott hat schon vor Grundlegung der Welt den Menschen zur Gemeinschaft mit ihm gewollt[507].

Er hat diesen seinen Plan der Liebe auch nach dem Sündenfall nicht aufgegeben, sondern beibehalten und zur Schlange, dem Teufel (vgl. Offb 20, 2), der Macht des Bösen gesagt (1. Mo 3, 15 b): »... der soll dir den Kopf zertreten« — eine Weissagung auf den Retter Jesus, der die Mächte der Finsternis besiegen und den Menschen die Rettung bringen wird. Und zwar bezieht sich dieser Heilswille Gottes auf alle Menschen (1. Tim 2, 4).[508]

II. Jesus Christus – seine Person und sein Heilswerk[509]

Vergleiche Luthers Erklärung im Kleinen Katechismus zum zweiten Glaubensartikel:

> »Ich glaube, daß Jesus Christus, wahrhaftiger Gott, vom Vater in Ewigkeit geboren, und auch wahrhaftiger Mensch, von der Jungfrau Maria geboren, sei mein Herr, der mich verlorenen und verdammten Menschen erlöst hat, erworben und gewonnen von allen Sünden, vom Tod und von der Gewalt des Teufels, nicht mit Gold oder Silber, sondern mit seinem heiligen, teuren Blut und mit seinem unschuldigen Leiden und Sterben, auf daß ich sein eigen sei und in seinem Reich unter ihm lebe und ihm diene in ewiger Gerechtigkeit, Unschuld und Seligkeit, gleichwie er ist auferstanden vom Tod, lebet und regieret in Ewigkeit. Das ist gewißlich wahr.«

III. Das Werk des Heiligen Geistes am und im Menschen[510]

Gott der Heilige Geist, der Person ist – die dritte Person der Dreieinigkeit –, wendet sich persönlich dem Menschen zu und bringt ihm das Heil. Und zwar ist er so am einzelnen Menschen wirksam, wie auch an seiner ganzen Gemeinde[511].

Wie er das Heil zum *einzelnen Menschen* bringt, findet sich näher im folgenden Abschnitt »B. Wie das Heil zum Menschen kommt«, insbesondere daselbst unter »III. Die ›Gnadenmittel‹«, sowie unter »IV. Der Glaube« und »V. Erwählung und Beharrung«.

Wie er in und an seiner Gemeinde wirkt, das ist dargestellt im 7. Teil: DAS REICH GOTTES UND DIE VOLLENDUNG, D. Reich Gottes und Kirche, insbesondere in den Abschnitten

»I. Die Kennzeichen der Kirche« »V. Dienste und Gaben in der Kirche« und »VII. Die Einheit der Kirche«.

B. Wie das Heil zum Menschen kommt

I. Gibt es beim Menschen Voraussetzungen für das Heil?

Beim Menschen ist nichts Voraussetzung, als daß er objektiv das Heil braucht; das ist bei jedem Menschen der Fall.[512]

Hier erhebt sich die Frage, wie der Mensch dann beim Empfang des Heils beteiligt ist.

Daß er nichts mitbringen muß, keine Voraussetzungen beim Menschen vorhanden sein müssen und damit das Heil für jeden da ist, heißt aber nicht, daß Gott den Menschen bei der Zueignung des Heils sozusagen nur wie ein Stück Holz behandeln würde, der Mensch sich rein passiv verhielte, rein Objekt des Handelns Gottes wäre. Sondern Gott behandelt den Menschen als Person, als Gegenüber. Er nimmt den Menschen ernst.

Es ist auch nicht so, daß Gott und Mensch zum Heilsempfang zusammenwirken, so daß jeder seinen Teil dazu beisteuert; das wäre die Irrlehre des Synergismus.

Sondern der Mensch wird in das Werk Gottes einbezogen, so daß er zwar beteiligt ist, aber alles, auch das, was als Teil des Menschen aussieht, Werk Gottes ist (vgl. Phil 2, 12 f.; vgl. auch Joh 11, 49-52)[513].

II. Allein durch die Gnade Gottes

Was ist Gnade?

»Gnade ist nach dem Evangelium nichts anderes als die personhafte Selbstdarbietung Gottes zur Gemeinschaft mit dem

Sünder« — so beschreibt Paul Althaus den Inhalt dieses Begriffs[514]. Gnade ist also nicht eine Sache[515], sondern ein personales Geschehen[516].

Wie sieht dies genauer aus?

Die Gnade Gottes »ist nicht seine Eigenschaft« (das wäre griechisches, nicht biblisches Denken), »nicht seine zeitlos gütige Gesinnung« (das wäre liberale Theologie), »und das Evangelium bringt nicht die Aufklärung über Gottes bisher verkanntes Wesen, als sei Gott bisher fälschlich als zornig vorgestellt worden und müsse vielmehr als ein gnädiger gedacht werden.« (Das wäre wieder die liberale Theologie, wie sie auch in Auléns drittem Typus der Versöhnungslehre zum Ausdruck kommt.) »Im Gegenteil!« Der Zorn Gottes ergeht nach wie vor über alle Gottlosigkeit und Ungerechtigkeit der Menschen (Röm 1, 18). »Gott bleibt der Richter, und der christliche Glaube an die Gnade Gottes besteht nicht in der Überzeugung, daß es keinen Zorn Gottes gibt und kein Gericht drohend bevorsteht (2. Kor 5, 10), sondern in der Überzeugung, vor dem Zorne Gottes errettet zu werden.«

Auch dieser Zorn Gottes ist nicht »eine Eigenschaft, ein Affekt, eine zornige Gesinnung«, sondern »ein Geschehen, nämlich *Gottes Gericht*«[517]. Dieses Gericht Gottes zeigt sich heute schon in dem »Dahingegebensein«, wie es Röm 1, 24. 26. 28 beschrieben ist; es wird aber ein Tag des Zorns kommen, der Tag »des sich dereinst vollziehenden Gerichtes (Röm 2, 5)«[518] am Jüngsten Tag.

Vor der Verdammung in diesem Gericht rettet allein die Gnade Gottes. Diese ist — wie schon oben erwähnt — »nicht seine bisher unbekannte oder verkannte gnädige Gesinnung, sondern sein jetzt sich ereignender Gnadenerweis«; und zwar »tritt« dieser »nicht etwa an die Stelle des früheren richterlichen Waltens Gottes, sondern ist gerade das gnädige Handeln des Richters«. Als solches »ist« »sie ... nicht eine Weise des Verfahrens, zu der sich Gott nunmehr entschlossen hat, sondern sie ist *eine einmalige Tat*, die für jeden, der sie als solche erkennt und (im Glauben) anerkennt, wirksam wird«[519].

Diese Gnadentat Gottes ist das, was das »Evangelium im Evangelium« Joh 3, 16 ausdrückt: ». . . so hat Gott die Welt geliebt, daß er seinen eingeborenen Sohn gab, damit jeder, der an ihn glaubt, nicht verlorengeht, sondern ewiges Leben hat.« Nämlich »Gottes Tat der Gnade besteht . . . darin, daß er Christus in den Tod gegeben hat, und zwar als Sühnopfer für die Sünden der Menschen«; diese Gnade ist — vom Sohn Gottes aus gesehen — »das Ereignis« des Gehorsams Christi, »der ›sich für mich dahingab‹ (Gal 2, 20) und ›gehorsam bis zum Tode‹ (Phil 2, 8) war«[520].

Gnade als persönliche Zuwendung Gottes zum Menschen ist also

(1.) diese Tat des Vaters und des Sohnes. Hier hat er sich in einzigartiger Weise uns persönlich zugewandt.

Und zwar ist diese Tat

(2.) als Angebot in der Zeit der Gnade für uns Menschen da; ein Geschenk, das empfangen werden will.

So umschließt der Begriff »Gnade« auch die Bedeutung dieses Geschenkes, das für den Menschen da ist: »So kann bald betont sein, daß die *charis* (Gnade, d. Vf.) Gottes oder Christi Tat ist, bald, daß sie das Ereignis ist, das für den Menschen Gabe, Geschenk ist, bald kommt das eine wie das andere zur Geltung.«[521]

Mit dem Gnadenhandeln Gottes in Jesus ist die Zeit der Gnade, der Tag des Heils angebrochen, von der die Bibel spricht (2. Kor 6, 1 f.); deshalb kann der Begriff »Gnade« noch eine weitere Bedeutung umschließen: Es kann von ihr

(3.) »auch als von einer Macht geredet werden, die der Macht der Sünde entgegenwirkt und deren Regiment ablöst«. Der Begriffsinhalt »nähert sich geradezu dem Sinn von *pneuma* (Geist, d. Vf.)«.

(4.) Und so ergibt sich noch eine vierte Bedeutung von Gnade: ». . . deshalb kann auch *die neue Situation,* in die die Glauben-den, die das *pneuma* empfangen haben (Gal 4, 6 usw.), ver-setzt worden sind,« so »bezeichnet werden, als der Herr-schaftsbereich der göttlichen Tat. Der Glaubende ist ›zur Gnade berufen‹ (Gal 1, 6) und hat in ihr ›seinen Stand ge-wonnen‹ (Röm 5, 2); er muß sich hüten, daß er nicht ›aus der Gnade herausfällt‹ (Gal 5, 4).«[522]

Wir haben bei Althaus gesehen: »Gnade ist nach dem Evange-lium nichts anderes als die personhafte Selbstdarbietung Gottes zur Gemeinschaft mit dem Sünder.«[523] Diese zeigt sich, wie wir nun festgestellt haben, in vierfacher Weise:
Gnade ist
1) die Tat der Hingabe Jesu Christi, des Sohnes Gottes, gipfelnd in der Tat am Kreuz;
2) das Geschenk dieser Tat und ihrer Früchte an den Menschen;
3) eine Macht, »die der Macht der Sünde entgegenwirkt und de-ren Regiment ablöst«[524];
4) der »Gnadenstand«; »Gnade ist hier ein bleibendes, sich fort-setzendes Handeln Gottes am Menschen. Wenn man vom ›Gnadenstand‹ spricht, dann darf man nicht vergessen, daß Gott der Herr der Gnade bleibt; es kommt in ihm zum Aus-druck, daß der Mensch einen ›festen Stand erhält‹ (A. Schlat-ter)«[525]; es ist hier also nicht ein ›Gnadenhabitus‹ (Gnadenzu-stand, »Befähigung«[526] des Menschen) gemeint, sondern eben die genannte persönliche Zuwendung Gottes als dauerndes, »sich fortsetzendes Handeln«[527].

Diese Gnade Gottes allein ist es, die das Heil des Menschen schafft und bringt und erhält; Gnade allein — das heißt »ohn all mein Verdienst und Würdigkeit«[528].

III. Die »Gnadenmittel«[529]

1. Wort und Sakrament

Wir haben gesehen, daß die Gnade die persönliche Zuwendung Gottes zum Menschen ist, den er dabei als Person ernstnimmt. Zwischen Personen ist das Mittel der personalen Gemeinschaft und Kommunikation das Wort; das bewußte und willentliche Miteinandersprechen ist geradezu Kennzeichen solcher Gemeinschaft.

So hat es Gott auch für die personale Gemeinschaft zwischen ihm und dem Menschen gewollt: Gott wendet sich dem Menschen persönlich zu, und er nimmt ihn als Person ernst, und auch für diese seine Zuwendung zum Menschen ist das Wort entscheidend wichtig. Das Wort ist seine Weise, in der er sich heilvoll dem Menschen zuwendet; es wird deshalb »medium salutis« (Mittel des Heils) oder »Gnadenmittel« genannt. Und zwar begegnet es uns in der Sprache der Dogmatiker in der Mehrzahl (»media salutis«), und das aus folgendem Grund zu Recht:

Gott hat sein Wort in zwiefacher Weise gegeben: zum einen ohne Verbindung mit einem sichtbaren Zeichen, zum anderen mit solch einem Zeichen; letzteres nennen wir Sakrament.

Das Wort und die Sakramente sind also die »Mittel«, die Werkzeuge, die er benützt, um sich uns persönlich zuzuwenden. H. Schmid[530]: »Der Hl. Geist bedient sich äußerer und sichtbarer Mittel, durch die er . . .« den Menschen »das Heil in Christo aneignet; und nur da dürfen wir eine Wirkung mit Gewißheit als vom Hl. Geist stammend betrachten, wo sie durch solche äußere Mittel an uns gekommen ist. Solche Mittel aber, die wir Gnadenmittel nennen, sind das *Wort Gottes* und die *Sakramente*.«[531]

2. Was ist Wort und Sakrament?

Nicht ein beliebiges Wort kann wahrhaft Gottes Wort sein, durch
das er sich uns zuwendet. Sondern es ist das Wort des Evangeliums, wie es uns in der Heiligen Schrift gegeben ist. »Ein solches
Gnadenmittel ist das Evangelium in allen Formen der Bezeugung: als gepredigtes, geschriebenes und gelesenes, in der Form
der Absolution gesprochenes, in Zeichen ausgedruecktes, im
Herzen bewegtes usw. (Mk 16, 11. 16; Joh 20, 31; Joh 3, 14. 15;
Röm 10, 8)«[532]; jedoch muß es sich inhaltlich immer als Wort Gottes, wie es uns in der Heiligen Schrift gegeben ist, ausweisen lassen; und da als Herzstück und Grund des Heils als das Evangelium von Jesus Christus.[533]

Auch das Sakrament kann Gnadenmittel nur als göttliches Wort
sein.
    Das Wort »Sakrament« finden wir zwar nicht in der Bibel;
aber unter diesem Begriff werden zusammengefaßt die Zeichen,
die Jesus Christus eingesetzt hat, verbunden mit dem Wort (das
Sakrament ist »sichtbares Wort«). Und zwar ist das der Fall bei
Taufe und Abendmahl.
    Der Inhalt des Wortes und beider Sakramente ist derselbe:
Es ist das Evangelium von Jesus Christus[534]. Die Sichtbarkeit des
Zeichens hat also inhaltlich kein Mehr gegenüber dem Wort, es
hat aber eine besondere seelsorgerliche Bedeutung, etwa in der
Stärkung des angefochtenen Glaubens, der auch »schmecken
und sehen« darf, »wie freundlich der HERR ist« (Ps 34, 9).[535]

In der **römisch-katholischen Lehre** ist das Wort nicht Gnadenmittel im eigentlichen Sinn, sondern nur »Information und Ap-
pell, das Sakrament dagegen wirksame Vermittlung der Gnade«[536]. So finden wir etwa in der katholischen Dogmatik von L.
Ott da, wo wir die Lehre von den Gnadenmitteln erwarten würden, die »Lehre von den Sakramenten«. Im Sakrament geschieht
das Eigentliche, hier wird die Gnade ausgeteilt — oder besser: die
Gnaden. In der katholischen Lehre kann dieses Wort nämlich in

der Mehrzahl stehen. Nach biblischer Lehre ist Gnade »nichts anderes als die personhafte Selbstdarbietung Gottes zur Gemeinschaft mit dem Sünder«[537], die »persönliche Zuwendung Gottes«[538]. Deshalb kann es hier nur die eine Gnade Gottes geben. Nach katholischem Verständnis aber ist Gnade eine Sache (»dingliche Gnade«); man spricht etwa von »eingegossener Gnade«. Sie ist nicht »Gottes Wirksamkeit«, sondern »Wirkung Gottes«[539]. Das personale Geschehen wird also durch ein Substanzdenken verdrängt.

Die dinglich verstandene Gnade wird im Sakrament mitgeteilt, »eingegossen«. Das Wort taucht in der katholischen Rechtfertigungslehre nur bei der Vorbereitung für den Heilsempfang auf (NR 796); beim Heilsempfang selbst ist »Werkzeugliche Ursache« allein das Sakrament der Taufe (NR 799).

Weil die Gnade nicht personal, sondern dinglich, als Sache, verstanden wird, kann es in der katholischen Lehre verschiedene Gnaden geben[540]; diese werden dann je nach Situation in den verschiedenen Sakramenten ausgeteilt; von daher ist die Vielzahl der Sakramente von Nutzen.

Die katholische Lehre kennt sieben Sakramente (Konzil von Florenz 1439), die heute im Gesetzbuch der katholischen Kirche aufgenommen sind (CIC Buch IV): Taufe, Firmung, Eucharistie, Buße, Ehe, Priesterweihe und Krankensalbung.

Die Einsetzung durch Christus, die auch die katholische Lehre für das Vorliegen eines Sakraments voraussetzt, wird, wo sie nicht wie bei Taufe und Abendmahl offensichtlich ist, teilweise auf seltsame Weise zu rekonstruieren versucht (für die Ehe siehe etwa L. Ott, Dogmatik, S. 550 f.).

Die Buße ist zwar von Christus eingesetzt (Mt 16,19; 18,18; Joh 20,22 f.), da aber kein Zeichen zu ihr gehört, zählen wir sie — anders als die katholische Lehre — nicht zu den Sakramenten, sondern zum Wort, was aber der Wichtigkeit keinen Abbruch tut.[541]

Mit Worten von Paul Althaus sei der Unterschied zwischen der evangelischen und der katholischen Lehre an diesem Punkt zusammengefaßt[542]: »Entscheidend für das evangelische Verständnis der Sakramente ist die Erkenntnis: Auch die Sakramente sind ›Wort‹, d. h. persönliche Zuwendung Gottes zum Menschen, Berufung der Person in seine Gemeinschaft ... Nichts anderes als dieses ist die Gabe der Sakramente, nicht etwas Dingliches, nicht eine Heilskraft, die in etwas anderem bestände als in der person-

haften Aufnahme in die Kindschaft durch die Vergebung der Sünde. Die Sakramente teilen nicht eine andere Gnade mit als das verkündigte Evangelium und im Vergleich miteinander nicht verschiedene ›Gnaden‹, sondern die eine und selbe Gnade der vergebenden Annahme auf besondere und verschiedene Weise. Dem entspricht, daß die Sakramente nicht anders als das Evangelium selbst im Glauben ergriffen sein wollen und nur ihm das Heil zueignen. Die Objektivität des Sakramentes ist keine andere als die des Evangeliums, sondern stellt diese nur kräftig heraus: Gottes gnädige Berufung in seine Gemeinschaft ist vor meinem Glauben, unabhängig von meiner Verfassung und Haltung für mich da, sie gilt mir, wie ich auch bin — als solche darf und soll ich sie mir im Glauben zueignen. Mit alledem steht das evangelische Verständnis des Sakramentes klar gegen das römisch-katholische.«
Das persönliche Verständnis wird in der katholischen Lehre verlassen, indem die Gnade verdinglicht, das Wort entleert und die Ex-opere-operato-Wirkung (Wirkung des Sakraments durch bloßen Vollzug) eingeführt wird.

3. Die Wirksamkeit Gottes in Wort und Sakrament

Bei beiden, Wort und Sakrament, handelt es sich um Gottes Wort. Dieses Wort aber ist das Wort des Schöpfers; »wenn er spricht, so geschieht's; wenn er gebietet, so steht's da« (Ps 33, 9; vgl. auch Ps 148, 5 b). Es ist ein wirksames Wort, weil es Wort des Schöpfers ist. Es wirkt (in) Schöpfung und Geschichte (vgl. Jes 40, 8: ». . . das Wort unseres Gottes steht auf in Ewigkeit«; Jes 55, 11).

Weil das Wort Gottes dieses wirksame Wort ist, bedeutet seine Verkündigung nicht nur Ankündigung von Gericht oder Heil, sondern es ist schon der Anfang des Geschehens.

Schon im Alten Testament finden wir das Wort Gottes mit jenem wirksamen, »sakramentalen«[543] Charakter; und auch die Sakramente haben einen Vorläufer, nicht allein in der Beschneidung und im Land Israel als Sakrament des Bundes, sondern auch in den Zeichenhandlungen der Propheten[544], die sie nicht selbst ausgedacht haben, sondern sie wurden ihnen von Gott gegeben; und auch für sie galt, was von dem verkündigten Wort galt: Mit der Zeichenhandlung wurde das Geschehen, das sie sagten, nicht erst angekündigt, sondern in Lauf gesetzt.

So ist es auch mit den Sakramenten, die Jesus eingesetzt hat. Sie schenken, was sie sagen, sie weisen nicht nur auf etwas anderes hin. Sie sind wirksam, und wohl dem, der sie sich zum Heil dienen läßt. Dabei ist der Zeitpunkt der Annahme — etwa bei der Taufe — nicht entscheidend, sondern das Daß der Annahme zur Zeit, in der Gott noch Gnade schenkt.

4. Die Sakramente im einzelnen

5.1 Die Heilige Taufe

Die Heilige Taufe ist von Jesus Christus nach seiner Auferstehung eingesetzt worden (Mt 28, 18-20). Daß ein Christ getauft ist, ist also begründet im Willen Jesu.

Jesus selbst war von Johannes dem Täufer getauft worden (Mt 3, 13 ff.); aber die christliche Taufe knüpft nicht an die Johannestaufe an (vgl. Apg 18, 25; 19, 3), auch nicht an die bei den Juden bekannte Proselytentaufe oder sonstige jüdische Waschungen, sondern an die zweite Taufe Jesu, von der er Lk 12, 50 spricht (vgl. auch Mk 10, 38 f.), das ist sein Tod am Kreuz. Christliche Taufe ist Taufe in den Tod Jesu (Röm 6, 3 f.).

Die christliche Taufe geschieht nicht als Selbsttaufe, sondern anders als bei der Proselytentaufe, aber wie schon bei der Johannestaufe geschieht sie durch eine andere Person als Täufer.

Was der Täufer dabei tut, tut er nach dem Willen und Auftrag Jesu und in seiner Vollmacht; er ist also dabei Werkzeug Jesu. Die Taufe ist also Gottes Werk, nicht Menschenwerk (wie auch Gott die Verkündigung des Wortes Gottes sich selbst zurechnen läßt).

Wenn aber die Taufe Gottes Werk ist und nicht Menschenwerk,
ist sie nicht abhängig von der Vorbereitung oder Einstellung des
Menschen; auch die Taufe Ungläubiger ist eine gültige Taufe. Sie
ist Zuspruch, Gabe und Geschenk Gottes, das allerdings im
Glauben empfangen werden will; »mein Glaube macht nicht die
Taufe, sondern empfängt die Taufe«. »Ohne Glauben ist es nichts
nütz, ob es gleich an ihm selbst ein göttlicher, überschwänglicher
Schatz ist« (Martin Luther im Großen Katechismus[545]).

> Interessant ist hierzu die Stelle 1. Petr 3, 21, wo die Taufe bezeich-
> net ist als *»eperotäma* eines guten Gewissens zu Gott«. Luther ver-
> steht das Wort *eperotäma* in der Bedeutung »Bitte« (»wir bitten Gott
> um ein gutes Gewissen«); das ist zwar möglich, *eperotäma* hatte je-
> doch in der Rechtssprache der damaligen Zeit noch eine spezielle
> Bedeutung, die hier wichtig sein könnte. Kunkel schreibt davon
> in seiner Römischen Rechtsgeschichte: »Das römische Recht
> kannte im Schuldrecht nicht das moderne Prinzip der ›Vertrags-
> freiheit‹, sondern ließ nur ganz bestimmte Vertragsarten zu, unter
> denen die *stipulatio*, ein mündliches Frag-Antwortspiel der Par-
> teien, einen rein formalen Charakter trug und darum, ähnlich wie
> heute der Wechsel, alle möglichen Verpflichtungsgründe (Kauf,
> Schenkung, Darlehen usw.) in sich aufnehmen konnte. Die helle-
> nistischen Notare begriffen von Wesen und Wirkung der Stipula-
> tion nur das eine, daß jedes Geschäft gültig sei, bei dem Frage und
> Antwort zwischen den Parteien gewechselt worden seien. Sie häng-
> ten daher ihren heimischen Vertragsformularen die Klausel an:
> *Kai eperotätheis homologäsa* (und befragt, habe ich es anerkannt).«[546]
> Für das deutsche »befragt« steht also eine Verbform desselben
> Wortstammes, wie ihn *eperotäma* hat. Und es gibt »Belege für einen
> offiziellen Gebrauch von *eperotäma* im Sinne einer mündlichen Er-
> klärung . . . , ebenso für die eher populäre Verwendung als Äqui-
> valent für die *stipulatio*, die Klausel . . . in einer Übereinkunft, die
> die formelle Frage und Zustimmung . . . zweier einen Vertrag
> schließender Parteien enthält . . . Selwyn stellt fest, daß die Vor-
> stellung von der Taufe als Vertragssiegel zwischen dem Bekehrten
> und Gott nicht weit von jener entfernt ist, die zur Verwendung des
> Wortes *sacramentum*, Soldateneid, für die Taufe und die Eucharistie
> führte«[547]. Nun ist die Taufe zwar kein Vertrag, es besteht auch
> keine Gleichordnung der Bundespartner. Doch wenn hier *epero-
> täma* im Zusammenhang mit der Taufe gebraucht wird, könnte

das hier so verstanden sein: Gott schenkt mit der Taufe einen Brief, in dem er alles schenkt, was Jesus uns erworben hat, das ganze Heil. Aber das wird für den einzelnen nicht ohne oder gar gegen seinen Willen wirksam, sondern die Taufe ist nun verglichen mit dieser Klausel am Ende des Vertrags, die die Zustimmung der beiden Partner enthält; das Ja Gottes steht schon darin und wartet auf das Ja des Menschen; bei der Erwachsenentaufe wird es gleich gegeben, bei der verantwortlich geübten Kindertaufe muß die Gemeinde darauf sehen, daß sie diese Kinder zu Jesus Christus hinführt und sie zu dem Ja finden können, nach dem sie etwa nach der württembergischen Konfirmationsagende mit diesen Worten (als einer Möglichkeit) gefragt werden: »Wollt ihr im Glauben annehmen, was der Herr in der Taufe euch geschenkt hat? Dann sprecht dazu euer Ja!«

Karl Barth hat die Taufe nicht als Sakrament gesehen[548]. »Er unterscheidet« »in KD IV/4 (1967)« »grundsätzlich Geisttaufe und Wassertaufe, versteht unter Geisttaufe das Geschehen, daß Gott durch sein Wort und seinen Geist in einem Menschen Glauben wirkt und sieht allein darin das Handeln *Gottes*, in der Wassertaufe dagegen das Tun des *Menschen*, der sich zu diesem Handeln Gottes bekennt . . .« (Joest, Dogmatik, Bd. 2, S. 569). Aber schon die Stiftung durch Christus und die Evangeliumsgestalt der Taufe, als auch — wie wir gesehen haben — die Tatsache, daß ein Täufer vorhanden ist, man sich also nicht selbst tauft, zeigt, daß Barth hier nicht gefolgt werden kann.
Die Kindertaufe betrachtet Barth zwar als gültig, von seiner Tauflehre her naheliegenderweise »aber als eine schlechte Ordnung, die durch eine bessere ersetzt werden sollte«[549].

Weil die Taufe Gottes Werk ist, ist auch der Zeitpunkt der Taufe nicht entscheidend; ob sie am Säugling durchgeführt wird oder am Erwachsenen, sie ist eine gültige Taufe; und sie kann auch noch Jahre nach ihrem Vollzug von dem betreffenden Menschen im Glauben angenommen werden, wie auch ein zugesprochenes Gotteswort, das erst später zur Kenntnis genommen wird, noch angenommen werden kann, solange die Gnadenzeit Gottes währt.

Die Frage, ob Kindertaufe oder Erwachsenentaufe, ist somit eine Kirchenordnungsfrage, keine Heilsfrage; sie darf Christen geistlich nicht trennen, auch wenn sie verschiedenen Kirchenorganisationen zugehören, die in dieser Frage in ihrer Ordnung verschieden sind.

Zur Taufe gehört als Zeichen das Wasser, das Wort der Taufe ist das in der Taufformel Gesagte, die die Taufe als eine auf den Namen des dreieinigen Gottes kennzeichnet und vornimmt: »auf den Namen des Vaters und des Sohnes und des Heiligen Geistes« (Mt 28, 19)[550].

Die Taufe wurde von alters her durch Untertauchen oder auch durch Begießen mit Wasser geübt[551].

Inhalt der Taufe, also dieses sichtbaren Wortes, das Gott dem Täufling zuspricht, ist der in einschließender Stellvertretung geschehene Sühnetod Jesu (Röm 6). Gott spricht dem Täufling hier verbindlich zu: Das gehört dir; Jesus ist für dich durch Tod und Grab gegangen; nun bist du »in seinen Tod getauft«; so bist du »ja mit ihm begraben durch die Taufe in den Tod, damit, wie Christus auferweckt ist von den Toten durch die Herrlichkeit des Vaters« auch du »in einem neuen Leben« lebst (Röm 6, 3 f.). Dies Geschenk ist hiermit für dich da. Nun nimm das an, tritt da ein; »halte dafür, daß du der Sünde gestorben bist, aber daß du für Gott lebst in Christus Jesus« (Röm 6, 11).

Weil also hier die Sünde ihr Recht verloren hat und das neue Leben geschenkt wird, kann — vielleicht in Anspielung auf das Zeichen des Wassers bei der Taufe — in 1. Kor 6, 11 zu den Christen gesagt werden: »ihr seid reingewaschen«, und in Gal 3, 27: »ihr alle, die ihr auf Christus getauft seid, habt Christus angezogen.« Interessant ist der Vergleich dieser Stelle aus Gal 3, 27 mit Ri 6, 34, wo es wörtlicher übersetzt heißt: »Und der Geist des HERRN zog an (bekleidete) Gideon« (vgl. auch 1. Chr 12, 18 und 2. Chr. 24, 20, wo im Hebräischen jeweils auch eine Form desselben Wortes (labasch) steht); also hier ist der Geist des HERRN die Kleidung, das heißt: Gideon wird zum Dienst beschlagnahmt und ausgerüstet[552]; der Geist als Kleidung ist auch der Panzer, der Gideon umhüllte und ihn schützte. Nun wird den Christen in Gal 3, 27 gesagt: Christus ist euer Kleid; er hat euch für sich beschlagnahmt, für seine Nachfolge und für seinen Dienst; er ist auch die Kraft und Ausrüstung dazu; ohne ihn stündet ihr »nackt« da, ausgesetzt den Finsternismächten, die euer Leben zerstören wollen; aber Christus ist euer Kleid und Panzer, der euch umgibt und schützt.

Das »auf den Namen« der Taufformel hat von dem im jüdischen Sprachraum gebrauchten hebräischen Ausdruck *lschem* her[553] eine dreifache Bedeutung:

1. Diese Taufe »versetzt ... den Täufling in ein bestimmtes Verhältnis zu Gott, nämlich, daß der Vater, der Sohn u. der heilige Geist dem Täufling das sind, was ihr Name in sich schließt«;

2. »der Täufling (soll) dem dreieinigen Gott zugeeignet werden«[554];

3. »die Taufe begründet eine Verbindung zwischen dem dreieinigen Gott und dem Täufling, die dieser zu bejahen u. zu betätigen hat durch sein Bekenntnis zu dem Gott, auf dessen Namen er getauft ist.«[555]

Die Taufe »auf den Namen« Gottes — man kann auch übersetzen »in den Namen hinein« — meint aber auch ein Hineinstellen in den Heilsraum des Namens des dreieinigen Gottes. Das geschieht aufgrund des Todes Jesu, in den hinein der Mensch getauft wird (Röm 6, 3).

Heute wird aus aktuellem Anlaß das Problem der **Wiedertaufe** heftig diskutiert. Klar ist, daß die Taufe einmalig ist und nach Gottes Wort nicht wiederholt wird. Für den, der die Taufe nicht zum Menschenwerk macht (das tun aber z. B. »Jehovas Zeugen«, die konsequenterweise auch Taufwiederholung kennen[556]), ist das auch klar. Ein Problem liegt aber darin, daß unterschieden werden muß zwischen *echter Wiedertaufe*, bei der bewußt eine zweite Taufe vorgenommen wird, und *unechter Wiedertaufe*, bei der die frühere Taufe nicht für eine rechte und gültige Taufe angesehen wird, zum

Beispiel weil man meint, der Täufling müsse bei der Taufe gläubig
sein oder ein bestimmtes Alter haben oder die Taufe müsse in
einer besonderen Form geschehen, etwa das Taufwasser müsse
geflossen sein oder die Taufe müsse durch Untertauchen geschehen, Besprengen reiche nicht. Zwar sind diese Ansichten nicht
richtig, aber der unechte Wiedertäufer sieht es anders, er möchte
keine Wiedertaufe, sondern eine rechte Taufe.

Zwar muß eine Kirche falscher Lehre und falschem Leben ihrer
Glieder wehren; es kann auch vorkommen, daß Geschwister verschiedene Wege gehen müssen, weil sie in Lehrfragen nicht einig
sind. Und doch haben solche Fragen der Taufe nicht letztlich das
Gewicht, daß sie geistlich trennen müssen — wie gesagt, auch
wenn äußerlich, etwa in der Kirchenzugehörigkeit, manchmal
verschiedene Wege gegangen werden müssen.

Oft sind die unechten Wiedertäufer Menschen, die es mit ihrem
Christsein und Leben nach der Schrift sehr genau nehmen. Sie
glauben an Jesus, er ist der Herr und Heiland ihres Lebens geworden, das Werk Jesu, sein Sühnetod für unsere Sünde am Kreuz
und seine Auferstehung sind das Zentrum ihrer Lehre — also gerade das, was Inhalt der Taufe ist, was sie in unser Leben bringt.
Sie verachten also dieses Sakrament subjektiv keinesfalls.

Andererseits werden Lehrer in der Kirche geduldet, die zwar äußerlich die Taufe insofern achten, als sie keine Wiedertäufer sind, die
aber den Inhalt der Taufe leugnen, etwa Bultmann, der, wie wir
gesehen haben, die wahrhafte, leibhafte Auferstehung Jesu leugnete und den Sühnetod Jesu ganz und gar ablehnte, ja geradezu
lästerte[557]. Bultmann jedoch durfte künftige Pfarrer ausbilden, andererseits ist es heute möglich, daß eine kirchliche Ordnung die
Trauung eines Wiedertäufers nicht zuläßt und daß nach dieser
Ordnung Wiedertäufer aus dem Kirchendienst zu entlassen sind.
Die betreffende Kirche hat zwar das Recht, so zu verfahren, denn
Wiedertaufe ist wirklich ein Verstoß gegen ihre Lehre und Ordnung. Aber sie muß sich fragen lassen, warum sie dann Leute wie
Bultmann so anders behandelt, die in ihrer Lehre noch gröber gegen die Lehre der Kirche verstoßen. Theo Sorg weist in seinem
Buch »Wie wird die Kirche neu?« auf dieses Problem hin, wenn er
daselbst (S. 20) schreibt: »Bei der Betrachtung der heute gegebenen Wirklichkeit der Volkskirche ist ... festzustellen, daß sie sich
in Lehre und Verkündigung an die pluralistischen Vorstellungen
der Gesellschaft anpaßt. Volkskirche ist pluralistische Kirche. Die
Mitgliedschaft ist nicht an ein eindeutiges Bekenntnis gebunden;

vielmehr verträgt sie sich mit einer großen Distanz zur kirchlichen Lehre. Dies gilt auch in erheblichem Umfang für die kirchlichen Amtsträger, solange sie ihre Überzeugung nicht in einer Form vertreten, die den Bestand der Volkskirche gefährdet. Konflikte entzünden sich aus diesem Grund eher an der Stellung einzelner Pfarrer zur Kindertaufe als an ihrer Stellung zum apostolischen Glaubensbekenntnis oder zur Confessio Augustana ...«

5.2 Das Heilige Abendmahl

Auch das Heilige Abendmahl ist »sichtbares Wort« Gottes; also nicht nur ein Symbol.
Es ist von Jesus Christus selbst an jenem ersten Gründonnerstag eingesetzt worden. Er hat es für seine Jünger gestiftet, es ist also sein Mahl für die Christen[558], nicht Missionsmittel.

Wo ist solch ein Abendmahl als sichtbares Wort Gottes vorhanden? Es kommt zustande »nicht etwa durch die Beschaffenheit des Administrierenden (also dessen, der es verwaltet, d. Vf.), auch nicht durch den Glauben der Empfaenger, sondern durch die Einsetzung Christi, die sich wirksam betaetigt, wo immer ... das Abendmahl der Einsetzung Christi gemaess gefeiert wird«[559].

Was gehört zu solcher stiftungsgemäßen Feier des Heiligen Abendmahls? Es ist
1. das Wort: Die Einsetzungsworte Christi bei der Stiftung des Abendmahls (Mt 26, 26 ff.; Mk 14, 22 ff.; Lk 22, 19 ff.; vgl. auch 1. Kor 11, 23 ff.)
2. Das Zeichen: Brot und Wein[560], die getrennt gereicht werden.

Zur Forderung eines **besonderen Aktes der Konsekration** (z. B. Pieper-Mueller, Christliche Dogmatik, S. 675) siehe Althaus, Die christliche Wahrheit, Bd. 2, S. 396 ff. Der Ausdruck »Becher des Segens« in 1. Kor 10, 16 »stammt aus der jüdischen Tradition. Über diesem Becher wurde bei jedem jüdischen Mahl, bei dem Wein getrunken wurde, das Dankgebet nach der Hauptmahlzeit

gesprochen; beim Passa war dies der dritte Becher« (Lang, Korinther, S. 127). Der Zusatz in V. 16 »den wir segnen« jedoch
»weicht ... vom Sprachgebrauch und vom Sinn der jüdischen
Feier ab. Er dient zur Unterscheidung des Bechers, von dem Paulus spricht, von jedem anderen Becher, mit dem der Preis Gottes
verbunden war. Da ›wir den Becher segnen‹, ist er selbst als die
Gabe der göttlichen Gnade gewertet ... Teilhaberschaft am Blut
des Christus ist der Becher, weil er sie herstellt und gibt. Das ist
der Grund, weshalb ›wir den Becher segnen‹ und durch ihn Gott
preisen« (Schlatter, Paulus, der Bote Jesu, S. 295 f.); nicht die Seg-
nung macht ihn also zur Gabe, sondern weil er Gabe ist, durch die
der Herr das Heil gibt, preisen wir ihn. Zur Form des Segens siehe
etwa Didache 9, 1 - 4; F. F. Bruce, I & II Corinthians, S. 94.

Was ist der Inhalt des Heiligen Abendmahls? Wort und Zeichen
zusammen sagen es: Es geht um Leib und Blut Christi, und zwar
um »sein Fleisch und Blut, getrennt im Tod«[561]. Trennung von Leib
und Blut geschieht nicht beim normalen Tod, sondern bei einer
Hinrichtung, beim Verbrechertod. Es geht also hier um den Verbrechertod Jesu am Kreuz, den er, der Reine, an unserer Statt er-
litten hat (vgl. auch Gal 3, 13). Sein Sühnetod, den er in einschließender Stellvertretung für uns auf sich genommen hat, wird uns
hiermit gereicht. Wer das Heilige Abendmahl im Glauben empfängt, bekennt damit: »Ich bin vor Gott ein Verbrecher, der den
Tod verdient hat und sterben muß.« Und er läßt sich in den von
Jesus für ihn auf sich genommenen Tod hineinnehmen. Er bekommt »Anteil an der Heilswirkung des stellvertretenden Sühne-
todes Jesu und« wird »in der Gemeinschaft mit Christus gestärkt«[562].

»Das ist mein Leib« und »das ist mein Blut des Bundes, das vergossen wird für viele zur Vergebung der Sünden« (Mt 26, 26 ff.;
vgl. Mk 14, 22 ff. und Lk 22, 19 ff.). Jesus spricht nicht nur von
einer Bedeutung[563]. Er teilt hier selbst »wahrhaftig und gegenwärtig« sein Heil aus, das er ein für allemal am Kreuz erworben
hat.

Wie er es im Wort des Evangeliums schenkt, so schenkt er es auch im sichtbaren Wort des Heiligen Abendmahls. Jeder, der es nimmt, darf wissen: Hier ist es wahrhaftig für mich da.

Andererseits kann man es deshalb auch sich zum Gericht nehmen (1. Kor 11, 27-34); dies geschieht nicht, wie es mißverstanden werden kann, wenn man es »als Unwürdiger« nimmt; jeder ist von sich aus unwürdig zum Mahl des Herrn, der uns »unwürdige und arme Sünder an seinen Tisch lädt«. Unwürdig im Sinn von 1. Kor 11, 27 meint die unwürdige Weise, wie der griechische Text dieser Stelle zeigt. »Das Adverb ›unwürdig‹ ... meint nicht moralische Unwürdigkeit, sondern ein unangemessenes Verhalten, das gegen den stiftungsgemäßen Charakter des Mahles verstößt.«[564]

Das Heilige Abendmahl[565] wird uns im Neuen Testament gezeigt als Mahl des neuen Bundes mit Gott (Lk 22, 20)[566], als Mahl der Gemeinschaft derer, die an Jesu Heil aus seiner Kreuzestat teilhaben (1. Kor 10, 16 f.)[567], als Gedächtnis- und Verkündigungsmahl (1. Kor 11, 25 f.)[568], und als Mahl der endzeitlichen Hoffnung (Mt 26, 29; vgl. Offb 19, 9[569]).

Die Lehre der römisch-katholischen Kirche unterscheidet sich in mancherlei Weise von der genannten biblischen Lehre vom Abendmahl:

1. Der Opfercharakter

»Die hl. Messe ist ein wahres und eigentliches Opfer« — so gibt der katholische Theologe Ludwig Ott in seiner Dogmatik die Lehre seiner Kirche wieder[570]. In den bis heute gültigen Beschlüssen des Konzils von Trient (22. Sitzung, 1562) ist zu lesen: »Weil in diesem göttlichen Opfer, das in der Messe gefeiert wird, derselbe Christus enthalten ist und unblutig geopfert wird, der sich selbst am Kreuzaltar einmal blutig dargebracht hat, so lehrt die heilige Kirchenversammlung: Dieses Opfer ist ein wirkliches Sühneopfer ... Die Früchte jenes Opfers, des blutigen nämlich, werden durch dieses unblutige überreich erlangt . . . Es wird deshalb nicht nur für die Sünden der lebenden Gläubigen, für ihre Strafen, Genugtuungen und andere Nöte nach der Überlieferung der Apostel, sondern auch für die in Christus Verstorbenen, die noch nicht vollkommen gereinigt sind, mit Recht dargebracht« (NR 599). »Wer sagt, in der Messe werde Gott nicht ein wirkliches und eigentliches Opfer dargebracht, oder die Opferhandlung bestehe in nichts anderem, als daß uns Christus zur Speise gereicht werde, der sei ausgeschlossen« (NR 606). »Wer sagt, das Meßopfer sei nur Lob- und Danksagung oder das bloße Gedächtnis des Kreuzesopfers, nicht aber ein Sühnopfer; oder es bringe nur dem Nutzen, der kommuniziere; und man dürfe es nicht für Lebende und Verstorbene, für Sünden, Strafen, zur Genugtuung und für andere Nöte aufopfern, der sei ausgeschlossen« (NR 608).

Die Eucharistie (Abendmahl) hat nach katholischer Lehre einen Doppelcharakter.
Zum einen ist sie »*Sakrament* . . . , insofern Christus darin als Seelenspeise genossen wird«.
Zum anderen ist sie »*Opfer*«; da bringt sich Christus selbst in ihr »als Opfergabe dar«[571].
Während das erstere unserem Abendmahl entspricht, weicht der letztere Teil von dem ab, was wir oben als Abendmahlslehre dargestellt haben.
Was ist zu dieser katholischen Lehre vom Neuen Testament her zu sagen?
Der Hebräerbrief schreibt vom Opfer und Opferdienst Jesu als dem ein für allemal Geschehenen (Hebr 7, 27; 9, 12. 2; 10, 10)[572]. Wir brauchen kein Sühnopfer neben dem, das Jesus am Kreuz vollbracht hat. Wenn wir ein weiteres wollten, verkleinerten wir Jesu Tat.[573]

Nun ist aber katholische Lehre, daß das Meßopfer zwar ein wirkliches Opfer ist, »ein wahres und eigentliches Opfer«[574], das aber andererseits nicht »ein selbständiges Opfer neben dem Kreuzesopfer Christi« ist[575], sondern »sakramentale Darstellung (repraesentatio), Gedächtnis (memoria) und Zuwendung (applicatio)«[576]. Und doch ist zu sagen: Der Schatten hat sein Recht verloren, weil in Christus das Eigentliche vollgültig gekommen ist (vgl. Hebr 8, 5; 10, 1); wir brauchen keinen Opferdienst mehr! So schreibt Oscar Cullmann[577]: »Es ist zwar . . . nicht richtig, wenn protestantischerseits die römisch-katholische Messe als eine ›Wiederholung‹ der

Opfertat Jesu bezeichnet wird. Katholische Theologen haben diese Interpretation immer abgelehnt und betont, es handle sich nur um eine ›Gegenwärtigmachung‹ der Tat Christi. Aber ist nicht auch damit bereits das *efhapax*[578] des Hebräerbriefes verletzt, insbesondere dann, wenn man diese Messe als ein ›Opfer‹ bezeichnet? Gerade das Opfer kann ja als solches nicht in der Weise gegenwärtig gemacht werden, wie dies in der katholischen Messe geschieht. Denn damit besteht die Gefahr eines Rückfalls auf die Stufe des alttestamentlichen Priestertums, wo der Hohepriester immer wieder neu das Opfer darbringen muß. Christlicher Kult im Sinne des ›ein Mal‹, das zugleich ›ein für allemal‹ bedeutet, ist nur möglich, wenn die leiseste Versuchung vermieden wird, jene zentrale Tat selbst zu ›reproduzieren‹, anstatt sie gerade als die in der Vergangenheit liegende göttliche Tat dort stehen zu lassen, wohin sie Gott, der Herr der Zeiten, gestellt hat: in jenem präzisen historischen Augenblick des dritten Jahrzehnts unserer Zeitrechnung. Was als gegenwärtiges Geschehen in unserem Gottesdienst wirksam wird, sind die heilsgeschichtlichen Folgen jener Sühnetat, nicht die Sühnetat selber ...«

2. Die Transsubstantiationslehre

Nach katholischer Lehre vollbringt der Priester bei der Eucharistie ein Wunder (das nur geschehen kann, weil er die Priesterweihe bekommen hat; der evangelische Pfarrer, der diese nicht hat, kann also kein wahres Heiliges Abendmahl vollziehen): »Der Priester vollzieht dieses Sakrament, indem er in der Person Christi spricht. In der Kraft dieser Worte wird nämlich die Brotsubstanz in den Leib Christi und die Weinsubstanz in sein Blut verwandelt, doch so, daß der ganze Christus unter der Brotsgestalt und der ganze Christus unter der Gestalt des Weines enthalten ist. Auch in jedem Teil der geweihten Hostie und des geweihten Weines ist nach der Teilung der ganze Christus gegenwärtig« (Konzil von Florenz, 1439, NR 565). »... Durch die Weihe von Brot und Wein vollzieht sich die Wandlung der ganzen Brotsubstanz in die Substanz des Leibes Christi, unseres Herrn, und der ganzen Weinsubstanz in die Substanz seines Blutes. Und diese Wandlung ist von der katholischen Kirche zutreffend und im eigentlichen Sinn Wesensverwandlung *(transsubstantiatio)* genannt worden« (Konzil von Trient, 1551, NR 572). Es geschieht also eine »Wesensverwandlung«,

›Transsubstantiation‹. Man nimmt danach beim Abendmahl nicht Brot und Wein zu sich, sondern Leib und Blut Christi. Nur die äußere *Gestalt* von Brot und Wein bleibt[579]. Die sakramentalen Gestalten (Brot und Wein) sind »Mitgegenstand der Anbetung«[580], was nach biblischer Lehre ganz abzulehnen ist[581].
Das nicht der Bibel gemäße Substanzdenken verführte anscheinend zu mancherlei Spekulationen. Die Bibel aber berichtet uns von der personalen Heilstat der Sühne, die an jenem heilsgeschichtlichen Ort und zu jener Zeit ein für allemal geschehen ist und deren »Ertrag«[582] der Herr selber uns im Wort und Sakrament bringt, schenkt und austeilt.

Eine unzulässige Verlängerung der Sühnetat sowie ein Substanzdenken und Substanzspekulationen das Blut Christi betreffend finden sich auch bei **J. A. Bengel**[583]. Die in der Bibel so wichtige Rede vom Blut Jesu wurde von zwei Vertretern des Pietismus sehr verschieden aufgenommen: von Bengel und Zinzendorf. Beider Lehren hatten ihre Wirkungsgeschichte, indem sie von anderen aufgenommen wurden.
Brecht[584] faßt einen Hauptunterschied mit dem Satz zusammen: »Zinzendorf suchte die Gleichzeitigkeit mit dem leidenden Heiland, Bengel die mit dem erhöhten Hohenpriester.« Zinzendorf macht seine Lehre vom Blut Jesu also an dem Punkt des Kreuzesgeschehens fest, Bengel bei Christus als dem erhöhten Hohenpriester, und zwar in der Weise, daß dieser nicht nur die Früchte seines Opfers austeilt (und uns beim Vater vertritt), sondern im Grund ist sein Opferdienst selbst noch nicht abgeschlossen. Damit gerät er nahe an die katholische Lehre von der Eucharistie, die besagt: »Die Früchte jenes Opfers, des blutigen nämlich, werden durch dieses unblutige überreich erlangt« (NR 599) und: »Daher ist die Messe . . . das Opfer, durch welches das Opfer des Kreuzes fortdauert« (NR 622).
In dieser wichtigen Frage gibt die Bibel Zinzendorf recht (z. B. Hebr 7, 27).[585]
Das Reden vom Blut Jesu ist daran zu prüfen, ob es gegründet ist im Kreuzesgeschehen oder in einem verlängerten Opferakt des Erhöhten heute. Nur wenn es im Kreuzesgeschehen gegründet ist, wird die Geschichte ernstgenommen: Die Erlösung ist auf Golgatha geschehen. Nur so wird auch das ›Ein-für-allemal‹ der Heilstat Gottes in Christus am Kreuz ernstgenommen. Dagegen Brecht über Bengels Aussage in Gnomon, bei Hebr 12, 24, Abschnitt IV: »Pointiert heißt es: Das vergossene Blut selbst, nicht das Gesche-

hen seiner Vergießung, ist das Lösegeld, der ewige Preis. Dieser Preis, den Gott gezahlt hat, bleibt gezahlt und geht nicht wieder in den Leib des Erlösers zurück. Das bedeutet: Die Erlösung ist ewig, der Wert des Preises ist ewig. Es ist so, als ob der Erlöser täglich am Kreuz für uns stirbt . . .«[586] Anstatt die Sühnetat als Entscheidendes zu sehen, wird die Blutsubstanz als das Entscheidende angesehen, über ihren Ort nachgedacht und deren heilswirksame Austeilung betrachtet, bis hin zu einem Stufendenken, etwa bei dem Bengelschüler Storr. Brecht über ihn[587]: »Die Blutlehre wird schließlich in Bezug gebracht zum Heilsprozeß beim Menschen. Die Partizipation am Blut erfolgt zuerst in der Besprengung, das ist die immer neu erfahrene Vergebung der Sünden, dann in der Abwaschung; ihr spezifischer Sinn scheint in der Heiligung zu liegen. Die letzte Stufe ist das Trinken des Blutes, d. h. die innere Vereinigung mit ihm, wodurch das göttliche Leben in uns erhalten wird und wir Anteil bekommen am ewigen Leben. All das sind verschiedene Phasen innerhalb des Glaubens.« Als Verdeutlichung dazu, wie die Verselbständigung des Blutes, der Blutsubstanz, gesehen wurde, sei aus Brechts Darstellung der Position Riegers zitiert, den Bengel unter seinen Literaturangaben nennt: »Nach der Apokalypse (die Offenbarung, das letzte Buch der Bibel, d. Vf.) ist Christus das geschlachtete Lamm, ›von welchem also das Blut abgezapft worden‹. Sein Angesicht, weiß wie Wolle (Offb 1, 14), läßt darauf schließen, daß der verherrlichte ohne Blut ist. In diesem Zusammenhang verweist Rieger nun auf Hebr 12, 24, den Mittler im Himmel und das von ihm zu unterscheidende Blut der Besprengung. Das Blut Jesu ist also noch vorhanden, aber nicht im Leib des Erhöhten.«

Die biblische Lehre von der Sühne gibt uns zu solchen an Spekulation grenzenden Auslegungen keinen Anlaß. Sie hat kein Interesse an Substanzspekulationen. Sie weiß um den Frieden mit Gott im Kreuz Jesu Christi, den wir auch heute noch empfangen dürfen. Die rechte Rede vom Blut Jesu ist die, die es aus der Opfersprache der Bibel versteht und dabei wie Zinzendorf »die Gleichzeitigkeit mit dem leidenden Heiland« sucht[588], also mit dem Kreuzesgeschehen.

IV. Der Glaube

Gottes Wort schafft und sucht die Antwort des Glaubens, der Jesus Christus und sein Heil empfängt[589]. Da auch das Sakrament Wort ist, will es ebenfalls empfangen sein; es wirkt nicht, wie die katholische Lehre sagt, »ex opere operato«[590], also durch bloßen Vollzug, wenn man nur kein Hindernis entgegenstellt[591]. Zwar ist das Sakrament gültig, auch wenn kein Glaube da ist; so muß etwa die Taufe nicht wegen Fehlens des Glaubens wiederholt werden; aber es »kann . . . nicht anders empfangen werden, denn daß wir solchs von Herzen gläuben. Ohn Glauben ist es nichts nütz, ob es gleich an ihm selbs ein göttlicher überschwänglicher Schatz ist« (Luther zur Taufe[592]).

Der Glaube ist Werk des Heiligen Geistes, der im Wort und im sichtbaren Wort, dem Sakrament, wirkt[593]. So sagt auch das Augsburger Bekenntnis (CA V): ». . . durch das Wort und die Sakramente wird der heilige Geist gegeben, der den Glauben wirkt, wo und wann es Gott gefällt, in denen, die das Evangelium hören . . .«

1. Was ist Glaube?

In der herkömmlichen Dogmatik wurde der Glaube erklärt als bestehend aus Kenntnis, Zustimmung und Vertrauen[594].

Auch die Bibel zeigt, daß Kenntnis dazugehört (z. B. Hebr 11, 6; Röm 10, 14. 17), obwohl damit nicht eine bestimmte Begabungsstufe oder Verstandesentwicklung beim Menschen vorausgesetzt werden darf[595]. Aber *Kenntnis* allein reicht nicht für den rettenden Glauben (Jak 2, 19); auch nicht, daß der Mensch *anerkennt und zustimmt*, daß der barmherzige Gott seinen Sohn als Heiland in die Welt gesandt hat und daß er das auch für ihn getan hat; sondern es ist der Vertrauensschritt nötig: »Das Heil (wird) erst dann Eigentum des Menschen, wenn er es auch wirklich mit Zuversicht ergreift und sich zu eigen macht«[596].

Das wahre Wesen des Glaubens als eines Gottesgeschenkes und eines personalen Geschehens, das den ganzen Menschen und sein ganzes Tun und Lassen betrifft und umfassen will, läßt sich ersehen aus der Grundbedeutung des hebräischen Wortes für »glauben« *häämijn.*

Sein Grundstamm *aman* meint in seiner eigentlichen Bedeutung das »Tragen« eines »Kindes in der Ausbiegung des Gewandes an der Brust . . . oder an der Wölbung der Hüfte«[597]. Das von diesem Stamm abgeleitete Wort *omänät* bezeichnet eine Frau, die ein »Kind mit sich herumzutragen pflegt«[598].

Was bekommt »glauben« von daher für eine Bedeutung?

Es hängt zusammen mit dem Bild einer Mutter, die ein Kind trägt. Glauben heißt, ein kleines Kind werden und sein, das sich tragen läßt[599], ganz nahe bei der Person, die einem am nächsten ist, geborgen bei ihr; es kann nichts ohne sie tun, es braucht es auch nicht.

Dieses Bild finden wir auch bei Jesus, der sagt (Mt 18, 3): »Amen, ich sage euch: Wenn ihr nicht umkehrt und werdet wie die Kinder, so werdet ihr nicht ins Himmelreich kommen.« Nicht durch Leistung und eigene Größe werdet ihr gerettet, sondern durch Glauben, Kind werden, sich in die Arme Gottes wie in die Arme einer Mutter fallen lassen und da Halt finden und sich tragen lassen.

Er ist der Verläßliche, in dessen Hände wir uns getrost fallen lassen dürfen (vgl. 5. Mo 7, 9a: »der treue Gott«; treu heißt im Hebräischen hier *nääman*, ebenfalls eine Ableitung vom Stamm *aman*): Er steht zu seinen Worten und Taten. Zu seinen Worten, wie etwa seinen Verheißungen an Abraham (1. Mo 12, 2+3; 22, 16b-18)[600].

Er steht auch zu seinen Taten; insbesondere denken wir hier an die Rettungstaten für sein Volk schon im Alten Testament und an die allergrößte Rettungstat, die in Jesus Christus geschehen ist (Joh 3, 16). Sie ist die einzige, die uns wahrhaft und ewig rettet. Sie rettet »alle, die an ihn«, nämlich an Jesus[601] »glauben« (Joh 3, 16).

Zu diesen seinen Worten und Taten steht der lebendige Gott. Er ist der Verläßliche.

Und nun haben wir gesehen, daß Glauben heißt: klein werden, Kind werden und sich — wie ein Kind sich in die Mutterarme nehmen läßt — in dessen Arme nehmen lassen, an den wir glauben; also in Gottes Arme, in Jesu Arme.

Wie ist das möglich? Wie und wann kann es geschehen? Dann, wenn uns dieser Herr und Gott in die Arme nimmt. Wann ist das?

Wenn das Evangelium verkündigt wird, dann greifen diese »Mutterarme« Gottes nach uns verlorenen Menschen. Sie sind gegen uns ausgestreckt. Und nun entscheidet es sich: Lehnen wir diese »Mutterarme« Gottes ab oder lassen wir uns ergreifen? Sind wir der Botschaft gehorsam in ihrem Zuspruch und Anspruch? Das ist der Gehorsam des Glaubens, von dem der Apostel Paulus Röm 1, 5 spricht, wo es heißt, er habe »Gnade und Apostelamt« »empfangen«, in Jesu »Namen den Gehorsam des Glaubens aufzurichten unter allen Heiden«, oder — in der Übersetzung Karl Barths[602] — »der in der Heilsbotschaft sich bewährenden Treue Gottes Gehorsam zu verschaffen«.

Nur so können wir aus den Armen des Teufels (1. Joh 5, 19b) in Gottes Arme kommen.

Wir können auch nicht glauben, wann *wir* wollen, sondern Glaube ist ein Geschenk. In Gottes Arme können wir nur kommen, wenn er seine Arme gegen uns ausstreckt. Das geschieht, wo wir dem Wort des Evangeliums begegnen. Diese Gnadenstunde gilt es zu achten und zu nützen.

Wir können außerdem nicht wahrhaft an Gott glauben, ohne an Jesus zu glauben: Nur in ihm hat Gott den Weg, die Wahrheit und das Leben geschenkt, in ihm aber auch wirklich (Joh 14, 6), damit jeder, der an ihn glaubt, ewiges Leben hat (Joh 3, 16).

So dürfen wir mit Karl Heinrich von Bogatzki bekennen[603]:
»Ich weiß von keinem andern Grunde,
als den der Glaub in Christus hat;

ich weiß von keinem andern Bunde,
von keinem andern Weg und Rat,
als daß man elend, arm und bloß
sich legt in Christi Arm und Schoß.«

Der Anfang des Glaubens wird in der Bibel mit verschiedenen Begriffen ausgedrückt[604]. Die beiden wichtigsten sind **Bekehrung** (Umkehr) und **Wiedergeburt**[605]. Beide meinen dasselbe Geschehen. Burkhardt: »Wo die Bibel von **Wiedergeburt** spricht (Joh 3; Tit 3; vgl. 1. Petr 1, 3 u. 23; Jak 1, 18), da meint sie nicht ein der Bekehrung vorausgehendes Ereignis (Mystik, Sakramentalismus) oder ein ihr nachfolgendes (Synergismus), sondern ein mit der Bekehrung identisches.«[606] Allerdings bringen die beiden Begriffe verschiedene Aspekte dieses einen Geschehens zum Ausdruck. Während der Begriff *Bekehrung* mehr betont, daß der Mensch in dieses Geschehen mit seinem Willen einbezogen ist und daß es um Hinkehr zu Gott und Abkehr von dem alten Leben unter der Macht der Finsternis geht (1.Thes 1, 9 f.), drückt *Wiedergeburt* besonders aus, daß etwas am Menschen geschieht, daß das Ereignis Gottes Werk ist und neues Leben bringt.

In manchen Strömungen des Pietismus werden Bekehrung und Wiedergeburt in zwei Akte auseinandergenommen. Wo können die Wurzeln liegen?
1. Vermutlich sind das Reste der katholischen Lehre, die beide unterscheidet, aber auch nicht zum »Allein aus Gnade« unserer Rettung findet, sondern eine Mitwirkung des Menschen beim Heil und folglich auch keine Heisgewißheit kennt.
2. Vielleicht geht solches Auseinandernehmen von Bekehrung und Wiedergeburt in manchen Strömungen des Pietismus auch auf Wurzeln im Reformiertentum zurück, das die doppelte Vorherbestimmung — zum Heil oder zum Unheil — kennt und deshalb auch nicht sicher zusprechen kann: »Das Evangelium ist für dich da; jetzt darfst du es annehmen.« Der betreffende Mensch könnte ja nicht zu den zum Heil Bestimmten gehören. Da liegt es nahe, ein weiteres Erlebnis zu suchen, welches ihn der Erwählung gewiß macht oder welches das neue

Leben gewiß bringt. Das kann dann nicht im Wort allein liegen, eventuell auch nicht nur im Akt einer Bekehrung, die man dann als menschlich sehen könnte, sondern in einem Erlebnis von Gott her, in irgendeiner Erfahrung außerhalb des Wortes.

3. Auch die Umschreibung des Werkes Gottes im Menschen durch Aufgliederung in verschiedene Begriffe, wie es schon bei Luthers Erklärung des dritten Glaubensartikels geschah, sowie im »ordo salutis« der »altprotestantischen Orthodoxie« kann dazu verführt haben, »*zeitlich* aufeinander folgende Stufen eines Weges zu sehen, der psychologisch nachgemessen werden kann«[607].

4. Auch die europäische Heiligungsbewegung (Oxfordbewegung) kannte die Trennung von Bekehrung und Wiedergeburt; und sie hatte großen Einfluß auf die Gemeinschaftsbewegung. Auch da könnten Wurzeln solcher Lehre liegen. Lange[608] sieht sie als Grund für die perfektionistischen Tendenzen in der Lehre des zeitweiligen Leiters dieser Bewegung, R.P. Smith: »Die Ursache für diese Fehlentwicklung liegt darin, daß Smith grundsätzlich Rechtfertigung und Wiedergeburt trennt und in zeitlichem Abstand aufeinander folgen läßt. Der zum Glauben an Christus gekommene Mensch erhält Vergebung seiner Sünde. In einer zweiten Gnadentat Gottes, der völlige Hingabe vorauszugehen hat, empfängt der Mensch die Wiedergeburt, die seine Sündennatur beseitigt und ihm ein neues Herz gibt. Diese Lehre von der »substantiellen« Wiedergeburt und dem sich daraus ergebenden Perfektionismus steht im Widerspruch zu dem Fundament des evangelischen Glaubens, der Rechtfertigung des Menschen aus Gnaden.« Von den perfektionistischen Tendenzen haben sich aber führende Leute der Gemeinschaftsbewegung im Zug der Ereignisse um die Pfingstbewegung bewußt gelöst (Berliner Erklärung von 1909, Punkt 4); solche Lehren spielen heute im Pietismus kein Rolle mehr.

Jedoch wird die Wiedergeburt auch in manchen Richtungen des Pietismus, auch schon bei Spener, dem Vater des Pietismus[609], substantiell verstanden in dem Sinn, daß sie nicht erst in der Vollendung, sondern auch schon im jetzigen irdischen Christsein eine neue Substanz bringt, einen Anfang der neuen Leiblichkeit. Nach der Bibel aber bringt sie jetzt noch nicht eine neue Substanz, sondern eine neue Beziehung zu Gott durch die Vergebung der Sünden und Innewohnung des Heiligen Geistes (2. Kor 1, 22; 5, 5; Eph 1, 14).

Die Lehre von der substantiellen Wiedergeburt ist eine keineswegs harmlose Lehre, da sie uns dazu verführen kann, das Neue nicht »extra nos« (außerhalb unseres Eigenen) in Christus zu suchen, in dem wir allerdings unsere neue Existenz leben, sondern in uns selbst. Das Neue ist dann nicht »Christus in uns«, sondern ein Gutes in uns selbst.

Bekehrung und Wiedergeburt sind also *ein und dasselbe* Geschehen, bei dem zwar Gott den Menschen als Person ernstnimmt, ihn zur Umkehr ruft, aber gerade sein Ruf ist ja das Schöpferwort, das das Neue schafft: Wenn also ein Mensch sich bekehrt, ist das nicht das Werk dieses Menschen, auch nicht zum Teil, sondern es ist ganz Gottes Werk (vgl. auch Phil 2, 12 f.)

Anders ist hier die römisch-katholische Lehre, wie sie im Konzil von Trient im »Lehrentscheid über die Rechtfertigung« von 1547, dem »bedeutendsten Dekret« dieses Konzils[610], niedergelegt ist. Der Heilsweg vollzieht sich hier in drei Stufen. Diese sind (beim Erwachsenen)
a) die »Vorbereitung zur Rechtfertigung«,
b) »die Rechtfertigung selbst« und
c) das »Wachstum der empfangenen Rechtfertigung«[611].

Zu a)
Die »Vorbereitung« (NR 795 ff.):
Sie beginnt mit der »zuvorkommenden Gnade Gottes« (NR 795), und sie zielt auf eine menschliche Antwort und Mitwirkung mit ihr. Diese Mitwirkung besteht in drei Dingen (Denz 1526; NR 796):

aa) Glaube aus dem Hören.
bb) Einsehen der eigenen Sündhaftigkeit sowie Hoffnung, »vertrauend, daß Gott ihnen um Christi willen gnädig sein werde« (NR 796).

cc) Anfangen der Gottesliebe und deshalb Abscheu vor der Sünde.
Das Ergebnis der Vorbereitung: »Endlich nehmen sie sich vor, die Taufe zu empfangen, ein neues Leben zu beginnen und die göttlichen Gebote zu beobachten« (NR 796). (Also die Bekehrung).

Zu b)
Die »Rechtfertigung selbst« (NR 798 ff.):
Sie ist allein Gottes Werk; mit der Taufe als »werkzeuglicher Ursache« wird dem Menschen die dinglich verstandene Gnade eingegossen; damit bekommt er »mit dem Nachlaß der Sünden all das zugleich eingegossen durch Jesus Christus, dem er eingepflanzt wird: Glaube, Hoffnung, Liebe« (NR 801). Gott allein ist hier wirksam. Aber seine »*Wirksamkeit*« »hat ihre Wirkung darin, daß sie den Menschen *befähigt*, wozu er ... selbst nicht fähig ist: zu glauben, zu hoffen, zu lieben«[612].

Zu c)
»Das Wachstum der empfangenen Rechtfertigung« (NR 805):
Die dingliche, einen neuen Zustand des Menschen gebende Gnade kann der Mensch durch gute Werke betätigen. So kann die katholische Dogmatik von L. Ott in ihrem Abschnitt »Die habituelle Gnade« dem dritten Kapitel die Überschrift geben: »Die Folgen und Früchte der Rechtfertigung oder die Lehre vom Verdienst«. Und darin heißt es[613]: »Der Gerechtfertigte verdient sich durch seine guten Werke die Vermehrung der heiligmachenden Gnade, das ewige Leben und die Vermehrung der Himmelsglorie.« Und so schreibt auch das Trienter Konzil nach dem Hinweis auf die Kraft, die Jesus den Gerechtfertigten gibt, die sie für gottgefällige und verdienstliche Werke brauchen: »... Deshalb muß man glauben, es fehle den Gerechtfertigten nichts mehr daran, daß sie durch ihre Werke, die in Gott getan sind, ganz und gar dem göttlichen Gesetz so genuggetan haben, wie es dem Zustand dieses Lebens entspricht, daß sie das ewige Leben zu seiner Zeit zu erreichen wirklich verdienen, wenn sie nur in der Gnade sterben ...« (NR 816); »Wer behauptet, die guten Werke des Gerechtfertigten seien in der Weise Geschenke Gottes, daß sie nicht auch die guten Verdienste des Gerechtfertigten selbst sind; oder der Gerechtfertigte verdiene nicht eigentlich durch die guten Werke, die er in der Kraft der göttlichen Gnade und des Verdienstes Jesu Christi, dessen lebendiges Glied er ist, tut, einen Zuwachs an Gnade, das ewige Leben und, wenn er im Gnadenstand hinübergeht, den Eintritt in das ewige Leben, sowie auch nicht eine Mehrung seiner Herrlichkeit, der sei ausgeschlossen« (NR 850).
Auch für andere kann man nach katholischer Lehre — wenn auch keine ausdrückliche Lehrentscheidung darüber vorliegt — so Verdienst erwerben, wenn auch nur »de congruo«, also mit einem »Billigkeitsanspruch«[614]. Das ist noch für etwas anderes wichtig:

Die Rechtfertigung nimmt nämlich nicht notwendig auch die zeitlichen oder Fegfeuerstrafen weg (NR 848)[615]. Da tritt dann die Lehre vom Ablaß ein. L. Ott[616]: »Die Quelle des Ablasses ist der Genugtuungsschatz der Kirche, der aus den überfließenden Genugtuungen Christi und der Heiligen besteht.«

Kurz gefaßt: Nach der katholischen Rechtfertigungslehre wird man
1. aus der Sünde herausgezogen,
2. mit Kraft (dinglicher Gnade) ausgerüstet und
3. kann dann Verdienste erwerben, unter anderem auch das ewige Leben verdienen.

Diese Lehre unterscheidet sich von der biblischen in mancherlei Punkten:

1. Hier wird Bekehrung und Wiedergeburt in zwei Stufen auseinandergenommen; erstere hat ihren Platz bei der Vorbereitung, letztere bei der Rechtfertigung selbst, die in der Taufe geschieht.

2. Diese Wiedergeburt ist ein substanzhaftes Geschehen, in dem die dingliche Gnade (unpersonales Gnadenverständnis, s.o.) eingegossen wird.

3. Zwar nicht bei der Rechtfertigung selbst, aber bei der Vorbereitung und beim Wachstum der Rechtfertigung kommt es zu einer Zusammenarbeit (cooperatio[617]; Synergismus!) zwischen Gott bzw. seiner Gnade und dem Menschen. Es gilt also nicht das »Allein aus Gnade«, sondern »Gnade und . . .«. Man kann Gottes Tun und menschliches Tun unterscheiden; nach der biblischen Lehre ist alles Gottes Tun, auch wenn Gott den Menschen dabei ernstnimmt und mit einschließt (vgl. Phil 2, 12 f.). Mildenberger zur katholischen Lehre: »Der Verweis auf die eingegossene Gnade ermöglicht es, die Wirksamkeit Gottes und das menschliche Wirken zu unterscheiden: Wirkung Gottes ist die dem Menschen eingegossene Gnade, die Fähigkeit zu glauben, zu hoffen und zu lieben. Aber diese Wirkung Gottes ist sozusagen schon von Gott abgelöst, eben darum die Ermöglichung eines klar von Gottes Wirksamkeit unterschiedenen menschlichen Wirkens, in dem nun die eingegossene Gnade in den betreffenden Akten der Liebe, des

Glaubens, der Hoffnung betätigt wird. Das bedeutet aber zugleich, daß die Wirksamkeit Gottes im Menschen zurückgenommen wird auf diese von Gott ablösbare Wirkung, gratia creata, die geschaffene Gnade.«[618]
Hier hat der Christ seine Existenz nicht »extra se« (außerhalb seiner selbst) in Christus, sondern er hat die dingliche, ihn zum neuen Leben befähigende Gnade in sich[619].

4. Hier gibt es Verdienst des Menschen, das sogar das ewige Leben bringt. Siehe dagegen Zinzendorff[620]:

> »Und wenn ich durch des Herrn Verdienst
> noch so treu würd in seinem Dienst,
> gewönn den Sieg dem Bösen ab
> und sündigte nicht bis ins Grab,
> so will ich, wenn ich zu ihm komm,
> nicht denken mehr an gut und fromm,
> sondern: Da kommt ein Sünder her,
> der gern fürs Lösgeld selig wär.«

Siehe auch Offb 20, 11 ff.: Die Bücher mit den Werken und das *eine*, »andere«, Buch des Lebens.
Augsburger Bekenntnis Artikel IV:
»Ebenso lehrt man, daß die Menschen vor Gott nicht gerechtfertigt werden können durch eigene Kräfte, Verdienste oder Werke, sondern sie werden gratis (umsonst, aus Gnade) gerechtfertigt um Christi willen durch Glauben ...«

2. Was der Glaube empfängt

Althaus[621]: »Das Wort, im Glauben gehört, gibt den Heiligen Geist, wirkt Rechtfertigung und Wiedergeburt, schafft die neue Kreatur. Denn das im Glauben vernommene Wort bringt Christum ins Herz.« (Vgl. auch Joh 1, 12).

Der Glaube empfängt also Christus persönlich mit allem, was er durch sein Werk erworben hat. Das wird ausgedrückt mit dem Begriff »**Rechtfertigung**«. Der Glaube empfängt die von Gott

dem Menschen »aus lauter Gnade um Jesu Christi willen«[622] »zu-
gesprochene Gerechtigkeit«. »Der Träger dieser Gottesgerechtig-
keit ist Christus; daß sie dem Sünder zugesprochen wird, bedeutet, daß Gott ihn mit Christus zusammenspricht, daß Christus
seine Sünde auf sich nimmt und seine Reinheit für ihn einsetzt.«
Dabei ist dieses Rechtfertigungsurteil »das Machtwort des
Schöpfers und Erlösers, der, was er zuspricht, auch verwirkli-
chen wird«[623]. Es »lautet ... dahin, daß ihre Sünde im Sterben
Christi gerichtet ist und daß das Leben, zu dem Christus auferweckt wurde, ihnen zugesprochen ist. In dieses Leben hinein sind
sie gerechtgesprochen«[624].

Das zeigt, daß in dieser Rechtfertigung auch die **Heiligung**
mit eingeschlossen ist. Der Mensch bekommt Vergebung seiner
Sünde und wird in Beschlag genommen für Gott, und er darf im
neuen Leben leben.

Allerdings ist dieses neue Leben nicht »Vermögen« des
Menschen, »das ... zur eigenschaftlichen Qualität im Menschen
wird«[625]. Sondern es ist die ›fremde Gerechtigkeit Christi‹[626]; ich
lebe das neue Leben, »doch nun nicht ich, sondern Christus lebt
in mir« (Gal 2, 20; vgl. auch 1. Kor 15, 10b). Nur in Christus ist das
Neue möglich und Wirklichkeit. Er spricht in Joh 15, 4 - 6 nicht
von begabten Reben, sondern von Reben am Weinstock. Lebe ich
auch nur einen Augenblick ohne ihn, so ist das Sünde. So ist der
Christ »gerecht und Sünder zugleich« (»simul iustus et peccator«)
(Luther)[627]. Deshalb ist entscheidend wichtig, was Luther in seiner ersten These vom 31. Oktober 1517 sagt: »Da unser Meister
und Herr Jesus Christus spricht: Tut Buße ..., will er, daß das
ganze Leben seiner Gläubigen eine stete oder unaufhörliche
Buße soll sein.«[628]

Im Neuen Testament werden als »Heilige« alle Christen bezeichnet; denn Christus ist ihre Heiligung (1. Kor 1, 30; vgl. 1. Kor 6, 11).
In Christus ist alles geschenkt und da. Das ist die Ermöglichung der
»Heiligung«: »Christus (ist) unsere Heiligung; auf dieser Grundlage ruft Paulus die Christen zur Heiligung auf (1. Thes 4, 3).«[629]

Der Begriff der Heiligung hat also zwei Bedeutungen. Einmal ist er die totale Beschlagnahme des Menschen für Gott, dem das Evangelium in seinem Zuspruch und Anspruch darin geschenkt ist. Zum andern ist Heiligung ein Geschehen im Menschenleben, in dem — entsprechend der täglichen Buße — das Neue im alltäglichen Leben konkret wird, indem Christus Raum gewinnt im Menschenleben[630].

Entsprechend hat — wie Joest es zeigt[631] — Luthers Aussage »gerecht und Sünder zugleich« einen doppelten Aspekt.

a) Einen »Totalaspekt«: Der Mensch ist *ganz* Sünder, wenn er auf sich schaut. Aber er ist *ganz* gerecht, wenn er auf Jesus schaut. Gott sieht ihn in Christus als ganz gerecht an. Das ist nicht eigene Gerechtigkeit des Menschen, sondern die fremde Gerechtigkeit Christi, die dem Menschen angerechnet wird (iustitia imputativa). Deshalb soll das Leben des Christen eine »unaufhörliche Buße« sein (1. These Luthers von 1517), eine stetige Hinwendung zu Gott. Er soll »täglich in die Taufe kriechen und täglich wieder hervorkommen«[632], sich in den Tod Christi geben und mit Christus auferstehen, in Christus leben und Christus in ihm. Mein Heil ist »extra me« (außerhalb von mir) — in Christus.

b) Weiter hat das »gerecht und Sünder zugleich« einen »Partialaspekt« (Teilaspekt). Luther hält trotz jenes Totalaspekts — oder gerade deshalb — daran fest, daß sich im Leben des Menschen etwas ändert, etwas sichtbar wird, wenn er Christ geworden ist. Aber nicht, daß er darauf sieht oder sich darauf verläßt! Es kommt zu einem »Progressus« (Fortschreiten) (Joest). Aber dieser ist nicht »von unten« (Joest), nicht aus der Kraft des Menschen und als sein Werk (auch nicht im katholischen Sinn, daß man Kraft bekommt und dann etwas selbst ändert), sondern der »Progressus« ist »von oben« (Joest): »Christus lebt in mir.« Der Progressus wächst mit der Abhängigkeit des Menschen von Christus oder besser: mit dem Raum, den Christus in meinem Leben einnimmt, da, wo ich — doch nicht ich lebe, sondern Christus in mir (vgl. Gal 2, 20a).
Es ist das, was die Konkordienformel als »die angefangene Gerechtigkeit des neuen Gehorsams oder der guten Werk«[633]

bezeichnet. Diese Gerechtigkeit kann ›eigene‹ nur genannt werden in der Bedeutung, daß sie zwar in meinem Leben sichtbar wird, aber nicht mein Werk ist.

Der Mensch, der so das Heil empfängt, darf **Heilsgewißheit** bekommen. Diese hat ihren Grund nicht in einem Gefühl, sondern sie ist begründet in dem vollkommenen Werk Christi, das er auch für mich vollbracht hat, und sie wird gebracht durch das Wort (1. Joh 5, 12 f.). Der die Gotteskindschaft bezeugende Geist Gottes (Röm 8, 16) kommt durchs Wort und macht im Wort gewiß.

Die reformierte Tradition hat hier einen Einbruch zugelassen: Den »Syllogismus practicus«, die »Selbstvergewisserung des Glaubens aus seinen Früchten«[634] (Heidelberger Katechismus Frage 86, 2. Teil). Es ist aber nicht richtig — auch für die Glaubensgewißheit —, statt auf Christus auf unsere Werke zu sehen, auch wenn es im Bewußtsein geschieht: Er hat's getan. Jesus sagt (Mt 7, 16a. 20): »An den Früchten sollt ihr sie (!) erkennen«, nicht »sollt ihr *euch* erkennen«. In der Anfechtung bewährt sich, was echt ist. Und das ist allein Christus und sein Werk und Wort. Nur darin kann sich der Glaube wirklich festmachen.

Eine der verhängnisvollsten Irrlehren hinsichtlich der Zueignung des Heils findet sich bei »Jehovas Zeugen«.
Sie hängt damit zusammen, daß die »Zeugen« lehren, die Zahl derer, die zur wahren Gemeinde kommen können (144 000), sei voll; für die meisten jetzt lebenden Zeugen und alle, die sie heute werben, gilt also, daß sie nicht mehr zur Gemeinde Jesu Christi gehören, die »geistgezeugt«, also wiedergeboren ist.
Hutten[635]: »Nach Russell sollte mit dem Ende des Evangeliumszeitalter 1918 ›der schmale Weg zur Unsterblichkeit geschlossen‹ werden, weil nun die ›Brautklasse‹ besetzt war. Da die Zeugen Jehovas nun bei ihrer Werbung nichts Attraktives mehr anbieten konnten, wurde zunächst den 1918-1922 beigetretenen Anhängern als der ›Mardochai-Naomi-Klasse‹, dann auch den 1922-1929 gekommenen Mitgliedern der ›Ruth-Esther-Klasse‹ ein Sitz in den Reihen der 144 000 zugesichert. Aber was konnte man der großen, nach 1929 eingetretenen Klasse der ›Jonadabe‹ noch verheißen?

Aus dieser Verlegenheit half die Offenbarung von 1935: Sie knüpfte an die von Russell hinterlassene Behauptung an, daß es neben den 144 000 ›Geweihten‹ noch eine ›zweite Klasse Geretteter‹ gebe …, … die … nur eine ›niedrigere Stufe‹ als die 144 000 erlangen werden. Die Offenbarung von 1935 sprach von einer ›großen Volksmenge‹ (Offb 7, 9-17) …«

Für diese Menschen — und das sind wie gesagt fast alle gegenwärtigen »Zeugen« und alle, die sie heute noch werben! — gibt es keine zugerechnete neue Gerechtigkeit, keine Wiedergeburt. »Die ›große Volksmenge‹ der Überlebenden des ›Krieges des großen Tages Gottes, des Allmächtigen‹, wird dann auf dem besten Wege sein, absolute Gerechtigkeit und Vollkommenheit im Fleische zu erlangen. Die Glieder der ›großen Volksmenge‹ möchten vollkommene menschliche Söhne Gottes durch ihren Ewigvater, Jesus Christus, werden … Aus diesem Grund werden sie nicht, weder jetzt noch zukünftig, gerechtfertigt oder gerechtgesprochen wie die 144 000 himmlischen Miterben, die gerechtgesprochen worden sind, während sie noch im Fleische sind. Die ›große Volksmenge‹ wird keine Veränderung ihrer Natur, von der menschlichen zu einer geistigen, durchmachen und benötigt daher keine Rechtfertigung durch den Glauben, auch nicht die zugeschriebene Gerechtigkeit, wie sie die 144 000 ›Auserwählten‹ erlangt haben. Nicht zugerechnete menschliche Vollkommenheit durch Glauben an Christi Blut, sondern wirkliche menschliche Vollkommene Gerechtigkeit … — das ist es, was die ›große Volksmenge‹ benötigt und was sie durch Christi Königreich von tausend Jahren erlangen wird.«[636] »Bevor die tausend Jahre der heilenden Herrschaft vorüber sind, wird schließlich der gehorsamen, gottesfürchtigen ›großen Volksmenge‹ gewährt werden, zu menschlicher Vollkommenheit emporgehoben zu sein. Nun wird sie in der Lage sein, aufgrund ihrer eigenen Gerechtigkeit vor dem Gott der Heiligkeit zu stehen.«[637]

Hier ist der biblische Weg ganz und gar verlassen. Nach der Bibel gibt es keine eigene Gerechtigkeit des Menschen vor Gott (Röm 3, 20; Gal 2, 16). Im Gegenteil, biblische Gerechtigkeit ist Gemeinschaftstreue, Gerechtigkeit vor Gott also die Treue zu dem Bund, den er gestiftet hat; das ist der Bund im Blut Jesu. Daneben eine eigene Gerechtigkeit aufrichten zu wollen, ist die größte Ungerechtigkeit, Sünde, Auflehnung gegen Gott.

Nach der Bibel gibt es Gerechtigkeit vor Gott nur durch Gnade um Christi willen (Röm 3, 24 - 28; 10, 3. 4. 10 - 13).

Hier aber wird der biblische Weg verlassen und ein eigener erfunden mit einem Ziel, das es nach der Bibel auch nicht gibt, nämlich eines ewigen Lebens auf dieser alten, wenn auch paradiesisch erneuerten Erde, die aber nach der Bibel vergeht und von der neuen Schöpfung abgelöst wird (Offb 21, 1).

Nach der Bibel leben wir noch in der Zeit der Gnade, in der Menschen zum Glauben an Jesus kommen können und so gerettet werden. »Glaubst du, so hast du; glaubst du nicht, so hast du nicht« (Luther). Die »Zeugen« studieren die Botschaft der Bibel, aber von diesem Zentrum sagen sie: Nicht für mich und nicht für dich. So kann man »immerdar lernen und nimmer zur Erkenntnis der Wahrheit kommen« (2. Tim 3, 7).

Den vielleicht deutlichsten Ausdruck findet dieser Sachverhalt im Abendmahl der »Zeugen«: Sie lassen dabei den Kelch an sich vorüberziehen; sie wissen: Das Abendmahl ist nur für Christen. Und das sind sie nicht: Sie gehören ja nur zur großen Volksmenge, nicht zur Gemeinde der 144 000 (abgesehen von den wenigen, die von diesen noch leben und die das Abendmahl nehmen dürfen). So betrachten sie sich als »nicht würdig«.

Wer Jesus durch Glauben in sein Leben aufgenommen hat, hat damit auch den Heiligen Geist, der Person ist. Es gibt danach zwar ein Wachstum im Glauben und in der Heiligung, das heißt im Abhängigwerden von Jesus. Aber über Jesus und seinen Geist hinaus gibt es kein »Mehr«. Eine besondere **Geistestaufe** nach Wiedergeburt und Bekehrung[638] entspricht deshalb nicht der Lehre der Bibel.

V. Erwählung und Beharrung

1. Die ewige Erwählung

Die Bibel sagt eindeutig, daß Gott »will, daß alle Menschen gerettet werden und sie zur Erkenntnis der Wahrheit kommen« (1. Tim 2, 4).

Andererseits spricht sie von einer ewigen Erwählung der Christen, nicht aller Menschen (Eph 1, 4; 1. Thes 1, 4; 2. Thes 2, 13;
1. Petr 1, 1 f.). Wie ist das zu verstehen?

Erwählung des Menschen durch Gott gibt es nicht an Christus
vorbei, sondern nur »in ihm« (Eph 1, 4).

Er ist der Erwählte (vgl. 1. Petr 2, 4. 6). In ihm hat Gott schon
von Ewigkeit her an unsere Rettung gedacht. Aber Gott nimmt
die Geschichte ernst, auch die Lebensgeschichte jedes Menschen,
und er nimmt den Menschen ernst; er entscheidet nicht über seinen Kopf hinweg. »In der Verkündigung, im Wort von ihm (von
Jesus, d. Vf.) kommt ›Gottes Erwählung und damit Gottes Entscheidung zu uns, indem es unsere Wahl, unsere Entscheidung
herbeiführt‹ (O. Weber).«[639] Jesus ruft zur Umkehr, zum »Hinein-
gehen durch die enge Pforte« (Mt 7, 13); wenn jemand sein Wort
hört und ihm gehorcht und »durch die enge Pforte gegangen« ist,
Christus angenommen hat (vgl. Joh 1, 12; Offb 3, 20), der darf
staunend und anbetend mit Christian Gregor bekennen:

>»Nun dank ich dir vom Grunde meiner Seelen,
daß du nach deinem ewigen Erwählen
auch mich zu deiner Blutgemeinde brachtest
und selig machtest.«[640]

Pieper-Mueller: »Die Erwaehlung ist allerdings eine in der Ewigkeit geschehene Aussonderung und Bestimmung der Personen
der Christen zur Seligkeit (2. Thes 2, 13), aber diese Aussonderung ist nicht *nude* (›bloss‹) geschehen; d. h. Gott hat nicht etwa
mit seiner blossen Allmachtshand unter die Menschen gegriffen,
sondern dieses ›Ergreifen‹ hat sich, wie 2. Thes 2, 13 hinzugefuegt
wird, vollzogen ›in der Heiligung des Geistes und im Glauben
der Wahrheit‹, also in der Weise, und dadurch, dass Gott im
Evangelium an sie herantrat und der Heilige Geist im Evangelium
wirksam wurde und den Glauben hervorbrachte. Mit andern
Worten: Wie Christi Verdienst, so gehoert auch die Heiligung des

Geistes und der Glaube in den ewigen Wahlakt hinein und nicht bloss zur Ausfuehrung desselben, wie die Calvinisten lehren.«[641]

Siehe auch die lutherische Konkordienformel[642]:

»6. Das Wort Gottes führet uns zu Christo, der das ›Buch des Lebens‹ ist, in welchem alle die geschrieben und erwählet sind, welche da selig werden sollen, wie geschrieben stehet: ›Er hat uns durch denselben (Christum) erwählet, ehe der Welt Grund gelegt war.‹

7. Dieser Christus rufet zu ihm alle Sünder und verheißt ihnen Erquickung und ist ihm ernst, daß alle Menschen zu ihm kommen und ihnen helfen lassen sollen, denen er sich im Wort anbietet, und will, daß man es höre und nicht die Ohren verstopfen oder das Wort verachten soll, verheißt dazu die Kraft und Wirkung des Heiligen Geistes, göttlichen Beistand zur Beständigkeit und ewige Seligkeit . . .

11. Daß aber ›viele berufen und wenig Auserwählte‹ sind[643], hat es nicht diese Meinung, als wolle Gott nicht jedermann selig machen, sondern die Ursache ist, daß sie Gottes Wort entweder gar nicht hören, sondern mutwillig verachten, die Ohren und ihr Herz verstocken und also dem Heiligen Geist den ordentlichen Weg verstellen, daß er sein Werk in ihnen nicht haben kann, oder da sie es gehöret haben, wiederum in den Wind schlagen und nicht achten, daran nicht Gott oder seine Wahl, sondern ihre Bösheit schuldig ist.«

Anders lehrten spätere Lutheraner. Pieper-Mueller: »Die spaeteren Lutheraner stellen begrifflich den Glauben vor die ewige Erwaehlung, indem sie behaupten, Gott habe die Personen erwaehlt, von denen er vorausgesehen habe, dass sie bis ans Ende im Glauben geblieben seien.«[644]

Wieder anders lehren an diesem Punkt die reformierten Bekenntnisschriften. Sie lehren die doppelte Vorherbestimmung, das heißt: jeder Mensch ist schon von Ewigkeit her entweder zum Heil oder zum Unheil bestimmt. Pieper-Mueller stellt es so dar: »Hinter die ewige Erwaehlung stellen den Glauben die Calvinisten, indem sie behaupten, dass, wie Christi Verdienst, so auch der Glaube nur zur Ausfuehrung der absolut geschehenen Erwaehlung gehoere.«[645]

Einer der bekanntesten reformierten Theologen des 20. Jahrhunderts war Karl Barth. Er geht hier einen Sonderweg. Er vertritt eine Allerwählungslehre: In Christus sind *alle* erwählt. Pöhlmann[646]: »Die ewige Prädestination ist nach Barth eine ›doppelte‹, aber nicht in dem traditionell calvinistischen Sinn, daß ein *Teil* der Menschheit von Ewigkeit her erwählt und der andere von Ewigkeit her verworfen ist, sondern in dem Sinn, daß *in* Jesus *alle Menschen erwählt sind, obschon sie ohne* Jesus *alle* verworfen sind, weil Jesus der *einzig* erwählte und der *einzig* verworfene Mensch ist. In ihm, dem ›erwählenden Gott‹ und dem ›erwählten Menschen‹, sind *alle* Menschen erwählt und so keiner verworfen ... Gott hat in Jesus Christus den Menschen die ›Erwählung‹, und sich selbst die ›Verwerfung‹ ›zugedacht‹. Dieser ›Tausch‹ auf Golgatha ist ›nicht mehr rückgängig zu machen‹.«

Man beachte, wie hier die Lebensgeschichte des einzelnen Menschen nicht mehr in Erscheinung tritt. So kann Barth schreiben: »Wer dürfte denn, was seine oder eines anderen Menschen Bekehrung betrifft, im Ernst um einen anderen Termin dieses Geschehens wissen wollen als um den Tag von Golgatha, an dem Er die Wende und Veränderung der menschlichen Situation an unserer Stelle für uns Alle vollzogen hat ... ?«[647]

Und Barth über die »Gottlosen«: »Sie mögen wählen, wie sie es tun — sie mögen laufen, soweit sie kommen: die Stellung und das Los des Verworfenen, nach welchem sie in ihrer Torheit die Hände ausstrecken, indem sie Gott verwerfen, werden sie bestimmt nicht erlangen.«[648]

Die ungeschichtliche Betrachtungsweise Barths, was die Erwählung und Rettung des einzelnen betrifft, führt dazu, daß er nicht mehr um den Ernst des Verlorengehenkönnens weiß, wie es die Bibel lehrt.

2. Die Beharrung

Nach der Bibel ist es entscheidend wichtig, daß ein Mensch nicht allein zum Glauben kommt, sondern auch darin »bis ans Ende« »beharrt«; nur der »wird gerettet« (Mt 10, 22b; 24, 13)[649].

Die Bibel warnt eindringlich vor der Möglichkeit des Nichtbeharrens, also des Abfalls vom Glauben (2. Petr 2, 20; Hebr 6, 4 ff.; 10, 26 ff.; 12, 16 f.).

Leider ist allerdings die Bibelauslegung hier nicht einheitlich. So finden wir etwa zu Hebr 4, 6 ff. folgende Positionen:

a) Die eine Ansicht geht dahin, diese Stelle spräche nur hypothetisch von Abfall, obwohl der für einen Christen nicht mehr möglich sei (»*Hypothetical theory*«[650]).

b) Eine andere Theorie geht dahin, die Verse sprächen von Nichtchristen, es gehe gar nicht um den Abfall eines Christen (»*Non-Christian theory*«[651]).

c) Die dritte Ansicht ist die, daß es sich um Menschen handelt, die gerettet waren und wieder abgefallen sind (»*Saved and Lost theory*«[652]).

Hinter der erstgenannten Ansicht (a) steht wohl die reformierte Form der Erwählungs- und Beharrungslehre, der letztgenannten (c) ist von der Exegese (Bibelauslegung) her der Vorzug zu geben[653].

Pieper: »Was die Schrift über die Beharrlichkeit bis zum Lebensende lehrt, kann man in diesen beiden Aussagen zusammenfassen:

1) Der, der im Glauben beharrt, tut das nur durch Gottes gnädige Bewahrung; das Beharren des Gläubigen ist Werk göttlicher Gnade und Allmacht.

2) Der, der vom Glauben abfällt, tut das durch seine eigene Schuld; die Ursache von Abfall ist in jedem Fall Zurückweisung des Wortes Gottes und Widerstand gegen die Wirksamkeit des Heiligen Geistes im Wort.

Diese Lehre muß die christliche Kirche behaupten und verteidigen an zwei Fronten: gegen den Calvinismus und gegen den Synergismus.«[654]

»Der Synergismus behauptet, daß die Bewahrung des Glaubens, wie die Rettung des Menschen, nicht nur auf Gottes gnädigem Wirken beruht, sondern auch auf dem Bemühen des Menschen.«[655] Pieper nennt dagegen[656] 1. Petr 1, 5; Joh 10, 28-30; Phil 1, 6; 1. Thes 5, 24; 2. Thes 3, 3; Phil 2, 12. 13.

Anders lehrt die reformierte Tradition. Bei Calvin war neben anderem »neu ... die ausdrückliche Feststellung der *Unzerstörbarkeit* auch des auf Grund der Berufung einmal erweckten *Glaubens* der Erwählten«[657]. Auch in den Dordrechter Beschlüssen (1618/19) lesen wir: »Denn Gott, der da reich ist an Erbarmen, nimmt kraft des unwandelbaren Vorsatzes der Erwählung auch bei betrübenden Fällen seinen heiligen Geist nicht durchaus weg von den Seinen und läßt nicht zu, daß sie soweit fallen, daß sie aus der Gnade der Kindschaft und dem Stande der Rechtfertigung herausfallen, oder die Sünde zum Tode oder gegen den heiligen Geist begehen und von diesem gänzlich verlassen sich ins ewige Verderben stürzen.«[658]

Auch Karl Barth lehrt auf dieser Linie: »Man kann also Calvin gewiß nicht genug danken, daß er den Satz von der *perseverantia* (Beharrung, d.Vf.) in jener über Augustin und Thomas hinausgehenden Form auf den Plan gestellt hat«[659].

Auch jene späteren Lutheraner, die lehren, »Gott habe die Personen erwaehlt, von denen er vorausgesehen habe, dass sie bis ans Ende im Glauben geblieben seien«[660], lehren konsequenterweise, daß Gläubige nicht endgültig verloren gehen können; vielmehr werden alle Gläubigen an ihrem Lebensende im Glauben sein (auch wenn sie möglicherweise zwischendurch abgefallen waren).

Wie die Bibel (s. o.) lehrt auch Luther. So schreibt er in seinen Schmalkaldischen Artikeln[661]:

»Wiederum, ob etliche Rottengeister kommen würden, wie vielleicht etliche bereit da vorhanden sind und zur Zeit der Aufruhr mir selbst vor Augen kamen, die da halten, daß alle die, so einmal den Geist oder Vergebung der Sünden empfangen hätten oder gläubig geworden wären, wenn dieselbigen hernach sündigten, so blieben sie gleichwohl im Glauben und schadet ihnen solche Sünde nicht und schreien also: ›Tu, was du willst, glaubst du, so ist alles nichts, der Glaube vertilgt alle Sünde‹ etc., sagen dazu, wo jemand nach dem Glauben und Geist sündigt, so habe er den Geist und Glauben nie recht gehabt. Solcher unsinnigen Menschen habe ich viel vor mir gehabt und sorge, daß noch in etlichen solcher Teufel stecke.«

Was wir oben als biblische Lehre im Blick auf die Beharrung im Glauben gesehen haben: Sie geschieht allein aus Gnaden, Abfall vom Glauben dagegen geschieht aus Schuld des Abfallenden —

wie ist das zu vereinen? Für unsere Logik so wenig, wie in Phil 2 der zwölfte und der dreizehnte Vers. Pieper[662]: »... wer auch immer noch nicht mit Luther und der Konkordienformel gelernt hat, zufrieden zu sein mit dem *sola gratia* (allein durch die Gnade, d.Vf.) als dem einzigen Grund der Beharrung und mit dem *sola culpa hominis* (allein durch die Schuld des Menschen, d.Vf.) als dem einzigen Grund des Abfalls, das heißt, wer auch immer nicht zugeben wird, daß die Frage, warum nur einige und nicht alle beharren, ein Geheimnis darstellt, das unlösbar ist in diesem leben, wird entweder in dem calvinistischen Graben landen und die Universalität der Gnade leugnen, oder in dem synergistischen Graben und die gleiche Schuld leugnen...«

7. TEIL:
DAS REICH GOTTES UND DIE VOLLENDUNG

A. Der Anfang des Gottesreiches

»Jesu Wirken kreist um einen faszinierenden Begriff. Auf ihn ist alles bezogen und von ihm strahlt alles aus. Diese Mitte ist das Reich Gottes« (Goppelt[663]).

Das Neue Testament spricht von Gottes Reich als von einem Kommenden (z. B. Mt 6, 10; 1. Kor 6, 9 f.; 15, 50; Gal 5, 21)[664], aber auch davon, daß es schon gegenwärtig ist (Mt 12, 28; 1. Kor 4, 20; Kol 4, 11)[665].

Was Inhalt und Kennzeichen des Reiches Gottes ist, zeigt das Vaterunser in seinen ersten drei Bitten: Nämlich daß Menschen zu Gott Vater sagen dürfen, daß also eine enge Gemeinschaft mit Gott und mit anderen Menschen, die auch zu Gott gehören, besteht; daß Gottes Name geheiligt, »Gott als Gott anerkannt wird« und Gottes Wille geschieht[666].

Eine solche Königsherrschaft Gottes bestand am Anfang der Schöpfung. Im Paradies vor dem Sündenfall: Da galt Gottes Wille; da wurde sein Name geheiligt; da bestand Gemeinschaft der Menschen mit Gott und untereinander.

Es herrschte eine große Vielfalt, große Pluralität, aber es herrschte Frieden, alles fand seine Einheit in Gott; in dem Gott, der als der Schöpfer diese Verschiedenheit als Reichtum geschaffen und jedem seine Eigenart und Gabe gegeben hat zum Dienst für ihn an dem von Gott gegebenen Platz.

Der dreieinige Gott, der in sich ein Gott in Gemeinschaft ist, hat den Menschen zu solcher Gemeinschaft mit sich und mit dem Mitmenschen geschaffen: »Lasset uns Menschen machen, ein Bild, das uns gleich sei« (1. Mo 2, 26).

Diese Gemeinschaft mit Gott und untereinander mußte zerbrechen, als der Mensch selber Gott sein wollte (vgl. 1. Mo 3, 5b). Damit wurde die Einheit unter dem einen Gott verloren, und mit dieser ging auch die Gemeinschaft mit Gott und untereinander verloren.

So kann aber der Mensch nicht leben. Er braucht den Mitmenschen, und er braucht Gott, auch wenn er es nicht zugibt; er hat im Tiefsten Sehnsucht nach Gott, nach der Geborgenheit in ihm und den Sinn in ihm.

Gott hat den Menschen nicht aufgegeben. Er will die ursprünglich gewollte und gegebene Gemeinschaft für den Menschen auch weiterhin. Er schenkt, erhält und segnet zum Beispiel auch heute noch den in der Schöpfung gestifteten Stand der Ehe, die Bewährungsfeld, Zelle und Baustein aller menschlichen Gemeinschaft und Mitmenschlichkeit ist.

Die wahre Gemeinschaft aber ist nur wieder da, wenn das Problem der Sünde gelöst ist und Gott wieder bei den Menschen wohnt (Offb 21, 3; vorabgeschattet in der Stiftshütte im Alten Bund). Darauf zielt seine Heilsgeschichte.

Durch diesen gnädigen Willen Gottes bestehen für den Menschen **zwei Wege:**
Entweder er läßt sich in den guten Weg Gottes hineinnehmen, in die Gemeinschaft, die er schenkt und schafft; das ist der **Weg des Gottesreichs.**
Oder aber er sucht die Gemeinschaft, die er braucht, in eigener Regie; seine Selbstüberhebung, hinter der letztlich Angst steht (1. Mo 11, 4), nämlich die dem Verlust der Gemeinschaft folgende Angst, die treibt ihn zur selbstorganisierten Gemeinschaft ohne Gott; und das ist der **Weg des Weltreichs.**
Und deshalb ist das verborgene Thema der Weltgeschichte »der gewaltige *Kampf zwischen Weltreich und Gottesreich*«[667].

Gottes Weg führt über Jesus und seine Gemeinde zum vollende-
ten Gottesreich (Offb 21 f.). Jesus ist der Gottessohn, der in der
für das Reich Gottes grundlegenden Verheißung Gottes an David 2. Sam 7, 11b ff. versprochen ist (Röm 1, 3[668]). Mit dieser Verheißung an David hat Gott den Grundstein für das Reich Gottes
gelegt (vgl. Jes 28, 16[669]). Die Könige auf dem Thron Davids waren »Platzhalter«[670] für den, »der da kommen soll« (Mt 11, 3).

Sein Sohn Salomo durfte als Vorerfüllung dieser Verheißung Gott ein Haus bauen, den Tempel in Jerusalem. Aber die
Verheißung geht über dieses erste Haus hinaus auf Jesus (Joh
2, 21) und seine Gemeinde (1. Kor 3, 16; 2. Kor 6, 16; 1. Petr 2, 5).

B. Weltreich und Gottesreich

Das Weltreich ist der Gegenentwurf des Menschen gegen Gottes
Reich.

Nicht der Weg, wie ihn das Vaterunser weist, wird hier ge-
wählt, sondern ein Gegenweg:

1. Statt der von Gott gestifteten Gemeinschaft steht hier die
   selbstgeschaffene Gemeinschaft.

2. Statt der Anerkennung Gottes als Gott, der Heiligung seines
   Namens, sucht der Mensch eine neue Identität, einen eigenen
   Namen (1. Mo 11, 4), der die Einheit garantiert; ein anderer
   Gott tritt an die Stelle Gottes: eine Ideologie[671].
   Walter Tlach weist darauf hin, daß das nicht heißt, daß die
   verschiedenen Götter der Völker des Gesamtreichs abge-
   schafft werden; das Weltreich ist sehr tolerant; aber alle müssen sich unter die oberste Ideologie stellen und sich nach ihr
   richten[672]. Tlach im Blick auf das assyrische Weltreich: »Der
   Zentralgott des Reiches ... wird in einem Pantheon der Herr
   aller anderen Götter (Pantheon heißt nicht: Vernichtung der
   anderen Götter, sondern Gemeinschaft aller Götter, also Ver-

mischung mit ihnen — Synkretismus). So werden nach assy-
risch-babylonischer Vision die neuen staatlichen Strukturen
entstehen — der Weltfriede: durch Ausbreitung der assyrisch-
babylonischen Gottheit und ihrer Vermischung mit allen anderen Religionen. Wenn die Bibel später dann von der Hure
Babel redet, meint sie diese Konzeption eines neuen Menschen und neuer Strukturen, im Sinn der Vermischung von
Religionen: Welteinheitsstaat durch Welteinheitskirche und
Welteinheitsreligion. Eine ökumenische Vision dieser Art ist
in Assur und Babel zum ersten Mal geschaffen worden.«[673]

3. Anstelle des »Dein Wille geschehe« steht jetzt der Wille des
   Weltreichs, ein Machtwille, der *Einheit und Weltfrieden garantie-*
   ren will unter der Macht des Weltreichs. Ein Friedenswille, wobei
   Friede letztlich ideologisch verstanden wird; wie wir wissen,
   daß wahrer Friede erst da ist, wo Jesus regiert (wobei er diesen
   inneren Frieden keinem Menschen mit Gewalt aufzwingt!), so
   will das Weltreich einen *Frieden unter der eigenen Ideologie;* so
   kann man für den Frieden kämpfen[674]. Wo die Reichsideologie
   regiert, ist der »Friedenskampf« beendet. Siehe die »pax Ro-
   mana« (der römische Friede). Caesar beschreibt seine Unterjo-
   chung Galliens mit den Worten: »omnia Gallia pacata« (als
   ganz Gallien befriedet worden war).

Diese alte Weltreichskonzeption, wie sie schon in Babylon (1. Mo
11, 1 ff.) sichtbar wurde, erwachte zu neuem Leben gerade in der
geschichtlichen Stunde, als Gott den Grundstein seines Reiches
legte in der Verheißung aus 2. Sam 7. Und zwar im assyrischen
Weltreich mit dem Herrscher Tiglatpileser III. (745 - 727), »dem eigentlichen Begründer des Weltreiches«[675]. Sie stellte das Südreich
Juda in die Entscheidung, als Israel und Syrien einen antiassyri-
schen Bund schlossen, Juda aber nicht teilnahm. Es kam deshalb
zum syrisch-ephraimitischen Krieg, in dem Juda fast von allen
Seiten angegriffen wurde: Von Israel und Syrien im Norden, von
den Edomitern im Süden und von den Philistern im Westen.

Menschlich gesehen war die Lage für Juda aussichtslos; und so rief König Ahas trotz der Warnung durch den Propheten Jesaja (Jes 7, 3 ff.) den assyrischen Herrscher Tiglatpileser III. zu Hilfe[676]; der Vertreter des Gottesvolkes rief das Weltreich um Hilfe an (2. Chr 28, 16). Dieser hörte auf diesen Ruf; aber der Preis für Ahas war die Unterstellung unter das Weltreich und seinen Anspruch:

1. Er läßt in Jerusalem den heidnischen Altar des assyrischen Gottes nachbauen (2. Kö 16, 10 ff.); der Altar des Gottes Israels wurde zwar nicht beseitigt, aber aus der Mitte gerückt (2. Kö 16, 14 f.). Der Gottesdienst Judas wurde nach dem Maß der Weltreichsideologie ausgerichtet, angepaßt und mit ihr zu vereinen versucht.

2. Durch eine Baumaßnahme — Entfernung eines »Eingangs des Königs zum Tempel«[677] — zeigte er den Verzicht auf die besondere Verbindung zwischen Gott und davidischem Königtum (2. Kön 16, 18), den Verzicht auf die Verheißung von 2. Sam 7, die den kommenden Weltherrscher, den Messias, aus dem Davidhaus versprach.

Das war ein teurer Preis für die Hilfe des Weltreichs.

Bald darauf wurde das Südreich Juda Opfer des folgenden Weltreichs, nämlich von Babel. Der Tempel wurde zerstört, also der Ort, wo man mit Gott reden konnte, wo Gottes Name wohnte, und die davidische Dynastie wurde ausgerottet (2. Kö 25, 6-9).

Dem Verzicht auf die Verheißung von 2. Sam 7 durch Ahas folgte die Zerstörung des dort versprochenen Hauses Gottes und der dort verheißenen Dynastie und die Wegführung Judas von Gottes Land, dem »Sakrament des Bundes«, nach Babel.

Die mit Tiglatpileser III. begründete assyrische Weltreichskonzeption hörte mit dem assyrischen Reich nicht auf. »Von der Zeit

Jesajas an brach die Reihe der Großreichbildungen im vorderen
Orient nicht mehr ab bis zu Alexander dem Großen und über ihn
hinaus«[678]. Diese Reiche übernahmen nacheinander eins vom anderen jene Weltreichskonzeption: von den Assyrern die Babylo-
nier; von diesen die Perser; danach fand sie ihre Fortsetzung bei
Alexander dem Großen, dann ging sie über die Diadochenreiche
über ins Römische Reich, das dann eine Fortsetzung fand im Heiligen Römischen Reich Deutscher Nation; dieses hatte ebenfalls
den theologisch gefüllten Reichsgedanken, nur hier vom christlichen Glauben her gefüllt. Und dieser Reichsgedanke wird sich
fortsetzen und seine Spitze finden im antichristlichen Reich
(Offb 13; vgl. auch 2. Thes 2, 3 ff.), dem Reich der Gesetzlosig-
keit, in dem Gottes Gebote aufgelöst werden (2. Thes. 2, 3; vgl.
Mt 24, 12). Dieses wird abgelöst und beseitigt vom Gottesreich
(Dan 2, 34. 35. 44. 45; 7, 27; Offb 20 ff.[679]).

Im Danielbuch finden wir diese Reiche nacheinander und
ihren »Zusammenhang«[680] (Dan 2 und 7).

C. Gottes Treue zu seiner Verheißung

Nach dem Verzicht des Königs Ahas auf die Verheißung von
2. Sam 7 und der bald folgenden Vernichtung der davidischen
Dynastie und des Tempels sowie der Wegführung des Gottesvolkes in die babylonische Gefangenschaft war aus menschlicher
Sicht alle Hoffnung zu Ende.

Aber Gottes Wort ist nicht zu Ende. Es »steht auf« (Jes 40, 8,
wörtlich übersetzt), es setzt sich durch. Und Gott zeigt seinem
Volk durch das Wort der Propheten, daß er weiter zu seinem Wort
steht.

Schon bei der Berufung Jesajas bekommt dieser die Weissagung des Totalgerichts über Israel: Vom Baum bleibt nur der
Stumpf, er wird total abgehauen; aber Gott schenkt, was nur er
geben kann: durch das Totalgericht hindurch einen neuen Anfang: »Ein heiliger Same wird solcher Stumpf sein« (Jes 6, 13).

Kaiser zu Jes 10, 33 f.: »Der allmächtige Herr Zebaoth wird wie ein Gärtner mit seiner Schere oder wie ein Holzfäller mit seiner Axt über die Bäume, über das davidische Reich, herfallen. Das gemeine Volk, mit dem Waldesdickicht verglichen, und sein Königshaus, die stolze Pappel, sind gleichermaßen dem Untergang geweiht ... König und Volk, die nicht glauben, werden nicht bleiben«[681] (er verweist daselbst auf Jes 7, 3). Und wieder kommt es zu einem Neuanfang — nach diesen Versen über das Totalgericht folgt Jes 11, 1: »Und es wird ein Reis hervorgehen aus dem Stamm Isais und ein Zweig (aufgenommen in Mt 2, 23!) aus seiner Wurzel Frucht bringen.« Überraschend schenkt Gott neues Leben nach dem ganzen Gericht.

Und noch eins ist hier und in vielen anderen derartigen Verheißungen Gottes wichtig: Nicht äußere Größe ist verheißen. Der Weg des Messias ist der der Niedrigkeit, sogar durchs Kreuz, dann erst zur Krone. Niedrigkeit — ein Reis; aus dem Stamm Isais (nicht David ist angegeben, nicht der große König, sondern Isai).

Ebenso Jes 9, 5 f.; diese Stelle »ist zu verstehen als prophetische Nachahmung einer Proklamation des Hofes zu Jerusalem«[682]; es ist also ein Königskind geboren, das Thronnachfolger werden soll. Es ist auf diese Weise noch Hoffnung da für das »Volk im Finstern«[683]. Aber erstaunlicherweise wird es nicht als »König« angesprochen, sondern das hebräische *sar* meint den Statthalter, den »Prokuristen« (W. Tlach). Wildberger: »Der irdische König ist Vertreter des himmlischen *mäläch* (König, d. Vf.), sein Sachwalter auf Erden. Dem Volk gegenüber ist er wohl *mäläch*, in seiner Relation zu Gott aber ist er ... ›Statthalter in Jahwes Reich‹«[684]. Das ist also wieder der Weg der Niedrigkeit, der Unterordnung dieses kommenden Messias unter den Vater im Himmel (ähnlich auch Jes 11, 2 f.).

In diesen niedrigen Messiasweg ist Jesus eingetreten (Joh 5, 19; Mt 11, 29). Die große Versuchung des Teufels war es, ihn von diesem Weg abzubringen (Mt 4, 8); und für die Kirche war es immer wieder die Versuchung, Machtkirche zu sein, Macht zu haben und auszuüben. Vielleicht war es die gnädige Vorsehung oder Zulas-

sung Gottes, die Christen in eine Vielzahl von Kirchenorganisationen und Gemeinschaften aufzugliedern, um die Versuchung
zur Macht zu verkleinern und auch, um Geister, die nicht Interesse an der Kirche, sondern nur an ihrer Macht haben, eher abzu-
halten.

Auch in Sach 9, 9 sehen wir die Freude, daß Gott weiter zu seiner
Verheißung steht, aber auch zu dem Weg der Niedrigkeit; ebenso
in Mi 5, 5 (Bethlehem Efrata — der geringe Herkunftsort Davids
ist genannt, nicht der glanzvolle Regierungssitz Jerusalem).

Gott hält sein Wort. Der am Ende der Königsbücher genannte
Davidide Jojachin (2. Kön 25, 27 - 30) steht im Stammbaum Jesu
(Mt 1, 11 f.). Jesus ist der in 2. Sam 7 versprochene Davidssohn
und Gottessohn (Röm 1, 3; Mt 26, 63 f.).

D. Reich Gottes und Kirche

In Jesus ist das Reich Gottes da (Mk 1, 15; Mt 12, 28).
    In seinem Kreuz wurde die Macht der Finsternis besiegt
und der neue Bund im Blut Jesu gestiftet, in seiner Auferstehung
die neue Schöpfung begonnen; der neue Äon ist so angebrochen[685]. Seit Pfingsten ist der Schöpfer, der Heilige Geist da und
schafft die neue Gemeinde.
    Der neue Äon — wie kommt er, wie ist er da?[686]

Jesu Reich »ist nicht von dieser Welt« (Joh 18, 36).
    Der neue Äon kommt. Aber er hat verborgen schon ange-
fangen. Die Gemeinde bittet im Vaterunser: »Dein Reich komme«; aber auch: »das Brot des kommenden (Heils-)Tages gib uns
heute«: Laß uns heute schon aus dem kommenden Reich leben[687].
    Kraus[688]: »In der ›letzten Stunde‹ lebt die *ekklesia* (1. Joh.
2, 18). Der Anbruch der neuen Welt Gottes in der Auferstehung
und Erhöhung des Christus bestimmt ihr Dasein und ihr Leben.«

Der »Heilige Geist als die gegenwärtige Wirkkraft des Reiches Gottes«[689] wirkt im Wort Gottes und begründet dadurch als der Neuschöpfer die Gemeinde, indem er Menschen durchs Evangelium »beruft, sammelt, erleuchtet, heiligt und bei Jesus Christus erhält« (Luther). Die Gemeinde ist »Vorhut«, »die Erstgestalt und der Vorraum des kommenden Reiches« Gottes[690].

Das Reich Gottes hat also verborgen angefangen. Sein Herr ist Jesus, der sein Reich nicht mit äußerer Gewalt, sondern mit seinem Wort regiert; Staatsvolk sind die, die sich durch dieses Wort neu schaffen und regieren lassen; »denn es weiß gottlob ein Kind von 7 Jahren, was die Kirche sei, nämlich die heiligen Gläubigen und ›die Schäflin, die ihres Hirten Stimme hören‹« (Luther[691]).

»Staatsgebiet« sind also die Herzen der Gläubigen oder auch der Himmel, wo sie Bürgerrecht haben (Phil 3, 20).

Die Kirche oder Gemeinde Jesu ist also ein »Brückenkopf«[692] Gottes in der Welt, die »im Argen« liegt (1. Joh 5, 19).

I. Die Kennzeichen der Kirche

Weil diese Gemeinde durchs Wort und das sichtbare Wort (= Sakrament) Gottes geschaffen wird, sind diese im eigentlichen Sinn die Kennzeichen (»notae«) der Kirche und Kennzeichen des Reiches Gottes; in ihnen und durch sie wirkt Gottes Geist und schafft das Neue.

Anderes kann deshalb nur (und in einem mittelbaren Sinn) Kennzeichen des Reiches Gottes sein, wenn es mit diesem Wort verbunden oder von ihm gewirkt ist; auch für Heilungen und gute Taten gilt das; nur mit dem Wort zusammen sind sie eindeutig (vgl. 2. Thes 2, 9; Offb 13, 13 f.[693]).

Nach **katholischer Lehre** gehört zu den **Kennzeichen der Kirche** wesentlich **die »hierarchische Struktur«**[694]. Sie wird geradezu damit definiert; Mörsdorf sagt, sie sei nach dem II. Vatikanischen

Konzil »das in hierarchischer Ordnung lebende neue Gottesvolk im Dienste des Reiches Gottes«[695]. Die katholische Kirche ist Rechtskirche. Das Konzil sieht als ihre Aufgabe folgendes: »Die Kirche ist ja in Christus gleichsam das Sakrament, das heißt Zeichen und Werkzeug für die innigste Vereinigung mit Gott wie für die Einheit der ganzen Menschheit« (LG 1). Diese ihre Aufgabe kann sie nach ihrem Selbstverständnis nur erfüllen, wenn sie jene hierarchische Struktur besitzt; Mörsdorf[696]: »Die sakramentale Zeichenhaftigkeit der K. (= Kirche, d. Vf.) ist gebunden an die der K. eigene hierarchische Struktur . . . , d. h. die K. ist sakramentales Heilszeichen dadurch, daß der Herr, der das unsichtbare Haupt der K. ist, in der K. sichtbar durch Menschen vertreten wird. Ohne sichtbares Haupt kann die K. nicht sichtbare Darstellung des Herrenleibes sein. Die hierarchische Struktur der K. beruht auf dem Willen des Herrn, sein Heilswirken durch bevollmächtigte Vertreter in der K. fortzusetzen. Er setzte zwölf Apostel ein, machte sie, wie das Wort apostolos zu erkennen gibt, zu seinen Stellvertretern im rechtl. Sinne und stellte den hl. Petrus an die Spitze der Zwölf. Nachfolger des hl. Petrus im obersten Hirtenamt der K. ist der Papst, und Nachfolger der Apostel sind die *Bischöfe* (Bischofsamt).«

Wie ist das zu beurteilen?
Aufgabe der ersten Apostel war die Augenzeugenschaft und die Lehrgrundlegung (Apg 1, 21-22; 2, 42). Die apostolische Lehre ist uns heute in der Heiligen Schrift gegeben. Vertretung in der Augenzeugenschaft gibt es nicht. Also gibt es weder für Petrus noch für die anderen Apostel eine Nachfolge im Amt.
Wie steht es mit der Notwendigkeit eines sichtbaren Hauptes? Jesus will, daß seine Leute reichsunmittelbar zu ihm sind. Er sagt: »Einer ist euer Meister, ihr aber seid alle Brüder« (Mt 23, 8).

Wie kam es zu der Ausbildung dieser hierarchischen und monarchischen Organisation?

Die frühe Christenheit war sehr stark angefochten — von außen (Heiden, heidnischer Staat) ebenso wie von innen (Irrlehrer). Sie wehrte sich durch einfaches Berufen auf das Wort Jesu und die Überlieferung von den Aposteln her. So entstanden das Apostolische Glaubensbekenntnis und der Kanon der neutestamentlichen Schriften. Wo diese beiden nicht ausreichten, trat die von diesen »abgeleitete, lebende Autorität« des Bischofs ein.[697]

Aufgabe der Bischöfe war also, mitzuhelfen, daß die Christen beim Evangelium blieben und daß die falsche Lehre von ihnen abgewehrt wurde (vgl. schon Apg 20, 28).
Es folgte eine Entwicklung in mehreren Schritten:

1) Während wir noch im Neuen Testament sehen, daß es in derselben Gemeinde verschiedene Bischöfe geben konnte (Phil 1, 1; Apg 20, 28) — dies waren die Ältesten der Gemeinde (Apg 20, 17) —, gab es bald — schon im 2. Jahrhundert — *einen* Bischof in der Gemeinde.

2) Dieser wird »zum Haupt und Mittelpunkt der Gemeinde«, unter dem die anderen Ämter und die Gemeinde stehen; und zwar steht er »an Gottes und Christi Statt«[698].

3) Traditionsreihen, die die apostolische Sukzession (Folge von den Aposteln her) nachweisen und so die Rechtgläubigkeit sichern sollten, wurden später in Bischofslisten umgedeutet (in Rom z. B. um 220)[699].

4) An den Bischof und seine Bevollmächtigung wurde »der Gemeindegottesdienst gebunden, vor allem die Eucharistiefeier«[700]. Das ist die Wurzel der späteren Weihegewalt (potestas ordinis).
Das Weihesakrament hat zur Folge, daß es in der katholischen Kirche zwei Stände gibt, den Klerikerstand und den Laienstand; ersterer ist der Stand der geistlichen Amtsträger, und zwar bekommen die betreffenden Personen kraft der Weihe ein »untilgbares Prägemal«, eine neue Eigenschaft[701]. Bei den Bischöfen bedeutet das, daß sie »in hervorragender und sichtbarer Weise die Aufgabe Christi selbst, des Lehrers, Hirten und Priesters, innehaben und in seiner Person handeln« (LG 21). Sie und auch die, die nur die Priesterweihe empfangen haben (vgl. LG 28), können z. B. das Abendmahl so verwalten, daß dabei das Wunder der Wandlung von Brot und Wein in Leib und Blut Christi geschieht, was nach katholischer Lehre für das Abendmahl Voraussetzung ist.

Hier kam das Ende des allgemeinen Priestertums aller Gläubigen, wie es das Neue Testament und die Reformation lehrten[702].

5) Mit dem Bischofsamt wurde früh »die Verwaltung der äußeren Gemeindeangelegenheiten verbunden«. Dazu kam im 3. Jahrhundert »auch das Richteramt in der Gemeinde«. Das sind die Wurzeln der späteren Jurisdiktionsgewalt (allgemeine Leitungsgewalt, potestas iurisdictionis)[703].

6) Der Bischof verwaltete auch das Bußsakrament in der Gemeinde, das von der Gemeinde sich mehr auf ihn verlagerte[704].

So kann Feine schreiben[705]: »Im 3. Jahrhundert wurde der Bischof als Richter, Lehrer und Heilsvermittler immer mehr zum gottgesetzten Herrscher — Cyprian nennt ihn vicarius Christi, Dei (Stellvertreter Christi, Gottes, d. Vf.) —, so daß rechtlich und dogmatisch vom Zusammenhang mit dem Bischof die Zugehörigkeit zur Kirche abhing: Die Kirche ist nun Bischofskirche, und wo der Bischof ist, dort ist die Kirche. Dieser Satz ist bis heute eine Grundlehre der katholischen Kirche geblieben.«

Ganz anders das Neue Testament. Danach ist Mittler und Meister und Heilsbringer weder irgendein Mensch noch ein Amt (sei es Bischofs- oder Apostelamt oder ein sonstiges Amt) oder eine Organisation, sondern allein Jesus Christus (Mt 23, 8; 1. Tim 2, 5; Apg 4, 12); »wer den Namen des Herrn anrufen wird, der soll gerettet werden« (Apg 2, 21). Und so ist auch allein sein Wort und Sakrament Kennzeichen der Kirche, weil Gott allein, niemand sonst, dadurch das Heil bringt.

II. Die Zwei-Äonen-Lehre[706]

Die Gemeinde lebt im Schnittbereich zweier Äonen; äußerlich lebt sie im alten Äon mit seinen Bedingungen, dem Äon, in dem es Sünde gibt, auch Krankheit und Tod. In dem deshalb auch der Staat und die äußere Staatsgewalt nötig ist. Aber der Christ gehört durch den Heiligen Geist, durch seine Neugeburt, schon zum neuen, kommenden Reich; darin regiert Jesus durch sein Wort in den Herzen. Die Gemeinde ist »Vorhut« des kommenden Reiches; sie braucht aber, da sie noch im alten Äon lebt, auch eine äußere Gestalt und begibt sich normalerweise in eine Rechtsform des staatlichen Rechts, um am Rechtsleben teilnehmen zu können. Diese Rechtsformen sind heute verschieden; wie sie aussehen sollen, darin besteht Freiheit, wenngleich alles auch auf diesem Gebiet vom Glauben her verantwortbar sein muß. Die staatliche Rechtsform — ob Verein, GmbH, Körperschaft des öffentlichen Rechts im Sinn des Staatskirchenrechts — drückt aber nicht das theologische Selbstverständnis der Kirche oder Gemeinde aus, sondern dies ist das Gemeindebild des Neuen Testaments.

Die Gemeinde lebt also äußerlich im alten Äon. Sie weiß aber, daß sie nicht diesem alten Äon zugehört; sie benützt deshalb, wenn sie recht handelt, nicht äußere Macht und strebt auch nicht die Herrschaft im Staat an, etwa im Sinn einer Theokratie. Sie läßt dem Staat die »weltlichen« Aufgaben, die aber auch die Christen im Staat als ihre staatsbürgerlichen Aufgaben ausüben; sie tun das in Verantwortung vor Gott. Dieser Staat muß sich auf die äußere Rechts- und Friedensordnung beschränken (Röm 13, 1 ff.), darf also nicht über die Gewissen richten.

III. »Die Lebensfunktionen der Kirche«[707]

Wir finden sie zusammengefaßt in dem Wort Apg 2, 42: »Sie blieben aber beständig in der Lehre der Apostel und in der Gemeinschaft und im Brotbrechen und im Gebet.«[708]

Der **Apostel Lehre** finden wir heute im Wort der Heiligen Schrift.

Die **Gemeinschaft** gründet in dem, was Jesus ist und schenkt. So kommen die Glieder zusammen, um teilzuhaben an dem, was er als der Gegenwärtige (Mt 18, 20) gibt, und mitzuteilen, was sie an äußeren und inneren Gaben bekommen haben[709]. Der »Glaubende . . . existiert« nicht »für sich selbst, d. h. in subjektiver Isolation«, sondern er ist in die Gemeinschaft der Mitchristen gestellt[710], was sich auch in der verbindlichen Zugehörigkeit zu einer Gemeinde ausdrückt.

Das **Brotbrechen** ist die Feier des Heiligen Abendmahls.

Das **Gebet** ist Lebenszeichen des Christen; Christsein heißt ja, eine personale Beziehung zu Gott zu haben. Aber nicht nur für sich allein sollen Christen beten, sondern auch gemeinsam. Das gemeinsame Gebet ist der »Herzschlag‹ der Christusgemeinde«[711].

IV. Der Auftrag der Kirche

Die Kirche ist die Gemeinschaft derer, denen das Evangelium mit seinem heilbringenden Zuspruch begegnet ist, der sie zugleich mit seinem Anspruch ergriffen hat für ein Leben in der Nachfolge Jesu Christi und in seinem Dienst.

Ihr Handeln hat dort Sinn und Verheißung, wo sie es nicht in eigenem Planen und auf eigene Rechnung tut, sondern wo sie im Auftrag und in der Vollmacht ihres Herrn handelt.

Der Auftrag, den der Auferstandene seiner Gemeinde gegeben hat, ist der Missionsbefehl: »... gehet hin und machet zu Jüngern alle Völker: Taufet sie auf den Namen des Vaters und des Sohnes und des heiligen Geistes und lehret sie halten alles, was ich euch befohlen habe ...« (Mt 28, 18-20; vgl. auch Joh 20, 21-23 und Apg 1, 8).

Die Jünger Jesu sollen andere Menschen aus allen Völkern für die Nachfolge Jesu werben[712].

In die Nachfolge und Jüngerschaft zu führen, das geschieht durch zwei zusammengehörende Akte:

— die Taufe auf den dreieinigen Gott und
— die Lehre, alles zu halten, was Jesus den Jüngern befohlen und anvertraut hat.

Was hat er den Jüngern anvertraut?

Es ist das ganze Evangelium in seinem Zuspruch und Anspruch; der Wille Gottes, wie ihn Jesus gelehrt hat »in Wort und Werk und allem Wesen«. Und das Herzstück des Evangeliums ist das Wort vom Glauben.

Dies Anvertraute sollen die Jünger Jesu zu anderen Menschen bringen (vgl. auch Röm 1, 5; 16, 26: »... den Gehorsam des Glaubens aufzurichten unter allen Heiden«); und zwar geschieht dies Lehren im Wort, aber nicht allein im isolierten Wort, sondern dazu gehört wiederum auch das »Werk und alles Wesen«.[713]

V. Dienste und Gaben in der Kirche

1. Der Dienst

Der Heilige Geist schenkt dem einzelnen Menschen das Heil, aber er läßt ihn nicht allein bleiben, sondern führt ihn in die Gemeinde hinein. Der Christ hat teil an Leben, Dienst und Auftrag der Gemeinde Jesu Christi. Er ist bekehrt, um »zu dienen dem lebendigen und wahren Gott ...« (1. Thes 1, 9; vgl. auch Hebr 9, 14).

Dieser Dienst geschieht durch ein Leben, in dem sichtbar ist, wem der Christ gehört (vgl. 2. Kor 3, 18). Das geschieht durch das Wirken des Heiligen Geistes, der in dem, der sich ihm öffnet im Lesen und Hören und gehorsamen Tun des Wortes Gottes und im Umgang mit Jesus im Gebet, die »Frucht des Geistes« wirkt, die »Liebe, Freude, Friede, Geduld, Freundlichkeit, Güte, Treue, Sanftmut, Keuschheit« ist (Gal 5, 22).

Der Dienst geschieht in einem solchen Leben auch durch die Gaben, die der Geist Gottes dem einzelnen Christen als Glied am Leib Christi gibt[714]. Wie jedes Glied am Leib eines Menschen seine bestimmte Gabe und Aufgabe hat, die für das Ganze des Leibes von Bedeutung ist, so hat auch jedes Glied am Leib Jesu seine Gabe und Aufgabe; es ist ein Schaden für die Kirche, wenn eines ihrer Glieder seine Gabe und Aufgabe nicht erkennt oder nicht wahrnimmt oder wenn einer oder mehrere Amtsträger allein in einer Gemeinde tätig sind, und die anderen Gemeindeglieder nicht ebenfalls an ihrem Platz und auf die ihnen zugeteilte Weise im Dienst Jesu stehen[715].

2. Die Gaben

Das griechische Wort des Neuen Testaments für Gnadengabe »Charisma« kann in grundlegender Weise für das Heil in Christus gebraucht werden: »Die Gnadengabe Gottes aber ist das ewige Leben in Christus Jesus, unserm Herrn« (Röm 6, 23).

Wenn das Wort auch für verschiedene einzelne Gaben des Dienstes gebraucht wird, ist doch der grundlegende Bezug derselben auf jene Gabe wichtig, die Christus selber ist. »Charismen gibt es nur, weil es dieses Charisma gibt, auf das alle andern sich beziehen, und allein dort, wo in der eschatologisch aufgerichteten Herrschaft Christi die Gabe des ewigen Lebens erscheint. ›Gnadengabe‹ ist deshalb eine irreführende Übersetzung des griechischen Wortes, weil sie nicht zeigt, daß die Gabe von der sie gewährenden Gnadenmacht untrennbar, nämlich ihre Manifestation und Konkretion ist ...«[716]

Leider wird das bei dem bekannten Pfarrer und Ökumeniker Arnold Bittlinger, der die Charismatische Bewegung nach Deutschland brachte[717], nicht beachtet, wenn er schreibt: »Ich entdeckte, daß speziell die Gaben der ›Heilung‹ und der ›Prophetie‹ manchmal in jenen (heidnischen, d. Vf.) Religionen überzeugender als in der charismatischen Erneuerung waren — wenigstens soweit sie vom nordamerikanischen Frömmigkeitstyp beeinflußt ist«; er habe Jesus als Archetyp eines Schamanen zu verstehen begonnen, und er habe im Schamanismus faszinierende Parallelen zum Dienst Jesu gefunden. Im Hinblick auf Prophetie sei er von Erfahrungen im Hinduismus beeindruckt. »Einige unserer europäischen ›Propheten‹ entdeckten und entwickelten ihre prophetische Gabe unter dem Einfluß von Hindu-Gurus. Auch andere charismatische Erfahrungen haben ihre manchmal sehr eindrucksvollen Entsprechungen in anderen religiösen Traditionen (z. B. ›Beten im Geist‹ im Japa-Yoga). Ich bin überzeugt, daß die charismatische Erneuerung bedeutsamer werden wird — besonders für den Auftrag der Kirche —, wenn sie auch die Charismata anderer Religionen ernstnimmt.«[718]

2.1 Kennzeichen der biblischen Gnadengaben und ihres Gebrauchs

2.1.1. Sie sind — wie oben festgestellt — mit dem Bekenntnis zu Jesus Christus verbunden.[719]

2.1.2. Sie machen nicht einen Menschen groß.
Auch im Heidentum der neutestamentlichen Zeit gab es Wunder und Krafttaten; aber dort waren es ›göttliche Menschen‹, von denen sie ausgingen.[720] Der Gabenträger im Neuen Testament weiß, er kann ohne Jesus nichts tun (Joh 15, 5), jede einzelne Tat, in der eine solche Gabe sichtbar wird, ist besondere Gabe Jesu (weshalb z. B. die »Gaben, gesund zu machen« [1. Kor 12, 9] im griechischen Text des Neuen Testaments in der Mehrzahl stehen; leider kommt das in der Revision der Lutherübersetzung nicht mehr zum Ausdruck)[721].

Die betreffende Tat ist also letztlich nicht Tat des Menschen, sondern Tat Jesu. Von daher wird klar, daß es nicht recht ist, Wunder oder Gaben erzwingen zu wollen. Auch die Rede und Tatsache einer »Visualisierung«, »daß unsere Phantasie oder intensive Bildvorstellung die Wirklichkeit verändern oder sogar schaffen kann«[722], auch wenn das Ergebnis Gott zugeschrieben wird, ist nicht biblisch; sie grenzt an Magie. Wir dürfen Gott bitten, ihn aber nicht zwingen wollen.

Siehe dazu Bühne S. 221 ff. und S. 134 ff., unter anderem auch das Beispiel Yonggi Cho, der meint, Abraham habe auf diese Weise noch als alter Mann »auf natürliche Weise« einen Nachkommen bekommen können (Bühne S. 136 und S. 225 f.). Bühne (S. 138 f.): »Cho geht von der Theorie aus, daß das Sprachzentrum im Gehirn die Herrschaft über alle anderen Nerven besitzt. Diese Theorie hat er von einem Neurologen übernommen, der ihn davon überzeugt hat, daß das gesprochene Wort jemandem Kontrolle über seinen ganzen Körper geben und ihn nach eigenen Wünschen manipulieren könne ... Y. Cho behauptet, daß Gott selbst ihm auch dieses Prinzip offenbart hat.« Cho erklärt diese Dinge aber nicht nur natürlich, sondern er zieht Gottes Wirken hinein: »Es kam der Heilige Geist, mit dessen Kraft Gott die Wirksamkeit der vierten Dimension ausgelöst hatte. Also konnten ein Traum und eine Vision diese Veränderungen bei Abraham bewirken« (Cho, zitiert aus Bühne, S. 226). Das magische Denken kommt auch in folgendem Zitat Cho's zum Ausdruck: »Jesus wird gebunden an das, was Sie aussprechen. Ebenso, wie Sie die Kraft Jesu durch Ihr gesprochenes Wort freisetzen können, so können Sie auch die Gegenwart Christi dadurch bewirken...« »Letztlich formt Ihr Wort Ihr Leben, denn Ihr Sprach-Nervenzentrum kontrolliert alle Nerven. Darum ist das Sprechen in anderen Zungen das Anfangszeichen der Taufe im Heiligen Geist. Wenn der Heilige Geist das Sprachzentrum übernimmt, dann erfaßt er alle Nerven und kontrolliert den ganzen Körper. Wenn wir also in anderen Zungen sprechen, werden wir mit dem Heiligen Geist erfüllt ... Geben Sie das Wort dem Heiligen Geist, so daß Er etwas dadurch schaffen kann. Dann führen Sie die Gegenwart Jesu Christi herbei und setzen sie frei durch Ihr gesprochenes Wort ... Darum denken Sie daran, daß Christus von Ihnen abhängig ist und von Ihrem gesprochenen Wort, um Seine Gegenwart freizusetzen« (zitiert aus Bühne S. 140).

2.1.3. »Nicht das fascinosum des Übernatürlichen, sondern die Erbauung der Gemeinde legitimiert sie.«[723]

Wie Kinder noch nicht immer das rechte Beurteilungsvermögen haben, daß sie sagen könnten, was wertvoll und nützlich ist, sondern oft fasziniert sind von dem, was glitzert und glänzt, so war es auch bei den Christen in Korinth, an die der Apostel Paulus den 1. Korintherbrief schrieb. Er zeigt in diesem Brief: Nicht das Auffallende ist entscheidend, sondern die Gaben sind da »zum Nutzen aller« (1. Kor 12, 7). Von diesem Maßstab her steht in seiner Zusammenstellung von Gaben in 1. Kor 12 die den Korinthern wohl so wichtige Zungenrede ziemlich weit hinten (1. Kor 12, 10).

2.1.4. Sie sind ohne die Liebe (agape) bedeutungslos (1. Kor 13, 1 ff.)[724]

2.1.5. Gaben sind nicht Spaltpilz der Gemeinde.

Das ist so, weil — wie wir schon gesehen haben — nicht der Gabenträger wichtig ist, sondern der Herr, und weil die Gaben zum Dienst gegeben sind, wobei jedes Glied am Leib Christi seinen Platz hat (vgl. 1. Kor 12, 25)[725].

Gott hat Gaben ausgeteilt in großer Verschiedenheit. Auch in der *Art* sind Jesu Leute sehr verschieden. Daher müssen wir aufpassen, daß wir nicht *Stil*fragen verwechseln mit den entscheidenden Fragen. Und dieses Entscheidende hat Paulus in 1. Kor 12, 4 - 6 mit dem Hinweis auf den dreieinigen Gott umschrieben: *ein* Geist, *ein* Herr, *ein* Gott.

Nicht die *Art* der Gaben ist wichtig, sondern ihre *Herkunft* und ihr *Herr*.

So gab und gibt es Zungenrede und Prophetie nicht nur bei Christen, sondern auch bei Heiden; aber die Frage ist: Stammen die Gaben vom lebendigen, dreieinigen Gott? Sind sie inhaltlich auch von ihm bestimmt, und werden sie in Abhängigkeit von Jesus gebraucht? Das ist das Entscheidende.

Eine große Vielfalt (Pluralität) hat Gott in seiner Gemeinde; das ist Werk und Zeichen seines Schöpferreichtums. Aber nicht einen Pluralismus, der andere Götter neben sich duldet. Sondern die Entscheidung fällt an Jesus, fällt am dreieinigen Gott. Was er wirkt, das ist bei aller Verschiedenheit eins in ihm, in seinem Geist.

2.1.6 Gnadengaben können natürliche Gaben sein (wie die Ehe, 1. Kor 7, 7[726]), aber auch Gaben, die der Geist Gottes besonders gibt. Immer jedoch gehört dazu der Christusbezug: Auch die natürliche Gabe ist nur Gnadengabe, wenn sie in Verbindung und unter der Herrschaft Christi steht bzw. geübt wird[727].

In den Würzburger »Theologischen Leitlinien der Charismatischen Gemeinde-Erneuerung in der evangelischen Kirche« vom 2. 3. 1976[728] heißt es unter Ziffer 8: »Alle Charismen sind Zeichen der erneuerten Schöpfung, nicht ein ›übernatürliches‹ Geschehen.« Auch sonst fällt bei charismatisch geprägten Leuten immer wieder das Bestreben auf, die Natürlichkeit der Gnadengaben herauszustellen[729]. Dazu ist zu sagen: Zwar nimmt Jesus auch die alte Schöpfung in seinen Dienst und erneuert sie; damit ist aber noch nicht alles zu allen Geistesgaben gesagt; vielmehr schenkt Jesus solche Gaben auch als Zeichen der neuen Schöpfung, die er zu seiner Zeit auch ganz und sichtbar herbeiführen wird.[730]

2.2 Beispielhaft einige Gaben

2.2.1. Das »Wort der Weisheit« (1. Kor 12, 8a).

Weisheit ist es, die Welt von Gott her, von seinen Ordnungen in der Natur und für das menschliche Leben her, zu sehen und danach leben zu können.

Das Wort der Weisheit kann praktisch Lebenshilfe geben, wie wir's etwa in den Weisheitsbüchern der Bibel finden, z. B. im Buch der Sprüche. Es nimmt diese Welt mit ihren Problemen ernst; es weiß aber auch um den, der diese Welt geschaffen hat und erhält; und es gibt vom Maßstab seines Wortes her Wegweisung. Es weiß z. B. auch, daß Gott seine Gebote nicht gegeben hat, um uns zu quälen, sondern aus Liebe; weil er weiß, sie dienen dem Leben, und wer sie nicht hält, zerstört eigenes und fremdes Leben.

Und im höchsten Sinn lehrt die Weisheitsrede Christus als Gottes Weisheit, weil im vollen Sinn wir nur dann in unserer Bestimmung leben, Ebenbild und Kind Gottes zu sein, wenn wir Jesus Christus als Heiland und Herrn haben.

2.2.2 Das »Wort der Erkenntnis« (1. Kor 3, 8b)
War der Blick der Weisheit mehr auf die Welt und das menschliche Leben gerichtet, so geht es bei der Erkenntnis wohl mehr um die theologischen Aussagen, um die Gotteslehre.

Diese beiden stellt Paulus voran; sie sind für die Gemeinde sehr wichtig, diese Lehrgaben und -aufgaben, bei denen Jesus die Vernunft des Menschen in seinen Dienst nimmt, auf daß sie von Gottes Wort her Menschen helfen und lehren kann.

2.2.3 »Glaube« als eine besondere Gabe (1. Kor 12, 9a)

Jeder Christ steht im Glauben; nur durch den Glauben an Jesus ist er ja Christ.

Aber Gott gibt auch Menschen in bestimmten Situationen ein besonderes Maß an Glauben: daß sie etwa in einer Zeit der Anfechtung fest stehen und andere vom Wort Gottes her stärken oder trösten können. Oder wenn besonderer Glaubensmut und Glaubenszuversicht nötig ist, wenn es um einen besonderen Schritt geht für die Gemeinde, etwa um die Gründung eines Glaubenswerkes.

2.2.4 »Gabe, gesund zu machen« (1. Kor 12, 9b)

Wörtlich übersetzt heißt es »Gaben, gesund zu machen« (also Mehrzahl). Denn es ist jedes einzelne Mal eine besondere Gabe des Herrn, die er schenkt, wenn auf solche Weise ein Mensch Heilung erfährt. Es ist nicht so, daß ein Mensch Träger dieser Gabe ist, die er allein, ohne Jesus, ausüben könnte.

Der Herr will äußere Heilung auch nicht immer geben; auch dem Apostel Paulus hat er sein Gebet um Heilung nicht so erhört, daß er ihn geheilt hat. Er hat ihm den »Pfahl im Fleisch« gelassen, weil er wußte, daß er in diesem Fall so besser für Gottes Reich ist. Und das soll an erster Stelle stehen (Mt 6, 33).

Es ist auch nicht so, daß solch eine Heilung in die Öffentlichkeit gehört, sondern sie gehört in die Seelsorge, wie auch Jak 5, 14 ff. zeigt.

2.2.5 »Wirkungskräfte zu Machttaten« (1. Kor 12, 10a)

Die Machttaten kennen wir auch aus dem AT (geburot), wo sie besonders im Zusammenhang mit Krieg stehen. Auch im Neuen Bund sind wir in einen Kampf gestellt, wenn auch nicht mit äußerlichen Waffen. Das bekannte Pfingstlied von Philipp Spitta spricht davon (EKG 10):

> »Es gilt ein frei Geständnis in dieser unsrer Zeit,
> ein offenes Bekenntnis bei allem Widerstreit,
> trotz aller Feinde Toben, trotz allem Heidentum
> zu preisen und zu loben das Evangelium.«
> »Du mußt uns Kraft verleihen, Geduld und Glaubenstreu
> und mußt uns ganz befreien von aller Menschenscheu.«

Wenn Menschen (z. B.) an besondere Aufgaben gestellt sind, gibt Gott immer wieder solche Wirkungskräfte, daß sie die Kraft Gottes erleben, und zwar auch in der Bereitschaft zum Leiden. Paulus wurde ins Gefängnis und vor Könige geführt; in einer Weise, wie es von menschlichen Kräften her nicht verständlich ist, hatte er Kraft und Mut zum Bekenntnis und Leiden. Und so durfte er den Sieg des Evangeliums ausrufen. Da wurden diese Kräfte sichtbar.

2.2.6 Prophetisches Reden / Weissagung (1. Kor 12, 10b)
Das ist die Gabe, in die Situation hinein Gottes Wort zu sagen, etwa in der Predigt und in der Seelsorge; wo man oft die Situation der Gemeinde oder des einzelnen nicht kennt, da schenkt es uns Gott, von der Bibel her das Rechte zu erkennen und zu sagen. So kann das geschehen, was 1. Kor 14, 5 sagt: »Wer prophetisch redet, der redet den Menschen zur Erbauung und zur Ermahnung und zur Tröstung.«

Auch Zukünftiges kann gesagt werden (vgl. Apg 21, 11[731], wo sich aber interessanterweise der Apostel Paulus durch diese Prophetie nicht von seinem Weg abbringen läßt).

Während im Alten Bund der Prophet das Wort unmittelbar von Gott bekam und es einfach absolut hinstellte, wird der Prophet des Neuen Bundes von der Gemeinde geprüft, ob das, was er sagt, mit der Bibel übereinstimmt. So schreibt Paulus in Röm 12, 6: »... hat jemand Prophetie, so sei sie dem Glauben gemäß.« In 1. Kor 14, 29 lesen wir auch, daß Prophetie beurteilt werden muß.

Wohl deshalb, weil nach dem NT die Prophetie geprüft werden muß, ob sie mit dem Bekenntnis der Gemeinde übereinstimmt, wird gleich anschließend in 1. Kor 12, 10c als nächste Gabe genannt:

2.2.7 »Die Gabe, die Geister zu unterscheiden« (1. Kor 12, 10c) Diese Gabe vermittelt also, daß erkannt werden kann, »ob der Geist Gottes oder ein anderer (dämonischer) Geist am Werk ist«[732].

Diese Gabe hat in gewisser Weise jeder Christ, wenn er regelmäßig in der Bibel liest, betet und mit Jesus lebt. Dann kennt er ja seinen Herrn und spürt, wenn etwas anderes kommt. Aber wie wir es auch beim Glauben gesehen haben, gibt Gott einzelnen diese Gabe in besonderer Weise, wo sie nötig ist. Das heißt nicht, daß diese Menschen besonders studiert sein müssen.

2.2.8 Das Reden in anderen Zungen, Sprachen, die einem unbekannt sein können; dazu die Gabe, diese Sprache auszulegen (1. Kor 12, 10d+e) Die Korinther schätzten die Zungenrede hoch, weil sie so auffällig war. Paulus aber hat einen anderen Maßstab. Er weiß zwar auch um diese Geistesgabe. Aber weil sein Maßstab für deren Wichtigkeit ist, ob sie zur Auferbauung der Gemeinde dient, will er die Zungenrede in der Gemeindeversammlung nur geübt wissen, wenn jemand da ist, der die Gabe hat, das auch auszulegen.

In der Zusammenstellung der Gaben im Brief an die Römer (Röm 12, 6-8), wo vier Wortgaben (Prophetie, Dienst[733], Lehre und Seelsorge) sowie zwei Tatgaben (Gutestun, Leitungsdienst, Almosen) genannt werden, fehlt die Zungenrede. Wahrscheinlich war sie in Rom nicht da oder nicht wichtig. Und Paulus sieht das auch nicht als Mangel an. Wo eine Gabe nötig ist, schenkt Gott sie, wie es in 1. Kor 12, 11 vom Geist Gottes heißt: Er »teilt einem jeden das Seine zu, wie er will«.

Für Christen ist nur wichtig, treu zu sein in dem, was uns anvertraut ist.

VI. Die Ordnung der Kirche

Das Neue Testament gibt keine ausgeformte Kirchenverfassung.
Es gibt Maßstäbe und Hinweise, die helfen sollen, daß das Wort
Gottes in der Gemeinde und durch sie verkündigt und gelebt
werden kann und die Gemeinde gebaut wird.

So nennt es z. B. verschiedene Dienste und Gaben, die Gott
so gibt, wie er will; er gibt sie, wie sie für das Evangelium und den
Bau der Gemeinde wichtig sind; sie zeigt, wie jeder seine Gabe
»zum Nutzen aller« einbringen soll, wie in einem Leib jedes Glied
seine Funktion hat, und wie alles von der Liebe durchdrungen
sein muß (Röm 12; 1. Kor 12 - 14). Es spricht von dem freiwilligen
Geben (2. Kor 9, 7), von der Gemeindezucht (Mt 18, 15 ff. u. a.)
und vielem anderen.

Wenn wir uns die einzelnen Kirchen und Gemeinden heute
und in den vergangenen Jahrhunderten ansehen, die sich nach
dem Evangelium richten wollten bzw. wollen, stellen wir eine
ziemliche Verschiedenheit fest. Das hängt auch damit zusammen, daß, wie gesagt, die Bibel keine ausgestaltete Kirchenverfassung vorschreibt. Sondern innerhalb der Maßstäbe der
Schrift gestaltet die Kirche ihre Ordnungen in Freiheit. Althaus:
»Die Kirche bedarf freilich einer ihrem Wesen gemäßen Ordnung. Diese hat Sinn und Ziel darin, die rechte Verkündigung sowie das Hören des Evangeliums und den rechten Gebrauch der
Sakramente zu ermöglichen und zu sichern. Ihre konkrete Ge-
staltung ist Sache vernünftigen menschlichen Ordnens in der jeweils besonderen geschichtlichen Lage ... Auch die jeweilige
menschliche Ordnung der Kirche bindet freilich ihre Glieder,
aber nicht weil sie göttlichen Rechtes wäre, sondern weil und so-
fern sie das eigentliche kirchliche Handeln ordnet, in dem sie ihr
Wesen hat, Verkündigung und Sakrament. Sie bindet also nicht
primär, um des Heils willen, sondern sekundär, um der Ordnung
willen. Wir fügen uns in sie nicht des Glaubens wegen, als wäre
sie heilsnotwendig, sondern der Liebe wegen, weil die Kirche ohne
Ordnung nicht leben und nicht handeln kann (CA 15; 28, 55).«[734]

Zu dieser Ordnung gehört auch, daß — unbeschadet des allen Christen gegebenen Verkündigungsauftrags — die Gemeinde Menschen in besondere Aufgaben der Verkündigung und der Sakramentsverwaltung beruft, nämlich dazu, diesen Dienst öffentlich in der Gemeinde auszurichten (vgl. CA XIV). Auch im Neuen Testament finden wir die Ordination zum Dienst der Gemeinde (1. Tim 4, 14; 2. Tim 1, 6; Apg 6, 6; 13, 3)[735].

VII. Die Einheit der Kirche

»*Die Einheit der Kirche* ist ausschließlich ›in dem Sein in Christus‹, dem gekreuzigten und auferstandenen Herrn, begründet« (Künneth[736]). Die von Jesus gewollte Einheit ist also nicht die Einheit unter einem sichtbaren Haupt, etwa einem Papst, Bischof, Stammapostel oder einer leitenden Körperschaft, ist nicht die Machteinheit, sondern das gemeinsame Anteilhaben an Christus und seinem Heil in seinem Zuspruch und Anspruch, das Verbundensein als Glied des Leibes der Gemeinde mit dem Haupt Jesus Christus; das Einssein durch den Geist Gottes. Machteinheit erscheint nur da als echte Notwendigkeit, wo die Einigkeit im Geist nicht da ist und man eben äußerlich zusammenhalten will, was geistlich nicht vereinbar ist.

Das Augsburger Bekenntnis sagt (CA VII): »Sodann lehren sie: Es gibt *eine* heilige Kirche, die immer bleiben wird ... Und zur wahren Einheit der Kirche ist es genug, daß man übereinstimme in der Lehre des Evangeliums und in der Verwaltung der Sakramente. Es ist nicht notwendig, daß die menschlichen Traditionen und die Riten und die Zeremonien, welche von Menschen eingeführt wurden, sich überall gleichen ...«[737]

Die zur Einheit nicht notwendigen »menschlichen Traditionen« sind »alles, was über Verkündigung und Sakrament hinausgeht: Kirchenverfassung, Gottesdienstordnung usw.«[738].

Das heißt: Wenn heute die Kirche in viele Kirchen, Freikirchen und Gemeinschaften organisiert ist, tut das der wahren Einheit keinen Abbruch, wenn sie nur in Wort und Sakrament eins sind, also die geistliche Einheit da ist. Andererseits kann in einer einzigen Kirchenorganisation die Einheit fehlen, wenn jene Einheit fehlt, wenn also ein Pluralismus der Lehren auf den Kanzeln verkündet wird.

> Wenn also z. B. Christen in manchen Weltgebetstagsliturgien Änderungen eingebracht haben, weil sie erkannten, daß die betreffenden Stellen nicht mit der Lehre der Schrift übereinstimmten, und ihnen dann vorgehalten wurde, es sei im Sinne der Einheit, daß auf der ganzen Welt die gleiche Liturgie verwendet wird, so ist dem zu entgegnen: Diejenigen, die falsche Lehren aus der Liturgie entfernt haben, waren dabei im Sinn der Einheit der Kirche tätig. Nur was im Sinn der Schrift ist, dient der wahren Einheit der Kirche.

> Zwei unterschiedliche Konzeptionen der Einheit stehen hinter der Genfer Ökumene einerseits und der Evangelischen Allianz andererseits. Während jene Ökumene Kirchenorganisationen zusammenbindet unter weitgehender Zurückstellung der Aussagen des Bekenntnisses (derzeit sind es mehr als 300 von über 22 000 Kirchen mit ca. 400 Millionen Gliedern von insgesamt 1, 4 Milliarden), ist die Evangelische Allianz »nicht ein Bund von Kirchen und will auch nicht selbst Kirche oder eine Art ›Allianzgemeinde‹ bilden, sondern versteht sich als ein ›Bruderbund‹ derer, die persönlich an Jesus Christus als ihren Herrn und Retter gemäß der Heiligen Schrift glauben.«[739] Die Kirchenzugehörigkeit dieser Glieder spielt keine Rolle, sie ist ganz verschieden. Aber von Anfang an, also schon 1846, hat sie eine Lehrbasis gegeben, die »Basis der Evangelischen Allianz«.[740]

Wo von einer Kirche Zentralisierung angestrebt oder wo kirchliche Großorganisationen aufgebaut werden, ist dies also nicht notwendigerweise im Sinne der Einheit, die Jesus Christus meint (Joh 17, 21); entscheidend ist jene Übereinstimmung in Wort und Sakrament (CA VII). Es ist also stets zu prüfen, ob die Vorteile, die sich bei einem Zusammenschluß etwa aus Verwaltungsgründen ergeben, nicht durch Nachteile für die geistliche Einheit erkauft werden.

In diesem Zusammenhang ist auch die Diskussion um die sog. **»Parallelstrukturen«** zu prüfen. »Mitte der 80er Jahre« wurde »der sozialistische ... Begriff der ›Parallelstruktur‹ aus der Kampfsprache entlehnt, die damals den ›Prager Frühling‹ niederknüppelte. Mit dem Begriff ›Parallelstruktur‹ zog man dann gegen die freien evangelikalen Werke zu Felde« (Rolf Scheffbuch, Es geht ans Eingemachte, in: idea-spektrum 11/1992 S. 1 f. (S. 2)). Abgesehen davon, daß viele dieser so bezeichneten Kreise, Gruppen und Werke schon längst vor denjenigen da waren, deren Parallelen sie sein sollen, ist zu fragen, ob die christliche Initiative und Beweglichkeit im Dienst von Diakonie und Mission, wie sie in solchen Werken zum Ausdruck kommt, zugunsten von Monopolstrukturen aufgegeben werden sollen, die zwar mehr Macht haben, aber der Vielfalt in der Kirche nicht entsprechen, auch oft nicht so gemeindenah und beweglich sind. Für die geistliche Einheit sind kleine Einheiten besser, sie brauchen für die Zusammenarbeit untereinander die brüderliche Einigung, die in Monopolstrukturen durch Entscheidungen »von oben« ersetzt werden kann.

E. Reich Gottes und Israel

»Gott kommt in Israel zur Welt der Völker. ›Das Heil kommt von den Juden‹ (Joh 4, 22).«[741]

Jesus ist der Messias Israels.

Israel hatte auf den Messias und sein Reich gewartet, aber den Messias Jesus nicht angenommen. Jesus beruft heute Juden und Heiden zu seiner Gemeinde. Israel als Volk wurde für eine Zeit beiseitegesetzt, aber nicht ersetzt, nicht »substituiert« durch die Kirche[742]. Gegen die oft in der Kirche vertretene Meinung, sie sei an die Stelle Israels getreten, steht eindeutig die Grundstelle für das Thema Israel im Neuen Testament, Röm 9 – 11. Gott kommt mit seinem Volk zum Ziel und wird seine Verheißungen an ihm erfüllen (Röm 11, 25 - 29). Zwar gibt es keinen Weg der Rettung an Jesus vorbei (Apg 4, 12), auch für Israel nicht; aber Israel wird ihn erkennen und annehmen (Sach 12, 10), wenn die Gnadenstunde der Völker abgelaufen ist (Röm 11, 25 f.).

F. Die Vollendung des einzelnen Menschen

»Der Mensch erreicht sein letztes Ziel noch nicht in diesem, sondern erst in jenem Leben« (Schmid[743]).

Dieses Ziel ist entweder die eigentliche Bestimmung, die Gott jedem Menschen zugedacht hat, nämlich das ewige Leben, die ewige Gottesgemeinschaft: ». . . wir werden bei dem Herrn sein allezeit« (1. Thes 4, 17b). *Oder* aber ist das Ziel das ewige Verlorensein (Mt 25, 41. 46 u.a.).

In der Gemeinschaft, in welche der Mensch sich in diesem Leben hat hineinnehmen lassen, wird er ewig sein[744].

Gegen diese biblische Lehre vom doppelten Ausgang für die Menschheit steht die *Allversöhnungslehre*, wie sie der kirchliche Gnostiker Origenes zuerst im Rahmen der Kirche vertreten hat; von der Gnosis aus, die die Lehre von der Emanation, dem Herausfließen aus Gott, und die Rückkehr zu Gott lehrt[745], ist das verständlich. Diese Lehre widerspricht aber der biblischen Gottes- und Schöpfungslehre, die die Transzendenz Gottes lehrt, seine Unterschiedenheit von der Schöpfung. Das Augsburger Bekenntnis (Art. XVII) verwirft ausdrücklich die Lehre, »daß die Teufel und verdammte Menschen nicht ewige Pein und Qual haben werden«.

Die Allversöhnungslehre ist auch vertreten in manchen pietistischen Richtungen; so vertrat sie Michael Hahn (siehe dazu W. F. Stroh: Die Lehre des württembergischen Theosophen Johann Michael Hahn, §§ 120 ff., S. 188 ff.). Andere pietistische Richtungen lehren hier ganz anders; siehe etwa Heinrich Coerper, den Gründer der Liebenzeller Mission (siehe dazu Koch, Heinrich Coerper und sein Werk, S. 11 – 192).

Ebenso widerspricht die Allerwählungslehre Karl Barths, für die es kein Verlorengehen mehr gibt (Barth, KD II 2, S. 351), der Lehre der Schrift.

Auch »die im Altertum (Pythagoras, Plato, Gnostiker und Manichäer) und auch in der Gegenwart (Theosophen) weit verbreitete Lehre von der *Seelenwanderung* (Metempsychose, Reinkarnation), wonach die Seele nach dem Verlassen ihres bisherigen Leibes in einen anderen Leib eingeht, bis sie vollkommen geläutert ist, um zur Seligkeit zu gelangen«[746], entspricht *nicht* der Lehre der Bibel an diesem Punkt (vgl. Hebr 9, 27: Es ist »den Menschen bestimmt, *einmal* zu sterben, danach aber das Gericht«).

Obwohl die katholische Lehre diesen doppelten Ausgang der Menschheit ebenfalls lehrt, schiebt sich bei ihr noch dazwischen die Lehre vom *Fegfeuer* ein, das nur für Gläubige da ist: »Die Seelen der Gerechten, die im Augenblick des Todes noch mit läßlichen oder zeitlichen Sündenstrafen belastet sind, gehen in das Fegfeuer ein.«[747] Dahinter steht die Lehre, die L. Ott[748] so formuliert: »Mit der Sündenschuld und der ewigen Strafe werden von Gott nicht immer alle zeitlichen Sündenstrafen nachgelassen.«

Damit hängt auch die Lehre vom *Ablaß* zusammen, über den sich im neuen Gesetzbuch der katholischen Kirche von 1983 auch ein ganzes Kapitel findet (CIC can. 992 — 997). Den Begriff Ablaß definiert L. Ott so: »Unter Ablaß (indulgentia) versteht man die außersakramentale, vor Gott gültige Nachlassung der nach Vergebung der Sündenschuld zurückgebliebenen zeitlichen Sündenstrafen, die die kirchliche Autorität aus dem Genugtuungsschatz der Kirche den Lebenden durch Lossprechung, den Verstorbenen durch Fürbitte gewährt...« »Der Ablaß ist keine *Sündenvergebung*, sondern setzt sie als notwenige Vorbedingung voraus«[749]. Das heißt also: Man kann von Jesus Vergebung der Sünden erlangt haben und trotzdem noch eventuell lange Zeit ins Fegfeuer kommen. Jes 53, 5b redet anders: »Die Strafe (!) liegt auf ihm, auf daß wir Frieden hätten...« Luther über die Fegfeuerlehre: »Drum ist Fegfeuer mit allem seinem Gepränge, Gottesdienst und Gewerbe für ein lauter Teufelsgespenst zu achten; denn es ist auch wider den Hauptartikel, daß allein Christus und nicht Menschenwerk den Seelen helfen soll...«[750]

Auch Michael Hahn kennt — im Zusammenhang seiner Allversöhnungslehre — »*Wiederbringungsanstalten*«[751], darunter »(a)uch für die unvollendeten Glaubigen ... Reinigungs- und Ausreifungsanstalten, durch welche sie vollends zubereitet werden zur Herrlichkeit«[752]. Das finden wir aber nicht als Lehre der Bibel.

I. Der Tod

Die Heilige Schrift kennt einen ersten und einen zweiten Tod.

1. Der erste Tod

Das irdische Leben des Menschen endet mit dem biologischen Tod. Der Tod ist nicht ursprünglich von Gott gewollt, der Baum des Lebens war dem Menschen nicht verwehrt (1. Mo 2, 9. 17), sondern der Tod ist »eine Straffolge der Sünde«[753] (1. Mo 2, 17; Röm 5, 12; 6, 23a).

Während die Lebenszeit eine Zeit der Gnade ist, in der der Mensch in die Gemeinschaft mit Gott gerufen wird und sich so bekehren kann, endet diese Zeit mit dem Tod[754].

Während neuere Theologen (z. B. Karl Barth) eine Ganztodtheorie vertreten, also ein völliges Ende der Existenz des Menschen beim Tod lehren und behaupten, erst mit der Totenauferstehung trete er in ein (neues) Dasein, kennt die Bibel einen Zwischenzustand, eine Existenz nach dem Tod auch schon vor der Auferstehung des Leibes; für Christen ist es ein Sein bei Christus (Phil 1, 23; vgl. auch Lk 23, 43; siehe auch 1. Petr 3, 19).

Von der biblischen Lehre vom Menschen als einem Einheitlichen, nicht wie im griechischen Bereich in die Teile Geist, Seele und Leib Zergliederbaren, ist das vom menschlichen Verstand her schwer klarzumachen. So ist auch das Sterben nicht ein Befreitwerden der Seele aus dem Leibe (man beachte den positiven Akzent!), wie im griechischen Bereich, sondern ein »Entkleidetwerden« (2. Kor 5, 4). Und doch kennt die Bibel eine Art Personkern, das Ich, das auch im Tod nicht endet; wenn alle anderen Beziehungen abbrechen, so hat der Christ die Gewißheit, daß die Gottesbeziehung auch im Tod nicht aufhört; er hat ewiges Leben, das in diesem Leben beginnt und auch im Tod nicht zerstört wird (Phil 1, 23; Röm 8, 37-39; Offb 6, 9-11).

»Stark ist meines Jesu Hand
und er wird mich ewig fassen;
hat zu viel an mich gewandt,
um mich wieder loszulassen.
Mein Erbarmer läßt mich nicht,
dies ist meine Zuversicht.«

Adolf Köberle schreibt: »Theologen wie Karl Barth, Carl Stange
und zeitweise auch Paul Althaus, die der Hybris der griechischen
Unsterblichkeitszuversicht entgegentreten wollten, bekannten
sich darum, in merkwürdiger Übereinstimmung mit den ›Ernsten Bibelforschern‹ zu der Lehre vom Seelentod, vom Ganz-
Tod, den der sündige Mensch als verdientes Gericht zu erleiden
hat. Allein diese Anschauung ist nicht schriftgemäß. Die Genannten mußten sich von Wilhelm Stählin mit Recht sagen lassen: ›Die Rede vom Ganztod ist ein erschreckendes Beispiel
für die Gefahr, der die Theologie immer wieder erlegen ist, in
der Abwehr eines Irrtums in einen entgegengesetzten Irrtum
zu verfallen, also anstelle einer Irrlehre eine neue Irrlehre zu
setzen.‹«[755]

2. Der zweite Tod

Der zweite Tod (Offb 2, 11; 20, 6. 14; 21, 8) »ist die Verurteilung
zur ewigen Verdammnis und diese Verdammnis selbst, sozusagen die Strafhaft, das ewige, bewußte, schmerzvolle Wegge-
schiedensein von Gott, die äußerste ›Finsternis‹, wo ›sein wird
Heulen und Zähneknirschen‹ (Mt 8, 12; 22, 13; 24, 51; 25, 30). Es ist
die Zeit, der Ort und der Zustand, bei denen es dem Menschen
mit Schrecken aufgeht, was es heißt, Gott nicht zu haben«[756].

Dieser zweite Tod ist also nicht »Vernichtung«, Auslöschen
der Existenz, sondern ewige Existenz in der Gottesferne, »wo ihr
Wurm nicht stirbt und das Feuer nicht verlöscht« (Mk 9, 48; vgl.
auch Offb 13, 11). »Weil dagegen für die Glaubenden ›in Christus

keine Verdammnis ist‹ (Röm 8, 1), ... ›(hat) der zweite Tod ...
keine Macht über sie‹.«[757]

II. Die Auferstehung der Toten

Die Bibel lehrt eine Auferstehung des Leibes, und zwar des Leibes aller Menschen, nicht allein der als Glaubende Verstorbenen: »Und viele, die unter der Erde schlafen liegen, werden aufwachen, die einen zum ewigen Leben, die andern zu ewiger Schmach und Schande« (Dan 12, 2; vgl. auch Joh 5, 28 f.; 1. Kor 15; Offb 20, 12).

Auferstehung ist nicht bloß Wiederbelebung, sondern Neuschöpfung, wobei Gott der Schöpfer das »Material« der alten Schöpfung benutzt — das ist seine Treue zur alten Schöpfung. So war Christi Grab leer (Mt 28, 6; Mk 16, 6; Lk 24, 5 f.; Joh 20, 1 ff.), an seinem neuen Leib waren die Nägelmale sichtbar (Joh 20, 20. 27).

> »Dieser meiner Augen Licht
> wird ihn, meinen Heiland, kennen;
> ich, ich selbst, ein Fremder nicht,
> werd in seiner Liebe brennen.
> Nur die Schwachheit um und an
> wird von mir sein abgetan.«[758]

Die Bibel lehrt eine erste und eine zweite Auferstehung (Offb 20, 5 f.):

Die *erste Auferstehung* ist die, an der die Toten teilhaben, die Christus angehören (1. Thes 4, 15 - 17; 1. Kor 15, 22 ff.; Phil 3, 11).

Wie Christus auferstanden ist, so wird er, das Haupt, seine Glieder nach sich ziehen (1. Kor 15); sie, die einst den Geist Gottes als »Unterpfand« bekommen haben (2. Kor 1, 22; 5, 5; Eph 1, 14), bei denen »Neues geworden« ist (2. Kor 5, 17), werden die *ganze* Neuschöpfung an sich erfahren, die Vollendung, um die Paul Gerhardt bittet: »Laß mich, laß mich hingelangen, da du mich und ich dich leiblich werd umfangen.«[759]

Die *zweite Auferstehung* ist die, an der alle übrigen Menschen teilhaben und die erst danach, nach dem Reich der 1000 Jahre, stattfinden wird (Offb 20, 5; 1. Kor 15, 23 f.)[760].

»Selig ist und heilig, der teilhat an der ersten Auferstehung. Über diese hat der zweite Tod keine Macht; sondern sie werden Priester Gottes und Christi sein und mit ihm regieren tausend Jahre« (Offb 20, 6), und danach — in der neuen Schöpfung — werden sie regieren »von Ewigkeit zu Ewigkeit« (Offb 22, 5). Was jetzt schon in Schwachheit im allgemeinen Priestertum der Gläubigen anfängt (1. Petr 2, 9; Offb 1, 6; 5, 10), wird in besserem Dienst ewig fortgesetzt.[761]

Die Heilige Schrift lehrt, daß bei der ersten Auferstehung eine **Entrückung** der zu dieser Zeit auf der Erde lebenden Glieder der Gemeinde Jesu Christi stattfindet: »Wir werden nicht alle entschlafen, wir werden aber alle verwandelt werden ... Denn dies Verwesliche muß anziehen die Unverweslichkeit, und dies Sterbliche muß anziehen die Unsterblichkeit« (1. Kor 15, 51. 53); »er selbst, der Herr, wird, wenn der Befehl ertönt, wenn die Stimme des Erzengels und die Posaune Gottes erschallen, herabkommen vom Himmel, und zuerst werden die Toten, die in Christus gestorben sind, auferstehen. Danach werden wir, die wir leben und übrigbleiben, zugleich mit ihnen entrückt werden auf den Wolken in die Luft, dem Herrn entgegen; und so werden wir bei dem Herrn sein allezeit« (2. Thes 4, 16 - 18; vgl. auch Mt 24, 40 - 41). Die Verwandlung des irdischen Leibes in einen der neuen Schöpfung bezeichnet der Apostel Paulus auch als Überkleidetwerden im Unterschied zum Sterbenmüssen, das er ein Entkleidetwerden nennt (2. Kor 5, 2. 4).

Auch 1. Kor 15, 51 - 52 lesen wir — wie 2. Thes 4, 16 — von der Posaune bei der mit der ersten Auferstehung verbundenen Entrückung: »zur Zeit der letzten Posaune«[762]. Das Buch der Offenbarung spricht von sieben Posaunen (Offb 8 - 11). In Offb 10, 7 heißt es bezüglich der siebenten, letzten Posaune: »... dann ist vollendet das Geheimnis Gottes ...« In Eph 3, 4 f. ist vom Geheimnis Christi die Rede, nämlich von dem Geheimnis der Gemeinde des Neuen Bundes, das das Kernstück des Geheimnisses von Offb 10, 7 ist[763].

Über den Zeitpunkt der Entrückung gibt es verschiedene Meinungen. Aus den genannten Stellen könnte die Bibel auf die Zeit der siebenten Posaune der Offenbarung weisen, das wäre in der Zeit des antichristlichen Weltreiches; also nicht vor dieser Zeit, als ob der Gemeinde alles Leiden erspart würde, auch nicht nach dieser Zeit, sondern sie kommt aus dieser Zeit (vgl. Offb 3, 10, wo es wörtlich heißt: »aus (griech.: ek) der Stunde der Versuchung«, nicht »vor«[764]). Grünzweig sagt zum Zeitpunkt der Entrückung: »Weder vor oder nach« »der großen Trübsal«, »sondern aus der großen Trübsal heraus, dann, wenn die Stunde Gottes gekommen ist, und zwar gegen Ende der Zeit des Antichrists«[765]; also noch vor der Wiederkunft Christi[766].

Die Gemeinde aber ist aufgerufen, jederzeit bereit zu sein für die Stunde, in welcher ihr Herr kommt; wie eine Braut auf ihren himmlischen Bräutigam (vgl. Offb 19, 7) zu warten, so daß er jederzeit kommen kann (vgl. Mk 13, 33 - 37).

G. Die Wiederkunft Christi und das messianische Friedensreich

Das letzte Reich der Weltgeschichte ist nicht eines der Weltreiche, sondern Christi Reich. **Jesus Christus kommt wieder als Sieger** und macht dem Letzten der Weltreiche, dem antichristlichen Reich, ein Ende (Offb 19, 11 - 21).

Jetzt kommen die messianischen Verheißungen, die schon im Alten Bund gegeben wurden, zur Erfüllung: die Völkerwallfahrt zum Zion, die Weisung vom Zion aus, die allgemeine Abrüstung (Jes 2, 1 - 4), Gerechtigkeit für die Menschen und Frieden in und mit der Schöpfung (Jes 11). Im **tausendjährigen Friedensreich des Messias Jesus** (Offb 20, 1-6), das nun beginnt, wird das alles erfüllt werden. Gottes erste Liebe Israel wird in Jesus ihren Messias erkennen und sich zu ihm bekehren (Sach 12, 10; Röm 11, 26).

Zwar wird die Sünde noch nicht endgültig beseitigt sein[767]; das wird erst in der neuen Schöpfung so sein. Aber der Satan wird für die tausend Jahre gebunden, »damit er die Völker nicht mehr verführen sollte, bis vollendet würden die tausend Jahre« (Offb 20, 2-3).

> Während noch die Alte Kirche die biblische Lehre vom Tausendjährigen Reich kannte (»Papias, Justin, Irenäus, Tertullian u.a.«[768]), wurde dieses bei Augustin fälschlicherweise vergeistigt und als die Zeit der Kirche verstanden[769]. Die katholische Kirche[770] und selbst viele lutherische Lehrer vertreten auch heute noch diese Lehre nicht.
>
> Die Reformation hatte es mit Bewegungen zu tun, die ein solches Friedensreich selbst mit Gewalt aufrichten und herbeiführen wollten[771]; so kam es im Augsburger Bekenntnis Artikel XVII zur Ablehnung von »etlichen jüdischen Lehren, die sich auch itzund (jetzt, d. Vf.) eräugen, daß vor der Auferstehung der Toten eitel Heilige, Fromme ein weltliches Reich haben und alle Gottlosen vertilgen werden«[772]. Dieser Artikel hat seine bleibende Bedeutung darin, alle Lehren und Richtungen als unbiblisch abzulehnen, die meinen, der Mensch könne das Reich Gottes selbst schaffen oder vorwegnehmen. Jesus Christus selbst ist es, der sein Reich aufrichtet.

Dieses Reich der tausend Jahre ist noch nicht die Vollendung. Wir haben gesehen, daß die Sünde noch nicht endgültig beseitigt ist. Der Satan ist gebunden, aber noch nicht für immer weggenommen. Dies letzte Reich in der Geschichte dieser alten Schöpfung wird eine Zeit sein, in der es leicht ist, an Gott zu glauben. In der es auch vor Augen liegt, wie sinnvoll es ist, Jesus zu dienen. Aber nach dieser Zeit schickt Gott erneut eine »Echtheitsprobe«[773] (Offb 20, 7 ff.). Der Satan wird noch einmal losgelassen, um die

»Echtheit des Glaubens der während des Tausendjährigen Reiches für Jesus gewonnenen Menschen bzw. Völker« zu erproben[774]. Dieser »radikal Böse« hat sich in der Zeit seines Gebundenseins nicht gewandelt. Er sammelt seinen Anhang und zieht gegen das bekehrte Israel und gegen die anderen an Jesus Glaubenden, wie auch schon früher sein Haß Gott und seinen Erwählten gegolten hat. Und es zeigt sich, daß selbst im messianischen Friedensreich viele sich nicht wirklich zu Jesus bekehrt haben; sie sind wohl Mitläufer gewesen, aber in der Zeit der Probe wird ihr wahres Wesen offenbar; »wie der Sand am Meer« (Offb 20, 8) ist die Zahl derer, die sich vom Satan verführen und in seine Pläne hineinnehmen lassen. Aber Gott greift ein, und damit ist die Rebellion des Teufels gescheitert, und er wird endgültig an den Ort des Gerichts gebracht (Offb 20, 9 f.).

H. Das Weltgericht

Nach dem Reich der tausend Jahre kommt die zweite Auferstehung (Offb 20, 5; s.o.). Und nun erscheinen alle Toten vor dem Thron Gottes zum letzten Gericht (Offb 20, 11 - 15)[775]. »Die ganze Schöpfung versinkt hier vor ihrem Schöpfer in das Nichts, aus dem er sie gerufen hat. Und dann stehen in großer Einsamkeit die eigentlichen Partner des Weltgeschehens einander gegenüber, der Mensch und Gott als sein Richter. An diesem Gegenüber hat sich der Verlauf des Ganzen entschieden, und in diesem Gegenüber erfolgt nun die Wende des Gesamtgeschehens hin zu einer neuen Welt.«[776]

Es liegt ein tiefer Ernst über diesem Gericht: »Jedes Glied der Menschheit erhält nun seinen ewigen Ort.«[777]

In diesem letzten Gericht gilt nicht Willkür und Laune, sondern es wird gerichtet nach dem, was in Gottes Büchern festgehalten ist.

Und zwar finden sich da Bücher mit den Werken der Menschen und ein weiteres Buch, das Buch des Lebens.

Die Menschen werden alle gerichtet nach dem, was in den Büchern steht, »nach ihren Werken«; aber danach kann *niemand* in Gottes Gericht bestehen. Nach den Werken geurteilt, wäre jeder Mensch verloren. Aber zu den Büchern kommt ein anderes Buch: das »Buch des Lebens«. Es ist das entscheidende Buch; nämlich das Buch, in das die eingeschrieben sind, die durch den Glauben an Jesus Christus Gottes Kinder geworden sind. An diesem Buch scheidet sich die Menschheit in Verlorene und Gerettete: »Und wenn jemand nicht gefunden wurde geschrieben in dem Buch des Lebens, der wurde geworfen in den Feuersee« (Offb 20, 15), also in den Ort der ewigen Strafe und Verdammnis.

Dieser Ausblick ermahnt uns, die wir unterwegs sind, diese Zeit und die Ewigkeit ernstzunehmen, wie es am Haus der in der Seelsorge Blumhardts des Älteren für Jesus Christus freigewordenen Gottliebin Dittus stand:

> »Mensch, bedenk die Ewigkeit
> und spotte nicht der Gnadenzeit,
> denn das Gericht ist nicht mehr weit.«

Die Worte aus dem letzten Buch der Bibel machen uns auch froh darüber, daß heute noch Zeit der Gnade Gottes ist, wie das Lied sagt:

> »Noch sind die Gnadenpforten den Sündern aufgetan,
> so daß man allerorten zum Frieden kommen kann.
> Noch kannst du Jesus finden, der dir Gerechtigkeit
> und Heilung von den Sünden aus freier Gnade beut.«[778]

Heute noch wird die Bitte des Liedes von Valerius Herberger erhört: »Schreib meinen Nam aufs beste ins Buch des Lebens ein.«[779]

J. Das vollendete Gottesreich

In den letzten beiden Kapiteln der Bibel (Offb 21 und 22) finden wir das vollendete Gottesreich in der neuen Schöpfung (siehe auch 2. Petr 3, 13); die erste Schöpfung ist vergangen (Offb 21, 1). Gott macht »alles neu« (Offb 21, 5).

Diese neue Schöpfung mit der ungetrübten Geminschaft des Menschen mit Gott (Offb 21, 3) ist das Ziel der Heilsgeschichte, das Ziel der Wege Gottes. Das Alte ist vorbei: »Gott wird abwischen alle Tränen von ihren Augen, und der Tod wird nicht mehr sein, noch Leid noch Geschrei noch Schmerz wird mehr sein; denn das Erste ist vergangen« (Offb 21, 4).

Angesichts der wunderbaren Wege und Taten und Gedanken Gottes können wir Menschen nur staunen und anbeten, wie es der Apostel Paulus (Röm 11, 33 - 36) tut:

»O welch eine Tiefe des Reichtums, beides, der Weisheit und der Erkenntnis Gottes! Wie unbegreiflich sind seine Gerichte und unerforschlich seine Wege! Denn wer hat des Herrn Sinn erkannt, oder wer ist sein Ratgeber gewesen? Oder wer hat ihm etwas zuvor gegeben, daß Gott es ihm vergelten müßte? Denn von ihm und durch ihn und zu ihm sind alle Dinge. Ihm sei Ehre in Ewigkeit! Amen.«

Anmerkungen

[1] Erstes Buch S. 13; vgl. auch Blaise Pascal: »Im Herzen eines jeden Menschen gibt es ein von Gott geschaffenes Vakuum, das durch nichts Erschaffenes erfüllt werden kann als allein durch Gott, den Schöpfer, wie er sich uns in Jesus Christus offenbart.« (Schäfer II, Ziff. 542); siehe auch Tersteegen (EKGwürtt. 397, 1b):
»... Weil du uns Herz und Leben / allein für dich gegeben,
das Herz allein in dir auch ruht.«

[2] Er war ja nach Aram gewandert, Gen 11, 30, vgl. Keil, Lev/Num/Dtn S. 524 f.

[3] Botenformeln sind rechtlich bedeutsam; sie weisen das überbrachte Wort aus als eines, das der betreffende Bote von dem genannten Geber der Botschaft empfangen hat, und leiten es ein (siehe Rendtorff S. 123)

[4] Beyerlin, Religionsgeschichtliches Textbuch zum AT, S. 148; siehe dazu auch Preuß II, S. 75

[5] Vgl. Cullmann, Christus und die Zeit

[6] Siehe dazu auch Kraus, Syst. S. 135

[7] Harris II, S. 938

[8] Vergleiche auch die Theologische Erklärung von Barmen von 1934, These 1; diese spricht von dem »Wort Gottes, das wir zu hören, dem wir im Leben und Sterben zu vertrauen und zu gehorchen haben.« Also wieder: Hören und vertrauen / gehorchen gehören zusammen. Daß von Jesus Christus als dem einen Wort Gottes die Rede ist, meint nicht ein Leugnen des Redens Gottes im Alten Testament, ist auch nicht gegen die Bibel als Wort Gottes gerichtet; der Gegner ist die natürliche Theologie in der kirchlichen Verkündigung (Scholder II, S. 191 f.; Wolf, Barmen S. 103 ff.; Joest, Dogmatik II, S. 497 f.). Scholder II, 191 f.: »Das eigentümliche Schriftbild sollte schon äußerlich das besondere Gefälle der Thesen andeuten, das vom alles begründenden Schriftwort über die als eine aktuelle Auslegung verstandene These zur daraus folgenden, notwendigen, aber minder wichtigen Verwerfung ging ... Mit ihrem Aufbau und erst recht mit ihrem Inhalt wiederholte die erste These im Grunde nichts anderes als das mächtige dreifache ›Solus‹ der Reformation: Solus Christus, sola scriptura, sola fide.« Vgl. auch die Thesen des Theologischen Konvents Bekennender Gemeinschaften zur »Gültigkeit und Aktualität der Barmer Erklärung« vom 22. 9. 1984, wo es zur ersten Barmer

These u. a. heißt: »Wir *bekennen* erneut die alleinige Gültigkeit des Offenbarungsanspruches der Heiligen Schrift ... Die Mitte der Bibel und der Deutungsschlüssel ist allein Jesus Christus, unser ›einziges Heil im Leben und Sterben‹ ... Daher *verwerfen* wir jede Anpassung der christlichen Verkündigung, Unterweisung und Seelsorge an diese Geister der Zeit.« Zu solch schlimmer ›Anpassung an die Geister der Zeit‹ ist es durch eine Ausweitung und Pervertierung der Lehre vom ›bürgerlichen Gebrauch des Gesetzes‹ gekommen, die den Willen Gottes nicht allein aus der Schrift, sondern auch aus Ordnungen und aus Ereignissen der Geschichte erkennen zu können glaubte (Joest, Dogmatik II, S. 496 f.)

[9]   Hervorhebungen K.B.

[10] Der französische Philosoph Cartesius (Descartes, 1596 – 650) brachte mit seinem Ausgangspunkt vom menschlichen Subjekt (»cogito, ergo sum« — ich denke, also bin ich) eine geistige Wende.

[11] Lamparter S. 9 und S. 20

[12] Jörg Jeremias, thb 6/89 S. 290, vgl. auch S. 293

[13] Maier, histor.-krit. Methode S. 17

[14] Zum Beispiel die Rede vom »Volksnomos« (Wilhelm Stapel); jedes Volk habe seinen eigenen Volksnomos, die 10 Gebote seien der Volksnomos der Juden, die Deutschen aber hätten ihren eigenen; so wurde die nationalsozialistische Bewegung gerechtfertigt.
      Die bekennende Gemeinde nahm damals sehr deutlich Stellung, z. B. Barmer Theologische Erklärung, These 1, vgl. Scholder II, S. 192 f.; Betheler Bekenntnis vom November 1933, Abschnitt IV, 1., z. B. »Der Glaube hat seinen Grund nicht in dem durch die Natur uns vermittelten Wirken Gottes, sondern in seinem Wort«. »Gott redet nicht unmittelbar aus einer bestimmten, geschichtlichen Stunde zu uns und offenbart sich nicht in einem unmittelbaren Handeln in der Schöpfung. Es ist Schwärmerei, den Willen Gottes ohne das äußerliche Wort der Heiligen Schrift, an das Gott sich gebunden hat, vernehmen zu wollen.« (Schmidt, Bekenntnisse, S. 112)

[15] NR 27 – 30; siehe auch L.Ott, Dogmatik S. 124. Damit hängt sicherlich auch die positive Einstellung der katholischen Kirche zu den nichtchristlichen Religionen zusammen, vgl. 2. Vatikan. Konzil, Erklärung über das Verhältnis der Kirche zu den nichtchristlichen Religionen, siehe in Rahner-Vorgrimler S. 356 (und Einleitung S. 349 ff.)

[16] L. Ott, Dogmatik S. 22

[17] L. Ott, Dogmatik S. 23; Schon das IV. Laterankonzil 1215, NR 280, DS 806; vgl. auch Mildenberger, Grundwissen, 4. 2. 1. 2, 3. Aufl. S. 92

[18] L. Ott, Dogmatik S. 23

[19] Dionysius lebte um 500, er ist Verfasser »neuplatonisch mystischer Schriften«, »verschmilzt den Platonismus der späten Antike ... mit dem orientalischen Christentum des ausgehenden 5. Jhs.« (Heussi, Kirchengeschichte, S. 147)

[20] Pöhlmann, Dogmatik S. 110

[21] Pöhlmann, Dogmatik S. 110

[22] L. Ott, Dogmatik S. 23; man beachte aber den Wechsel bei Ott von ›Ursache‹ zu »Urheber«

[23] Anders ist es im Neuplatonismus; nicht zufällig hat der neuplatonisch beeinflußte Dionysius die Lehre vom dreifachen Weg entworfen! Der Neuplatonismus kannte den Begriff der Emanation: Alles, was ist, fließt aus dem Einen. Plotin, der Begründer des Neuplatonismus († 269 n. Chr.), hat verschiedene Bilder: Wie Wasser aus der Quelle, das Licht von der Sonne, der Baum aus der Wurzel, das Abbild vom Urbild. So fließt aus Gott die Schöpfung. Das ist nicht die Lehre der Bibel.

[24] Auch nicht die Spitze der Seinspyramide, wie bei Thomas von Aquin (siehe Weber I S. 9)

[25] Vgl. auch das Betheler Bekenntnis von 1933, Abschnitt IV., 1: »Glaube und natürliche Erkenntnis sind darum nicht mehr eins, weil wir als in Sünde gefallene Menschen in Gottes Schöpfung leben, und weil sie darum für unsere Vernunft nicht mehr das eindeutig zu vernehmende Wort Gottes sein kann.« (Schmidt, Bekenntnisse, S. 112)

[26] L. Ott, Dogmatik S. 15

[27] Zur Schrift als Offenbarungsurkunde siehe Teil B

[28] Zu den Gottesbeweisen siehe Kraus, Syst., 110, S. 273 f.

[29] Vgl. auch Apg 2, 42

[30] Siehe dazu Gerhardsson, Evangelientradition; Riesner, Jesus als Lehrer, daselbst z.B. auch den Abschnitt über »Bewahrende Formung« (S. 392 ff.); Stuhlhofer, Jesus und seine Schüler

[31] Schlatter, Glaube, S. 551

[32] So aber Karl Barth, KD I/2 S. 512, vgl. Maier, Hermeneutik S. 102f.)

[33] Siehe dazu auch Slenczka, Kirchliche Entscheidung S. 38 ff. und 59 ff.; z. B. »*Die Heilige Schrift ist das Wort des dreieinigen Gottes*; deshalb und dadurch ist sie die Grundlage der christlichen Gemeinde ... es wird gesagt, die Heilige Schrift *enthalte* Gottes Wort in menschlicher Rede, das durch je neue Auslegung als Gottes Wort verständlich gemacht und zur Geltung gebracht werden müsse. Das Wort Gottes jedoch sei für den Menschen unverfügbar.
Mit dieser Auffassung werden Geist und Buchstabe in der heiligen Schrift voneinander getrennt; das äußere Bibelwort bleibt dann toter

Buchstabe, solange nicht der Geist hinzutritt. Woher aber und wodurch kommt dieser Geist? Kommt er aus menschlichen Erfahrungen und Verfahren?« (aaO. S. 59).

Für die katholische Theologie siehe L. Ott, Dogmatik S. 111: »Wenn auch die ganze Hl. Schrift inspiriert und Gottes Wort ist, so ist doch in Anlehnung an Thomas ... zu unterscheiden zwischen dem, was per se, und dem, was per accidens inspiriert ist. Da die in der Hl. Schrift niedergelegte Offenbarungswahrheit dem Zweck religiös-sittlicher Belehrung dienen will, erstreckt sich die Inspiration per *se* auf die *religiösen und sittlichen Wahrheiten*. Die in der Hl. Schrift enthaltenen profanen (naturwissenschaftlichen und geschichtlichen) Angaben sind nicht per se, sondern nur per accidens inspiriert, d. h. wegen ihrer Beziehung zu den religiös-sittlichen Wahrheiten. Auch das per accidens Inspirierte ist Gottes Wort und folglich irrtumslos. Da sich aber die Hagiographen in profanen Dingen einer vulgären, d.h. nichtwissenschaftlichen, der geistigen Auffassung ihrer Zeit angepaßten Darstellungsform bedienen, ist hier eine freiere Auslegung möglich.«

[34] Zur Einheit der Schrift siehe auch Abschnitt B. III Heilige Schrift und Heilsgeschichte.

[35] Folgende Kirchenväterzitate aus Pache, Inspiration, S. 229 f., dort auch Quellenangaben

[36] W 9, 87 (Galaterbrieferklärung von 1535)

[37] Maier, hist.-krit. Methode S. 17

[37a] Maier, aaO. S. 18

[38] Kritisch zur »Historisch-kritischen Forschung« auch Kraus, Syst, S. 67 ff.: »Sie arbeitet ... eine solche ›Wirklichkeit‹ heraus, die alle der Geschichte des kommenden Reiches Gottes eigenen Voraussetzungen und Zusammenhänge strikt eliminiert, ja überhaupt von der Wirklichkeit eines handelnden, redenden und kommenden Gottes abstrahiert« (aaO. S. 67). Kraus zitiert aaO. S. 69 f., Anm. 2, aus Schellong: Von der bürgerl. Gefangenschaft des kirchlichen Bewußtseins: »Historie paßt so gut zum bürgerlichen Geist, weil sie auf das Diesseits fixiert ist und in ihm auf das vom Menschen Gemachte.‹ ›Wegen der Fixierung auf das Diesseits mußte die Historie kritisch werden, kritisch nämlich gegenüber den Dokumenten, die von Einbrüchen des Jenseits in unsere Welt zu reden wissen. Historisch-kritische Methode ist das Instrumentarium, mit dem die bürgerlichen Interessen als alleinige Denkmöglichkeit zementiert und gegenüber Texten mit anderen Grundlagen und Tendenzen durchgesetzt werden‹«.

[39] Betheler Bekenntnis von 1933, aaO. S. 111: »Luthers Satz, daß die heilige Schrift Gottes Wort sei, wo sie Christum treibet, gibt keineswegs

einem willkürlichen Wählen in der Schrift Raum. Die ganze Schrift, wie sie im Kanon zusammengefaßt ist, treibt Christum . . . unser Urteil im Gebrauch der Schrift bleibt nur dann wahr, wenn es aus der Bereitschaft entsteht, das ganze Schriftwort zu hören. Diese demütige Beugung ist der Ausdruck der Erkenntnis, daß Gottes Wort nie in meiner Gewalt steht, sondern von Gott her Gewalt über uns bekommt.«

40   Zu dieser Stelle siehe Wendland, Korinther, S. 183; Lang, Korinther, S. 275

41   Siehe dazu Maier, Hermeneutik, S. 81 und S. 111 ff.

42   Wrede, der diese »als Kompromisse ablehnte« (Maier, Hermeneutik, S. 80)

43   Maier, Hermeneutik, S. 100 ff.

44   Maier, Hermeneutik, S. 80

45   vgl. Maier, Hermeneutik S. 101 ff.

46   Vgl. auch Betheler Bekenntnis von 1933, Abschnitt II (aaO. S. 110): »Die biblischen Heilstaten Gottes sind nicht Beispiele oder Symbole, die gedeutet werden könnten, sondern Offenbarung, die verkündigt werden soll.«

47   Schott, RGG III Sp. 1118

48   Epitome, BSLK 769

49   S. 109. Siehe auch die »Entschließungen von 1200 Männern der evangelischen Gemeinden Barmens, reformierten, lutherischen und unierten Bekenntnisses« vom 7. 12. 1933, in denen es heißt (Schmidt, Bekenntnisse, S. 174 f.): »Im kirchlichen Kampf der Gegenwart geht es allein um das Fundament der Kirche. Für die Kirche gibt es kein anderes Fundament als die Offenbarung Gottes in der Heiligen Schrift Alten und Neuen Testamentes. Wer in einer Kirche neben dieses Fundament noch ein anderes setzt, zerstört die Kirche.«

50   Maier, Hermeneutik S. 127

51   Maier, Hermeneutik S. 128

52   NR 95

53   NR 91

53a Pache, Inspiration S. 167 f.

54   Maier, Hermeneutik S. 128. Der Grund für die Entscheidung der römisch-katholischen Kirche für die Apokryphen in Trient dürfte Beweisnot gegenüber der Reformation in dogmatischen Fragen gewesen sein. »Sie glaubte, in den Apokryphen eine Stütze zu finden: für das Gebet zugunsten der Toten und das stellvertretende Opfer (schließlich die Messe: 2. Makk 12, 39-46), das Almosen, das auch Sünden sühnt und vom Tode errettet (Tob 12, 9; 4, 10), die Anrufung und die Fürbitte der Heiligen (2. Makk 15, 14; Bar 3, 4), der Engelskult

(Tob 12, 12), das Fegefeuer und die Erlösung der Seelen nach dem Tode (2. Makk 12, 42. 46) usw.« (Pache S. 168).

55 Gerleman, RGG I, Sp. 1193
56 s. o.; siehe auch Maier in: Maier, Kanon, S. 7 f.
57 Maier in: Maier, Kanon, S. 9
58 Dieses wird auch im NT ernstgenommen, vgl. etwa Röm 3, 2: »ihnen ist anvertraut, was Gott geredet hat«; (vgl. Pache, Inspiration, S. 157, der auf diese Stelle verweist)
59 Bardtke, EKL I, Sp. 1161; von neuapostolischer Seite wird fälschlicherweise christliche Verfasserschaft angenommen (Göttliche Verheißungen S. 26)
60 Göttliche Verheißungen S. 26
61 Gese, Schriftverständnis, S. 13
62 Gese, Schriftverständnis, S. 23
63 Hier darf entsprechend gesagt werden, was Maier (Hermeneutik S. 171) in anderem Zusammenhang ausspricht: »Die Bibel hat ›Lükken‹. Die von uns gewünschten Kausalketten sind oft gar nicht durchzuziehen — mit der einen Ausnahme, daß die causa des sich offenbarenden Gottes zur Entstehung aller dieser Berichte geführt hat.«
64 Weber I S. 306
65 Vgl. Weber I S. 306 f.
66 Vgl. Weber I S. 307
67 NR 85, vgl. DS 609
68 Joest, Fundamentaltheologie S. 153
69 Joest, Fundamentaltheologie S. 153
70 NR 87
71 NR 88
72 Joest, Fundamentaltheologie S. 154 f.
73 Joest, Fundamentaltheologie S. 155
74 Maier, Hermeneutik S. 166
75 Maier, Hermeneutik S. 167
76 Maier, Hermeneutik S. 168
77 Maier, hist.-krit. Methode S. 85
78 Vgl. dazu auch Maier, hist.-krit. Methode S. 85; Hubmer, Der Heilsplan Gottes, S. 16 ff.
79 Siehe Maier, Hermeneutik S. 169.
   Maier, Hermeneutik S. 170: »Der stete Bezug auf das Handeln Gottes bewahrt die heilsgeschichtliche Auslegung vor dem Mißverständnis, Heilsgeschichte mit Traditionsgeschichte zu verwechseln.«
   Ausführlich zum Thema Heilsgeschichte siehe in Maier, Hermeneutik S. 166 ff. und Stadelmann, Grundlinien S. 122 ff.

[80] Mildenberger, Grundwissen, 3.2.3, 3. Aufl. S. 71

[81] Abschnitt B. I, 1

[82] Maier, Hermeneutik S. 173: »In Anlehnung an Bengels hermeneutischen Satz: ›Distingue tempora, et concordabit Scriptura‹ sehen wir deshalb in der heilsgeschichtlichen Auslegung dasjenige Auslegungsverfahren, das der Einheit der Offenbarung am ehesten zu entsprechen vermag.«

[83] Dazu Weber I S. 66 ff.; siehe auch daselbst S. 63 f.

[84] Weber I S. 66

[85] Weber I S. 67

[86] Weber I S. 68 ff.

[87] Vgl. Weber I S. 68

[88] Vgl. Weber I S. 76

[89] Weber I S. 77

[90] Kraus, Syst. S. 133

[91] Kraus, Syst. S. 142; siehe dazu auch Weber I S. 439 f.

[92] Zur modernistischen Umwandlung der Frage nach dem Dasein Gottes und ihre »Auflösung der Seinswirklichkeit Gottes« in theologische Formulierungen wie »Gott geschieht, ereignet sich« hinein siehe Künneth, Fundamente S. 65 f.

[93] Vgl. auch Kraus, Syst. S. 210 f.

[94] Kraus, Syst. S. 210

[95] Röm 1, 19b: »Gott hat es ihnen offenbart«; siehe auch Michel, Römer, S. 108 f.: »ein Sichkundtun Gottes in seiner Machtfülle und Gottheit... Es handelt sich also um ein konkretes Geschehen, bei dem Gott selbst der Handelnde, der Mensch der Empfangende ist, nicht um einen rationalen Denkvorgang oder um ein logisches Rückschlußverfahren. Von einer hellenistischen Offenbarungsqualität des Kosmos, die auch im Judentum nicht unbekannt ist (Philo, Sapientia), redet Paulus nicht.«

[96] v. Rad, Weisheit, S. 218

[97] Kraus, Syst. S. 211

[98] Kraus, Syst. S. 211

[99] Kraus, Syst. S. 142; dazu auch Weber I S. 439

[100] Michel, Römer, S. 108; Michel, Römer, S. 99 zu Röm 1, 20: »... eine Möglichkeit, die Gott selbst schafft (kathoratai (bei Michel griech. Buchstaben, d.V.) ist Passiv: ›er läßt sich erschauen‹). Was dem natürlichen Auge verborgen ist, kann in einem Erkenntnisvorgang besonderer Art wahrgenommen werden.«

[101] Zu den Gottesbeweisen siehe Kraus, Syst. S. 273 f.; siehe auch daselbst S. 274: »Gott beweist sich selbst an, in und mit seinem erwähl-

ten Volk in der Geschichte seines kommenden Reiches ... Nach biblisch-theologischem Verständnis ist der Beweis Gottes keine Sache des Intellekts, sondern der *Geschichte Gottes* ...«; man vgl. in diesem Zusammenhang Zietens »Gottesbeweis«: »Majestät, die Juden«; Kraus (aaO. S. 274) verweist auch auf die »Wirklichkeit des *neuen Gottesvolkes*, das als ›Leib des Christus‹ erwählt, berufen und bestimmt ist zum Selbstbeweis Gottes in der Geschichte seines kommenden Reiches«.

[102]   Traditionell steht an dieser Stelle die Lehre vom Wesen und den Eigenschaften Gottes. Jedoch sind Wesen und Eigenschaften Gottes nichts Verschiedenes, sondern auch die Eigenschaften meinen ihn selbst (vgl. Weber I S. 456); Weber I S. 457: »Eigenschaften Gottes sind die in seiner Selbsterschließung als der Offenbarung des dreieinigen, des lebendigen Gottes sich zeigenden Bekundungen seiner lebendigen, uns zugewandten gottheitlichen Wirklichkeit.« So fassen wir das, was wir hierüber an biblischer Lehre anführen, unter der einheitlichen Überschrift »Gottes Wirklichkeit« zusammen (vgl. auch Kraus, Syst. S. 258).

[103]   Vgl. Kraus, Syst. S. 142 und 258

[104]   V. Rad, Theologie des AT I, S. 195

[105]   V. Rad, Theologie des AT I, S. 195

[106]   Vgl. dazu Weber I S. 441 f., 456, 457

[107]   Kraus, Syst. S. 153 f., 145;

[108]   Kraus, Syst. S. 259 bzw. 264

[109]   Künneth, Fundamente S. 66; daselbst S. 66 f. auch die Abweisung modernistischer Leugnung der Personalität Gottes, etwa in der Rede »von Gott als der ›Tiefe des Seins‹, als ›Urgrund‹ des Seins oder als ›Weltgrund‹ ... (Paul Tillich, John Robinson).« Zur »Personalität Gottes« und ihren »speziellen Äußerungen« im Wort und Willen Gottes siehe auch Künneth, Fundamente S. 68 ff.

[110]   Kraus, Syst. S. 264

[111]   Vgl. Kraus, Syst. S. 145

[112]   Das endzeitliche Heil

[113]   Kraus, Syst. S. 147; vgl. auch Kittel II, S. 18, sowie Luther: »... Er heißt Jesus Christ, der Herr Zebaoth, und ist kein andrer Gott ...« (EKG 201, 2)

[114]   Zum Zorn Gottes siehe Künneth, Fundamente S. 71 f.

[115]   Zimmerli, Theologie, S. 124, vgl. auch Kraus, Syst. S. 269

[116]   Michel, Römer S. 88

[117]   Michel, Römer S. 88

[118]   Michel, Römer S. 88

[119] Wobei deutlich ist, daß die ›Eigenschafts‹-Aussagen zugleich Aussagen über Gottes Handeln sind. Denn »alle Eigenschaftsaussagen meinen ihn in ›Sein‹ und ›Akt‹« (Weber I S. 457).

[120] Vgl. Brunner, Dogmatik II, S. 67; vgl. Brunners ›materiale imago‹, Brunner, Dogmatik II, S. 68 ff.

[121] Vgl. Weber I, S. 466 ff. und Künneth, Fundamente S. 72 ff.

[122] Vgl. Abschnitt »ANALOGIA FIDEI« in Kreck, Grundfragen der Dogmatik, S. 228 ff. Daselbst (darüber, was Barth bei der Analogie des Glaubens wichtig sei): »Gott erlaubt und gebietet uns in seiner Offenbarung, menschliche Anschauungen, Begriffe und Worte auf ihn anzuwenden, etwa indem wir ihn Vater nennen. Das ist kein unerlaubter Übergriff, sondern legitim auf Grund der Fleischwerdung. Er kommt in sein Eigentum und nimmt in Anspruch, was ihm ursprünglich gehört. Gott begeht keinen ›Raub‹, wenn er das Kreatürliche in seiner Offenbarung in Dienst nimmt, sondern führt es vielmehr zu seinem eigentlichen Gebrauch zurück, während unser Gebrauch dieser Worte uneigentlich ist.«

[123] »sein eigenes Sein für uns« (Weber I S. 469), »die personhafte Selbstdarbietung Gottes zur Gemeinschaft mit dem Sünder« (Althaus, Die christliche Wahrheit II, S. 338)

[124] Zur Gerechtigkeit Gottes siehe oben.

[125] Kraus, Syst. S. 267: »Daß Gott heilig ist, bedeutet, daß er unabhängig und frei ist — überlegen, in eigener Vollmacht handelnd.« Künneth, Fundamente S. 71 zeigt noch einen anderen wichtigen Aspekt der Heiligkeit: »Heiligkeit‹ ist der nicht preiszugebende Ausdruck für die Unnahbarkeit Gottes, das Abgesondertsein von der Finsternis alles Widergöttlichen, sowie für die Lichtwelt Gottes, die für die gottferne Kreatur ein ›verzehrendes Feuer‹ (Hebr. 12, 29) bedeutet.«
Gottes Heiligkeit zeigt sich deshalb auch darin, daß er Gnade *durchs Gericht hindurch* gibt, nicht als Verharmlosung der Sünde; am Kreuz ist Gericht und Gnade vereint; unter dem Kreuz empfängt der Gnade, der dieses Gericht Gottes über sein Leben anerkennt. Das Kreuz ist so das Zeichen der Heiligkeit Gottes, an dem Gott allein recht behält.

[126] Vgl. den traditionellen theologischen Begriff der Aseität. Kraus, Syst. S. 266: »Aseität bezeichnet das Durch-sich-Sein oder Von-sich-Sein Gottes (›esse a se‹ im Unterschied zu ›esse ab alio‹) . . . Der Begriff der Aseität ist . . . die in ontologischer Sprache vollzogene Interpretation dessen, was die Bibel *Heiligkeit Gottes* nennt.«

[127] Zur Allmacht Gottes siehe Kraus, Syst. S. 271 und Weber I, S. 485 ff.

[128] Vgl. v. Rad, Theologie des AT I, S. 195 f.; Zimmerli, Theologie S. 14 f.:
»In dieser Redefigur schwingt die souveräne Freiheit Jahwes mit, der

sich gerade auch da, wo er sich in seinem Namen enthüllt, doch nicht einfach greifen läßt und dem Menschen zuhanden ist.« Siehe auch Schmidt, Exodus, S. 175, Ziff. 1

[129] Vgl. auch Kraus, Syst. S. 145

[130] Schmidt, Exodus, S. 176; vgl. auch GK § 107 a zum Imperfekt: Es »stellt . . . solche Handlungen, Ereignisse und Zustände dar, die sich dem Redenden in irgend einem Zeitpunkt als noch andauernde oder im Vollzug begriffene oder auch als neu eintretende bemerkbar machen.«

[131] Schmidt, Exodus, S. 176 (seine Zitate stammen von Procksch); zur Aussage der Beständigkeit und Treue Gottes im Jahwenamen siehe auch Weber I, S. 444 und 460

[132] Vgl. auch Schmidt, Exodus, S. 177, Exkurs 6, 4 c) zu Hos 1, 9

[133] Vgl. auch Kraus, Syst. S. 145, Ziff. 4: »In der Freiheit auf künftiges Sich-Erschließen hin ist und wird Jahwe in der Geschichte seines Kommens kein Anderer, bleibt er in allem Wechsel und Wandel der Beständige.«

[134] Ratschow, zit. aus Schmidt, Exodus, S. 176

[135] Siehe auch Weber I, S. 390

[136] Siehe auch weitere »triadische Formeln« 2. Kor 13, 13; 1. Kor 12, 4 - 6; vgl. auch Eph 4, 4 - 6; siehe Joest, Dogmatik I, S. 319

[137] Künneth, Fundamente S. 75

[138] Kraus, Syst. S. 147; siehe oben Ziff. 2

[139] Auch in der Verheißung Mt 28, 20 b und an anderen Stellen des NT, z. B. Joh 8, 58, ist der Jahwename für Jesus aufgenommen.

[140] Weiteres zur Gottheit Christi siehe bei der Lehre von Christus

[141] Schon für Gottes Handeln im Alten Testament galt: »Nicht ein Engel und nicht ein Bote, sondern sein Angesicht half ihnen« (Jes 63, 9); erst recht ist das so im Neuen Bund.

[142] Vgl. den wechselnden Gebrauch der Begriffe ›Heiliger Geist‹ und Gott an verschiedenen Stellen der Schrift, z. B. Apg 5, 3 + 4 (L. Ott, Dogmatik S. 72)

[143] Kraus, Syst. S. 75

[144] EKG 383, 1

[145] Künneth, Fundamente S. 173

[146] Künneth, Fundamente S. 173 f.

[147] EKG Württ. 471, 2

[148] Künneth, Fundamente S. 174

[149] v. Rad, 1. Mose, S. 37; Weber I, S. 552

[150] Vgl. Künneth, Fundamente S. 175; Mildenberger, Grundwissen, 5. 2. 2, 3. Aufl. S. 112; Weber I, S. 553

[151] Vgl. Künneth, Fundamente S. 176; Ps 104, 29

[152] »»Monismus‹ ist ein philosophischer Begriff. Er meint eine Lehre von der Einheit der gesamten Wirklichkeit« (Baral, Anthroposophie, S. 43), die man mit der Zurückführung der gesamten Wirklichkeit auf etwas »Grundlegendes« begründet, als dessen Entfaltung alles gesehen wird (Hauck-Schwinge S. 139); im Materialismus z. B. ist dieses Grundlegende die Materie, im Spiritualismus der Geist, im Pantheismus ist es Gott (Müller-Halder S. 176 und 200)

[153] Vgl. Baral, Anthroposophie, S. 43 ff.

[154] Künneth, Fundamente S. 67; vgl. auch Mildenberger, Grundwissen, 4. 2. 2. 3, 3. Aufl. S. 97 f.

[155] Auch wenn Speisen von Feldern stammen, die Heiden gehören. Welche über diesen ihre Götter angerufen haben, empfangen wir sie aus der Hand unseres Gottes (1. Tim 4, 4), der ja allein Schöpfermacht hat. Zu diesen Fragen, die heute viele Christen bewegen (auch manchmal im Blick auf Arzneimittel) siehe Baral, Anthroposophie, S. 92 – 98 und 112 f.
Wenn in der Pädagogik weithin von einem positiven Menschenbild ausgegangen wird, könnte ebenfalls hier und von der eigentlichen Bestimmung des Menschen nach Gottes Plan her eine gewisse Berechtigung dafür liegen; allerdings muß sie wissen, daß es für ihren Bereich gilt und nicht verallgemeinert werden darf, insbesondere nicht auf das Gottesverhältnis bezogen. Von der Geschöpflichkeit her sind gute Gaben und Anlagen da, die es zu entfalten und auszubilden gilt. Aber das Böse hat das Herz des Menschen in Beschlag genommen (1. Mose 8, 21).

[156] v. Rad, Christliche Weisheit? S. 268

[157] v. Rad, Christliche Weisheit? S. 267

[158] v. Rad, Christliche Weisheit? S. 270 f.

[159] Auch wenn Gese, Johannesprolog, S. 177, von ihr als »Weltordnung« spricht, meint er nicht die in der Schöpfung vorhandene Ordnung, sondern die ›welttranszendente‹ Weisheit (Gese, Johannesprolog, S. 175), die also nicht Teil der Schöpfung ist. Von Rad versteht sie näher bei der Schöpfung stehend, als »die der Welt von Gott eingegebene Ordnung«; sie »ist irgendwo in der Welt zu suchen; sie ist da, aber nicht zu fassen«, auch wenn sie auch nach ihm »etwas von den Schöpfungswerken Abgehobenes« ist (v. Rad, Weisheit, S. 193 f.)

[160] Sir 24, 3; Gese, Johannesprolog S. 178

[161] Dagegen steht auch nicht Spr 8, 22. Das hebräische Wort kana, das dort steht, hat nicht nur die Bedeutung ›schaffen‹, sondern auch ›bekommen‹ und ›besitzen‹, je nach dem Zusammenhang; »Goods are

possessed by purchase, children by birth . . . , wisdom — for mortals —
by learning. And wisdom for God? . . . the nearest metaphor is that of
birth . . . But possessed is perhaps . . . the most servicable word for the
translator here« (Güter werden besessen durch Erwerb, Kinder durch
Geburt . . . , Weisheit — für Sterbliche — durch Lernen. Und Weisheit
für Gott? . . . der naheliegendste bildliche Ausdruck ist der der Geburt . . . Aber besaß ist hier vielleicht . . . das dienlichste Wort für den
Übersetzer« (Kidner, Proverbs, S. 79 f. zur Stelle; Übers. d. Vf.).

[162] Harris I, S. 283: »Wisdom, being found in God, is regarded as a divine
attribute« (er führt dazu Hi 12, 13 an).

[163] Gese, Johannesprolog, S. 175 f.

[164] Vgl. Gese, Johannesprolog, S. 157 und S. 163 f.

[165] Brunner, Dogmatik II, S. 73

[166] Westermann, Genesis 1-11 S. 623

[167] Hier nicht als kultisches Gebot, wie 3. Mo 17, 10 ff.

[168] V. Rad, Weisheit, S. 208; siehe auch v. Rad, Weisheit, S. 201; zur Verlust der »Weisheit« im heutigen Geistesleben siehe v. Rad, Weisheit,
S. 375 ff. Weil beide Ordnungen zusammengehören, sehen wir immer
wieder, wie das Erdland sündige Menschen ›ausspeit‹ (3. Mo 18, 26
und 28), und wie beim Verstoß gegen die Grundgebote Gottes Um-
weltprobleme eintreten (Jes 24, 4 - 6). Jes 24, 4 - 6 ist ein Wort, das uns
angesichts der Massentötung ungeborenen menschlichen Lebens er-
schrecken muß; der hier genannte ›Urzeitbund‹ ist wohl »der Noah-
bund von 1. Mo 9, 1 ff.« (Kaiser, Jesaja 13 - 39); in diesem aber ist das
menschliche Leben absolut geschützt. Nach Wildberger ((Jesaja 13 -
27, d. Vf.) S. 922) sind die »Grundordnungen des Daseins« gemeint —
und das sind ja besonders das menschliche Leben, die im Urstand ge-
stiftete Ehe, sowie die Ordnung der Familie und des Verhältnisses von
Eltern und Kindern.

[169] Diese Tatsache, die bei uns weithin in Vergessenheit geraten ist, weil
unsere Kultur nicht mehr damit rechnet, daß Gott in allem Geschehen
wirkt und er wirklich der ist, »ohn den nichts ist, was ist«, war früher
nicht nur in Israel bekannt; Fohrer S. 334: »In *Ägypten* wird die Norm
des Verhaltens, das die Weisheitslehre vermitteln soll, durch den Begriff *Maat* umschrieben, der am besten mit *Recht, Richtigkeit, Ur-Ord-
nung, Weltordnung* wiederzugeben ist . . . der Begriff Maat« »umfaßt«
»die beiden im modernen Denken unterschiedenen Bereiche der
Ordnung des Kosmos und der Ordnung des menschlichen Lebens«.

[170] Siehe v. Rad, Theologie des AT I, S. 177

[171] Auch in unserem Jahrhundert konnte man etwas spüren von solchen
›Gottmächten‹. Die Ideologien unserer Zeit sind nicht nur Denkge-

bilde; sie sind in ihrer Auswirkung oft nur damit zu erklären, daß solche Mächte der unsichtbaren Welt, die in diesen Ideologien erschienen, sich mit Menschen verbanden und daß deren dämonische Macht die Menschen in Bann schlug. Sie verkörperten sich geradezu in dadurch dämonisierten ›Führern‹ (vgl. 1. Mose 6, 4b), die der Völkerwelt immer wieder ihren Stempel aufzudrücken versuchten.

[172] Peter Brunner, Das Hirtenamt der Frau, S. 328 ff. (»Kephale-Struktur«)

[173] Strack-Billerbeck III, S. 439 zu 1. Kor 11, 10 (die dortigen Engel sieht er als Schutzengel): »die Frau soll bedenken, daß die Engel als die von Gott verordneten Hüter aller natürlichen Ordnungen in der Welt ein selbstverständliches Interesse daran haben, daß die Frau die uralte Schöpfungsordnung ihrer Unterstellung unter den Mann anerkennt u. innehält. Darum soll die Frau die Engel nicht betrüben ... Sie würde die Engel, gewiß zu deren Schmerz, nötigen, wider sie vor Gott Anklage zu erheben u. gegen sie als Zeugen aufzutreten ...«

[174] Phil 1, 1 könnte ein Hinweis darauf sein, falls wir in den »Bischöfen und Diakonen« ein solches Leitungsgremium finden; ›diakonos‹ einer Gemeinde war auch Phöbe, Röm 16, 1.

[175] Siehe dazu Peter Brunner, Das Hirtenamt der Frau; siehe auch Reinhard Slenczka, Die Ordination von Frauen zum Amt der Kirche.
Daß es eine Apostolin Junia oder Julia gegeben haben soll, wie unter Berufung auf Röm 16, 7 behauptet wird, daran ist nach Michel, Römer, S. 475, nicht zu denken; Bruce, Romans, S. 271, hält die Frage für unentscheidbar; auch falls hier ein weiblicher Name stünde, wäre zu fragen, in welcher der verschiedenen Bedeutungen der Apostelbegriff hier gebraucht ist. Zu Phöbe als ›prostatis‹ (Röm 16, 2) siehe Michel, Römer S. 473 f.

[176] Peter Brunner, Das Hirtenamt der Frau, 1959, S. 318: »Der Kirchenkampf in Deutschland hat uns gezeigt, daß die Fragen der Ordnung der Kirche doch enger mit dem Inhalt der Botschaft zusammenhängen ...«. Er verweist auch (aaO. S. 318 f.) auf die Barmer Theologische Erklärung, in deren 3. These gesagt ist, die Kirche habe »mit ihrer Botschaft wie mit ihrer Ordnung ... zu bezeugen, daß sie allein sein (Jesu Christi, d. Vf.) Eigentum ist, allein von seinem Trost und von seiner Weisung ... lebt und leben möchte.
Wir verwerfen die falsche Lehre, als dürfe die Kirche die Gestalt ihrer Botschaft und ihrer Ordnung ihrem Belieben oder dem Wechsel der jeweils herrschenden, weltanschaulichen und politischen Überzeugungen überlassen.«

[177] Vgl. dazu v. Rad, Weisheit, S. 91 ff.; daselbst S. 94 f. spricht er von einem »Wissen, daß die Erkenntnisbemühung auch mißglücken

kann, und zwar nicht durch einzelne Fehlurteile oder Irrtümer, wie sie überall unterlaufen, sondern durch einen Fehler im Ansatz. Sachverständig, kundig in den Ordnungen des Lebens wird man erst, wenn man vom Wissen um Gott ausgeht … Nicht — entsprechend unserer heutigen populären Meinung — behindert der Glaube das Erkennen; im Gegenteil, er ist es, der das Erkennen freisetzt, es erst richtig zur Sache kommen läßt und ihm im Bereich der vielfältigen menschlichen Betätigungen den rechten Ort anweist.«

[178] v. Rad, 1. Mo, S. 49

[179] Weil in ihm gekommen ist, was Gott beim siebten Schöpfungstag wollte, war sein von den Juden kritisiertes Handeln am Sabbat auch nicht Verstoß gegen Gottes Willen. Siehe auch Mt 12, 1-8; Kol 2, 16 f. Daß mit der Schöpfungsgeschichte auch gesagt ist, daß es schöpfungsgemäß ist, einen Wechsel von Arbeit und Ruhe zu haben, bleibt davon unberührt; wer Tag und Nacht arbeitet und sieben Tage in der Woche, lebt nicht schöpfungsgemäß und wird deshalb früher oder später krank. Aber dabei geht es nicht um den Heilsweg.

[180] Kemner, Lebenslauf S. 112; vgl. auch Künneth, Fundamente S. 175 f.

[181] Zu conservatio, concursus und gubernatio in der altprotestantischen Orthodoxie siehe Mildenberger, Grundwissen, 5. 3. 1, 3. Aufl. S. 114 f.; siehe zum Thema auch L. Ott, Dogmatik S. 105 ff.

[182] Theologen, die meinen, durchs **Bittgebet** würde sich nichts ändern, allenfalls in der inneren Einstellung des Bittenden, entsprechen in dieser Sicht nicht der Bibel; etwa Schleiermacher, Der christliche Glaube I, S. 237 (§ 47); dazu, wie auch zu Rolf Schäfer, siehe Mildenberger, Grundwissen, 5. 3. 2, 3. Aufl. S. 116 f. Im Blick auf **Wunder** stimmt es weder mit biblischer Lehre überein, noch entspricht es den heutigen Aussagen der Naturwissenschaft, die nicht mehr ein geschlossenes Weltbild vertritt, wenn Bultmann schreibt (Neues Testament und Mythologie, S. 18):»Man kann nicht elektrisches Licht und Radioapparat benutzen, in Krankheitsfällen moderne medizinische und klinische Mittel in Anspruch nehmen und gleichzeitig an die Geister- und Wunderwelt des Neuen Testaments glauben.«

[183] Mildenberger, Grundwissen, 6., 3.Aufl. S. 117

[184] Siehe FC I, insbes. SD 34 — 47, BSLK S. 855 — 859; vgl. auch Mildenberger, Grundwissen, 6. 2. 1, 3.Aufl. S. 122 f.

[185] Zu den Streitigkeiten darum bei Flacius siehe Mildenberger, Grundwissen, 6. 2. 1, 3.Aufl. S. 122 f. und Weber, RGG I Sp. 418, sowie Moldaenke, RGG II, Sp. 971

[186] FC aaO., BSLK S. 858

[187] Steiner, Joh.evangelium im Verhältnis S. 33

188 Vgl. Köberle, Das griechische und das biblische Verständnis von Seele, thb 3/1983, S. 140: »Die Unsterblichkeit der Seele ist allein von der Treue Gottes her zu begründen und nicht aus dem Reichtum des humanum... Gott ist es, der allein Unsterblichkeit hat (1. Tim 6, 16).«

189 Vgl. dazu Joest, Dogmatik II, S. 379 ff.

190 Vgl. Köberle: Das griechische und das biblische Verständnis von Seele, thb 3/1983, S. 133 ff.

191 Wolff, Anthropologie, S. 22

192 v. Rad, Weisheit, S. 75 f.

193 Wolff, Anthropologie, S. 22

194 Wolff, Anthropologie, S. 22

195 Wolff, Anthropologie, S. 24 ff., 49, 57

196 Mildenberger, 6. 1. 2, 3.Aufl. S. 119

197 Wolff, Anthropologie, S. 21; vgl. auch Joest, Dogmatik II, S. 379; dichotomisch = zweigeteilt; trichotomisch = dreigeteilt

198 Vgl. Köberle: Das griechische und das biblische Verständnis von Seele, thb 3/1983, S. 141: »Theologen wie Karl Barth, Carl Stange und zeitweise auch Paul Althaus, die der Hybris der griechischen Unsterblichkeitszuversicht entgegentreten wollten, bekannten sich darum, in merkwürdiger Übereinstimmung mit den ›Ernsten Bibelforschern‹, zu der Lehre vom Seelentod, vom Ganz-Tod, den der sündige Mensch als verdientes Gericht zu erleiden hat. Allein diese Anschauung ist nicht schriftgemäß. Die Genannten mußten sich von Wilhelm Stählin mit Recht sagen lassen: ›Die Rede vom Ganztod ist ein erschreckendes Beispiel für die Gefahr, der die Theologie immer wieder erlegen ist, in der Abwehr eines Irrtums in einen entgegengesetzten Irrtum zu verfallen, also anstelle einer Irrlehre eine neue Irrlehre zu setzen.«

199 Weber I, S. 616

200 V. Rad, 1.Mose, S. 45

201 V. Rad, 1.Mose, S. 45

202 V. Rad, 1.Mose, S. 45

203 Vgl. Weber I, S. 617

204 Joest, Dogmatik II, S. 370

205 Vgl. Joest, Dogmatik II, S. 370

206 »seit Irenäus ... Daß diese Unterscheidung exegetisch aus Gen 1, 26 nicht zu begründen ist, das ist heute auch in der konservativen katholischen Theologie anerkannt. Selbstverständlich ist damit die dogmatische Unterscheidung, die ganz andere als exegetische Gründe hat, nicht hinfällig geworden.« (Mildenberger, Grundwissen, 6.2.3.1, 3. Aufl. S. 125)

[207] Siehe dazu Mildenberger, Grundwissen, 6. 2. 3. 1, 3. Aufl. S. 125 f.;
L. Ott, Dogmatik S. 122 ff., 125

[208] Westermann, Genesis 1-11, S. 208, in seiner Darstellung der Auslegungen, Ziff. 5

[209] K. Barth, zit. nach Westermann, Genesis 1-11, S. 208

[210] Vgl. E. Brunners Unterscheidung von formaler und materialer Gottebenbildlichkeit, Brunner, Dogmatik II, S. 67 ff. »Daß der Mensch
antworten muß, *daß* er verantwortlich ist, das ist unabänderlich gesetzt ... Was den Aposteln allein wichtig ist, ist die *materiale Füllung*
dieser Struktur, daß der Mensch wirklich Gott *die* Antwort gibt, die
vom Schöpfer gemeint ist ... Die formale Freiheit, von der materialen
Freiheit, vom Sein in Gottes Liebe, losgelöst, ist bereits eine Folge der
Sünde. Der Mensch sollte von seiner Freiheit nicht anders wissen als
in der Gestalt der freien Gottesliebe ... hier (hat) der Gegensatz von
Gesetz und Evangelium seinen Ursprung« (Brunner aaO. S. 68. 69. 73)

[211] Röm 13, 1b; siehe etwa Artikel 1 Abs. 1 des Grundgesetzes für die
Bundesrepublik Deutschland: »Die Würde des Menschen ist unan-
tastbar. Sie zu achten und zu schützen ist Verpflichtung aller staatlichen Gewalt.« Zur Menschenwürde nach 1. Mose 1, 26 f. siehe auch
Westermann, Menschenrechte S. 7

[212] Auch wenn man mit der herrschenden Exegese einen pluralis delibe-
rationis annimmt (Westermann, Genesis 1-11, S. 200 f.), ist die
»Selbstberatung« ja wohl vorgestellt von einer Beratung von einer Gemeinschaft her; nur weil es eine solche gibt, kann man mit sich selbst
in der Mehrzahl sprechen.

[213] V. Rad, 1. Mose, S. 46; siehe dazu auch Westermann, Genesis 1-11,
S. 209 f.

[214] Vgl. dazu auch Westermann, Menschenrechte S. 7 f.; vgl. auch Kraus,
Syst. S. 232

[215] Einen ›unschuldigen Teil Adams‹, wie ihn Rudolf Steiner annahm
(Steiner, Lukas-Evangelium, 4. Vortrag, S. 89), gibt es nach der Bibel
nicht; bei Steiner wurde dieser unschuldige Teil Adams das Ich eines
seiner beiden Jesusknaben, nämlich des ›Nathanischen‹. »Wer also
lebte auf in dem Kindlein, das dem Paare Joseph und Maria geboren
war? Der Stammvater der Menschheit, der ›alte Adam‹ als ein ›neuer
Adam‹« (Steiner aaO). Da es nach der Bibel einen ›unschuldigen Teil
Adams‹ nicht gibt, kann der Mensch sich nicht selber erlösen, auch
nicht miterlösen. Wir haben keinen Punkt außerhalb der Sünde an unserer Person. Vgl. Mildenberger, Grundwissen, 6. 2. 1, 3. Aufl. S. 122 ff.
Mildenberger (aaO.) weist zurecht darauf hin, daß beides zu einer
Lehre führt, die den Menschen an seiner Erlösung mitwirken lassen

will (also nicht ›Allein aus Gnade‹, nicht ›Christus allein‹): Sowohl
wenn man nicht die Tiefe des Sündenfalles sieht (vgl. etwa Pelagius),
als auch wenn man die Sünde zum Wesen des Menschen macht, wie
es auch modern geschieht, z. B. wenn man vom ›sogenannten Bösen‹
spricht und das in der Aggression, also etwas Geschöpflichem, fest-
macht (Konrad Lorenz) oder wenn es anstatt im Individuum in der
Gesellschaft gesehen wird (z. B. Marxismus); man kann ja dann
durch Änderung der Verhältnisse an der Erlösung (mit-)arbeiten.
Mildenberger (aaO. S. 124): »Die scheinbare ontologische Vertiefung
der Sündhaftigkeit *führt* wie ihre Verharmlosung *zu einer synergistischen
Erlösungslehre.*«

[216] V. Rad, 1. Mose, S. 85, zu 1. Mose 4, 6-7
[217] Vgl. Joest, Dogmatik II, S. 404
[218] Brunner, Dogmatik II, S. 120
[219] Brunner, Dogmatik II, S. 120
[220] Vgl. Joest, Dogmatik II, S. 422
[221] Joest, Dogmatik II, S. 422
[222] Joest, Dogmatik II, S. 422: »... die spätere kirchliche Lehrtradition
deutet ihn in Anlehnung an 2. Petr 2, 4 als einen gefallenen Engel...«
[223] Althaus, Die christliche Wahrheit II, S. 68
[224] Siehe dazu auch Joest, Dogmatik II, S. 362
[225] Joest, Dogmatik II, S. 405
[226] Luther, siehe Althaus, Die christliche Wahrheit II, S. 121
[227] Michel, Römer S. 187 (zu Röm 5, 12): »... Seit Adam, dem Haupt der
alten Menschheit, ist diese bewußte und unbewußte Macht der
Sünde, der Auflehnung gegen Gott eine ständige Tatsache in der Geschichte der Menschheit. Jeder wird in diese Schuld gegen Gott und
in dies Todesgericht hinein verflochten... Der Zusatz ›alle haben gesündigt‹ deutet die enge Verbundenheit von Schicksalhaftigkeit und
eigener Schuld an...«; vgl. auch Brunner, Dogmatik II, S. 122 und
Künneth, Fundamente S. 185.
Althaus, Die christliche Wahrheit II, S. 136: »... wir eignen uns das
Erbe in eigener Willentlichkeit an.«
[228] Luther (W 11, 1955 ff.): Gott hat »Christum, seinen einigen Sohn, für
uns in den Tod gegeben, auf daß er uns durch sein Blut von dieser
Erbsünde, und von allen Sünden, so von der Erbsünde herfließen, er-
rettete und frei machte ... wenn wir getauft sind und glauben, so
empfangen wir Gnade, welche wider die böse Zuneigung in uns strei-
tet, und die Erbsünde austreibt und vertilgt ...
Dieweil die Erbsünde in der Taufe weggenommen wird, warum sagst
du denn, daß sie noch da bleibe und man müsse mit ihr immerdar

streiten? . . . gleichwie der Samariter dort im Luca, Cap. 10, 34. 35. (Lk
10, 34. 35, d. Vf.), da er dem Verwundeten Oel und Wein in die Wunden goß, macht er ihn nicht so bald gesund, sondern führt ihn in die
Herberge, und ließ den Wirth erst seiner pflegen, bis er wieder käme.
Also werden wohl durch die Taufe alle Sünden weggenommen, so
doch, daß sie GOtt nicht zurechnet: aber darum sind sie nicht hinweg; sondern man muß sie immerzu heilen, wie man denn angefangen hat sie zu heilen. Wenn wir aber nun sterben, da werden sie alle
vollkömmlich geheilt sein. Derhalben so oft du fühlst, daß du gereizt
wirst zur Ungeduld, Hoffahrt, Unkeuschheit und zu andern Sünden,
so oft sollst du wissen, daß du fühlest tödtliche Pfeile der Erbsünde,
welche der Teufel in Adams Fleisch, daher deines geboren ist, ge-
schossen hat, und sollst alsbald gedenken, daß du diesen Pfeilen wi-
derstehest, und bittest den HErrn JEsum, daß diese Sünde nicht Ue-
berhand nehme und dich überwinde, sondern daß sie durch seine
Gnade überwunden werde.« Siehe auch Luther W 6, 1574; vgl. auch
W 16, 1471.
Luther (W 22, 378): »Die Erbsünde, nach der Taufe, ist gleich wie eine
Wunde, die da anfähet zu heilen. Es ist zwar eine rechte Wunde, aber
doch wird sie geheilet, und ist im steten Brauch und Uebung des Hei-
lens, ob sie wohl noch eitert, sich wehret und wehe thut. Also bleibt
zwar die Erbsünde in den Getauften, bis wir sterben, doch wird sie
täglich und ohne Unterlaß getödtet; der Kopf ist ihr ab, daß sie uns
Christen nicht verdammen und verklagen kann.«

[229] Bultmann, Theologie S. 288
[230] Vgl. Augustin: »non posse non peccare« — er kann nicht nicht sündigen (vgl. Brunner, Dogmatik II, S. 134 f.)
[231] Michel, Römer, S. 216
[232] Pieper-Mueller S. 267
[233] Pieper-Mueller S. 268; vgl. auch Joest, Dogmatik II, S. 413 f.
[234] Pieper-Mueller S. 268
[235] Barth, KD III/4 S. 127: »Daß er dazu bestimmt ist, im Bunde mit Gott
zu sein, das hat seine Entsprechung darin, daß seine Menschlichkeit,
die besondere Art seines Seins, von Natur, von Hause aus, daß sie als
solche Mitmenschlichkeit ist.« Siehe auch Zimmerli, 1. Mose 1-11,
S. 84, zu 1. Mose 1, 26-28: ». . . Der Mensch ist auf das Zusammensein
mit einem anderen Menschen angelegt . . . Es ist durch diese Feststellung des Schöpfungsberichtes aller egoistischen Selbstvervollkomm-
nung des Menschen der Weg verlegt.«
[236] Barth, KD III/4 S. 128
[237] Barth, KD III/4 S. 128

[238] Weber, Barths KD, S. 161; Kreck, Grundfragen der Dogmatik, S. 305: »Barth glaubt, 1. Mose 1, 26 f. so deuten zu können, daß die Erschaffung als Mann und Frau Explikationen der imago Dei (Gottebenbildlichkeit, d. Vf.) sei. Diese strukturelle Differenz und Zuordnung im Bereich des Humanums entspricht dem Gegenüber und Füreinander in Gott selbst, im Verhältnis des Vaters zum Sohn (analogia relationis). Diese Grundform der Humanität, die also streng theologisch und christologisch begründet wird, ist auch durch die Sünde nicht verloren.«

[239] Weber, Barths KD, S. 164; vgl. auch Barth, KD III/4 S. 203

[240] Platon, Das Gastmahl, S. 115 f.

[241] Stroh, Lehre, S. 110

[242] Stroh, Lehre, S. 134 ff.

[243] Steiner, Aus der Akasha-Chronik, S. 57 ff.

[244] König, Geheime Gehirnwäsche, S. 93 f.; Beyerhaus — v. Padberg, Eine Welt, S. 189 und 235; daselbst (S. 235): Die menschliche »Geschlechtlichkeit soll aufgehoben werden durch die Entwicklung seiner ursprünglich *andro-gynen* (mann-weiblichen) Veranlagung.«

[245] V. Rad, 1. Mose, S. 47. Siehe zum Andogynismus auch Barth, KD III/4 S. 177 ff.

[246] Diese treffende Ausführung aus Weber, Barths KD S. 162 f.

[247] Vgl. Barth, KD III/4 S. 171

[248] Barth, KD III/4 S. 171

[249] Barth, KD III/4 S. 128

[250] Westermann, Genesis 1-11, S. 309

[251] Westermann, Genesis 1-11, S. 309

[252] Westermann, Genesis 1-11, S. 309

[253] Vgl. Westermann, Genesis 1-11, S. 309

[254] Lapide, Ist die Bibel richtig übersetzt?, weist (S. 63) darauf hin, daß das hebräische Wort nägäd (gegenüber) »auch ganz unüberhörbar die Opposition mitschwingen läßt. Eva war also weder als unterwürfige Ja-Sagerin noch als demütige Mitläuferin gemeint, sondern als Person mit Eigenrecht . . .«

[255] Siehe oben 3. TEIL, F. I. 3.; vgl. auch 1. Kor 11, 3. 7 ff., Eph 5, 22 ff.

[256] Weber, Barths KD S. 163 f.

[257] Ähnlich ist es auch in der Gemeinde. Wenn Paulus 1. Kor 12, 28 schreibt: »Und Gott hat gesetzt in der Gemeinde aufs erste Apostel, aufs andere Propheten, aufs dritte Lehrer, danach Wundertäter, danach Gaben, gesund zu machen, Helfer, Regierer, mancherlei Zungen«, meint er nicht eine verschiedene Wertigkeit der betreffenden Gemeindeglieder, etwa daß der Gemeindeleiter mehr wäre als der

Prophet. Sondern jeder soll mit seinen Gaben an seinem Platz nach Gottes Ordnung dienen.

[258] Barth, KD III/4 S. 184

[259] Barth, KD III/4 S. 184: Es »kann« »nur klarer Ungehorsam sein ... Wer gebietet, wer erlaubt ihnen, voreinander davonzulaufen? Daß das nicht geht, zeigt sich symptomatisch darin, daß die Sache — jedes künstlich herbeigeführte oder festgehaltene Sondersein der Geschlechter als solcher — gewöhnlich rasch und sicher muffig und obskurantisch — bei den Männern barbarisch und bei den Frauen preziös, bei beiden mehr oder weniger unmenschlich zu werden pflegt.«

[260] Siehe dazu auch Augsburger Bekenntnis (CA) Artikel 23 (Vom Ehestand der Priester); daselbst u.a.: »So denn Gottes Wort oder Gesetz durch kein menschliches Gelübde oder Gesetz mag geändert werden, haben aus diesen und anderen Ursachen und Gründen die Priester und andere Geistliche Eheweiber genommen« (nach BSLK S. 87); CA 27 (Von Klostergelübden): »... ein gottloses Gelübde, und das wider Gottes Gebot geschehen ist, ist unbündig (nicht bindend) und nichtig« (nach BSLK S. 116).

[261] Barth, KD III/4 S. 203

[262] Barth, KD III/4 S. 155: »*gut* ist in diesem ganzen Bereich das, was — im weiten und strengen Sinn dieses Begriffes — ehemäßig, *böse* ist das, was in diesem Bereich nicht ehemäßig ist.« Vgl. auch Weber, Barths KD S. 162

[263] So ist nach reformatorischer Lehre auch die Ehe eines Priesters erlaubt, der ein Ehelosigkeitsgelübde abgelegt hat: Menschengebot oder -gelübde kann Gottes Gebot nicht ändern oder aufheben. Augsburger Bekenntnis XXIII, nach BSLK S. 90 f.: »... Wie aber kein menschlich Gesetz Gottes Gebot kann wegtun oder ändern, also kann auch kein Gelübde Gottes Gebot ändern. Darum gibt auch Sanctus Cyprianus den Rat, daß die Weiber, so die gelobte Keuschheit nicht halten, sollen ehelich werden, und sagt Epist. 11 also: ›So sie aber Keuschheit nicht halten wollen oder nicht vermögen, so ists besser, daß sie ehelich werden, denn daß sie durch ihre Lust ins Feuer fallen, und sollen sich wohl vorsehen, daß sie den Brüdern und Schwestern kein Ärgernis anrichten‹.

Zudem, so brauchen auch alle Canones großer Gelindigkeit und Äquität (Menschlichkeit, Billigkeit, Geduld, d.Vf.) gegen diejenigen, so in der Jugend Gelübde getan, wie dann Priester und Mönche des mehrernteils in der Jugend ind solchen Stand aus Unwissenheit gekommen sind.«

[264] Dombois, EvStL, Sp. 799, über die Institution in der rechtstheologischen Institutionslehre, die »fast unbestritten von der Ehe aus«-ging (Dombois aaO.). Vgl. auch Grundmann, EvStL, Sp. 970, über Dombois: »Institution ist also nicht zuerst Einrichtung, Anstalt oder gar Apparat, sondern ein personaler Rechtsvorgang, bes. sinnenfällig an der Ehe in der Doppelheit von Akt (Eintritt in die Ehe) und Status (Verbundenheit in der Ehe). Damit ergeben sich zugleich weitere Kriterien: die bei relativer, hist. Wandelbarkeit der Formen (z. B. Form der Eheschließung) gegebene Unverfügbarkeit (der Ehe selbst), die Verbindung von Freiheit (z. B. die Ehe zu schließen) und Determination (in der Ehe zu sein), und die Struktur einer Beziehungsform (z. B. zwischen den Ehegatten).«

[265] Vgl. dazu auch Dombois, EvStL, Sp. 799: »I. (= Institution, d. Vf.) als (An-)Gebot, als Möglichkeit, steht so zwischen Vorgegebenheit und zweckhafter Verfügbarkeit der Ordnung.«

[266] Barth, KD III/4 S. 232

[267] Barth, KD III/4 S. 233

[268] Thielicke, Theol. Ethik III, 2531, S. 700

[269] Trillhaas, Sexualethik, S. 93 über die Romantik: »Das Wort, daß die Ehe ›von Gott zusammengefügt worden ist‹, wurde in die innere Qualifikation einer Ehe umgedeutet: Es gibt also Ehen, die ›im Himmel geschlossen werden‹, aber andere, die nicht im Himmel, nicht durch Gottes Willen zustande kommen, sondern die auf Erden, aus eigenem Willen, womöglich aus Irrtum entstehen und die daher das Privileg der lebenslänglichen Dauer nicht für sich in Anspruch nehmen müssen, sondern auflösbar sind. Es sind ›Scheinehen‹, Irrtümer, die aus der Welt geschafft werden müssen.«

[270] Weber, Barths KD, S. 167

[271] Creiffelds, Rechtswörterbuch S. 284 f.

[272] Siehe dazu Wolff, Anthropologie S. 256; Thompson, Deuteronomy, S. 244 f.; Schneider, Das fünfte Buch Mose, S. 228.

[273] G. Friedrich, Sexualität und Ehe, S. 132 zu Mk 10, 11: »Der Satz setzt die Einehe voraus und geht davon aus, daß die erste Ehe trotz des Scheidebriefes weiter besteht, so daß der Mann durch seine Wiederverheiratung sich an seiner eigenen Ehe vergeht.«

[274] In der Missionssituation wird die christliche Gemeinde mit *polygamen Ehen* konfrontiert. Jesu Wille ist die Monogamie. Ein Christ darf keine polygame Ehe begründen. Jedoch sind bestehende polygame Ehen zu achten; kein Mensch hat das Recht, sie aufzulösen. Zu diesem Thema siehe auch Thielicke, Theol. Ethik III, 2568 ff., S. 708 ff.

Zur »*Auflösung der Ehe*« Schlatter, Ethik S. 399 ff.: »Da der Abschluß

der Ehe unter der Mitwirkung des Staates geschieht, ist es unerläßlich, daß auch ... ihre Aufhebung nicht nur den Gatten zusteht, sondern von den Organen des Staats ausgesprochen wird. Daran, daß
die Scheidung dem richterlichen Urteil vorbehalten und nicht dem Ermessen der Gatten überlassen bleibe, ist festzuhalten. In einer starken
und ernsten Christenheit wird sich aber an dieser Stelle ein ähnlicher
Doppelakt herausbilden wie beim Beginn der Ehe, da die christliche
Gemeinde ein Recht hat, zu wissen, warum die ihr angehörenden
Gatten ihre Ehe aufgeben. Hier hat unsere Sitte eine schädliche Lücke
und wird wesentlich gebessert, wenn die, die ihre Ehe auflösen, ihren
Schritt auch vor der Vertretung der christlichen Gemeinde zu rechtfertigen haben.«

[275] Vgl. v. Rad, 1. Mose, S. 68; Zimmerli, 1. Mose 1-11, S. 143

[276] Kirchenbuch für die Evangelische Landeskirche in Württemberg, Die
kirchliche Trauung, Probeausgabe von 1978, S. 10

[277] Gesenius

[278] Westermann, Genesis 1-11, S. 318

[279] Westermann, Genesis 1-11, S. 318

[280] Zimmerli, 1.Mose 1-11, S. 85

[281] Gesenius

[282] Das wird in der Urgeschichte der Bibel gleich vorgeführt: Während
1. Mose 2, 23 Adam zwar sagt: »... man wird sie Männin nennen ...«,
ist es doch er nicht, der Eva benennt. Benennung wäre »vornehmlich
Ausübung eines Hoheitsrechtes, einer Herrscherstellung« (v.Rad,
1. Mose, S. 67). Jedoch schon gleich nach dem Sündenfall lesen wir
von solcher Benennung: »Und Adam nannte sein Weib Eva« (1. Mose
3, 20a).

[283] v. Rad, 1.Mose, S. 75

[284] v. Rad, Theologie des AT I, S. 176

[285] Lutherbibel erklärt, zu 1. Mo 10

[286] Soe, Christliche Ethik, S. 313

[287] Siehe Buber, Israel und Palästina, S. 23; vgl. auch Wolff, Anthropologie, S. 143 f.

[288] Siehe oben A I 2. 1, c, cc

[289] Buber, Israel und Palästina, S. 25: »Das sündige Menschenvolk ›versündigt‹ das Land, in dem es siedelt (Deuteronomium 24, 4), das heißt
es versetzt es in einen Zustand des innern Zerfalls. Dieser Zustand
wird aufs genaueste durch das Wort *chanaf* bezeichnet, das (wie wir
aus der Bedeutung des arabischen Verbs *chanifa*, an einer Fußverrenkung leiden, entnehmen dürfen) etwa als ›aus den Fugen geraten sein‹
zu verstehen ist.«

[290] Siehe oben 3. Teil, F I 2. 4

[291] Buber, Israel und Palästina, S. 23 f.

[292] Hier ist also die Grundordnung der Achtung des menschlichen Lebens angetastet, das Gott auch noch in der noachitischen Ordnung absolut geschützt hat (1. Mo 9, 5 f.). Ein ernster Bußruf für unsere Zeit, in der durch Abtreibungen millionenfach gegen diese Grundordnung Gottes verstoßen wird. Bonhoeffer, Ethik S. 187: »Die Tötung der Frucht im Mutterleib ist Verletzung des dem werdenden Leben von Gott verliehenen Lebensrechtes. Die Erörterung der Frage, ob es sich hier schon um einen Menschen handele oder nicht, verwirrt nur die einfache Tatsache, daß Gott hier jedenfalls einen Menschen schaffen wollte und daß diesem werdenden Menschen vorsätzlich das Leben genommen worden ist. Das aber ist nichts anderes als Mord.« Und Bonhoeffer fährt daselbst fort: »Daß die Motive, die zu einer derartigen Tat führen, sehr verschieden sind, ja daß dort, wo es sich um eine Tat der Verzweiflung in höchster menschlicher oder wirtschaftlicher Verlassenheit und Not handelt, die Schuld oft mehr auf die Gemeinschaft als auf den Einzelnen fällt, daß schließlich gerade in diesem Punkt Geld sehr viel Leichtfertigkeit zu vertuschen vermag, während gerade bei dem Armen auch die schwer abgerungene Tat leichter ans Licht kommt, dies alles berührt unzweifelhaft das persönliche und seelsorgerliche Verhalten gegenüber dem Betroffenen ganz entscheidend, es vermag aber an dem Tatbestand des Mordes nichts zu ändern.«

[293] Buber, Israel und Palästina, S. 25

[294] Ausführlicher dazu s. u. 5. TEIL, VON CHRISTUS, C. II. 1.

[295] Wolff, Anthropologie, S. 145

[296] Wolff, Anthropologie, S. 144

[297] Wolff, Anthropologie, S 142

[298] Wolff, Anthropologie, S 144; die Versangaben beziehen sich auf 1. Mose 1

[299] Wolff, Anthropologie, S. 145

[300] Westermann, Genesis 1 - 11, S. 282: »...der Mensch besteht nicht aus mehreren Bestandteilen (wie Leib und Seele o.ä.), sondern er besteht in einem ›etwas‹, das durch die Belebung zum Menschen wird ... Für das Menschenverständnis ergibt sich hieraus die unbedingte Einheitlichkeit des Menschseins, wie sie im dritten Satz von 2, 7 zum Ausdruck kommt. Es ist uns dann durchaus verwehrt, in diesen Satz entweder hineinzulesen, daß dem Menschengeschöpf etwas Göttliches mitgegeben sei ... oder aber, ruach (Geist, bei Westermann hebr. Schrift, d. Vf.) vom griechischen oder modernen Geistbegriff her zu

deuten ... Der ›Lebensatem‹ also bedeutet einfach die Lebendigkeit, das Einhauchen des Lebensatems, die Belebung des Menschen.«

[301] Wolff, Anthropologie, S. 145

[302] Kraus, Psalmen II, S. 883 zu Psalm 104, 21. Kraus fährt daselbst fort: »darum wird absichtlich an dieser Stelle von el gesprochen«. (Das hebräische Wort el bedeutet ›Gott‹; Kraus schreibt es an der zitierten Stelle in hebräischer Schrift)

[303] Michel, Römer S. 267

[304] Michel, Römer S. 267 f.

[305] Siehe dazu auch Michel, Römer S. 268

[306] Stuttgarter Erklärungsbibel zu 1.Mose 1, 18 - 20

[307] Vgl. dazu Wolff, Anthropologie, S. 143

[308] Siehe Wolff, Anthropologie, S. 143 und Westermann, Genesis 1 - 11, S. 316

[309] Wolff, Anthropologie, S. 145

[310] Nur mit einem Salto mortale ist es möglich, einen Heilsweg zu Gott ohne gerade diesen Jesus anzunehmen, wie ihn Hans Küng (Christ sein, S. 437) unternimmt: »Weil es keinen anderen Gott gibt als den in Jesus offenbarten, hat *Jesus von diesem universalen Gott her selber eine universale Bedeutung:* Wenn Gott den Menschen außerhalb der Christusverkündigung (in einer Weltreligion oder im säkularen Leben) begegnet, was nicht dogmatisch ausgeschlossen werden kann, begegnet ihnen der eine wahre Gott ... In diesem einen wahren Gott also kann auch der Nichtchrist, wo immer er durch das Schicksal beheimatet ist, sein Heil finden.« Dagegen betont Künneth (Fundamente, S. 110), »daß die ›Soteriologie‹, *Lehre vom Heil, die andere Seite der Christologie selbst ist,* so daß wohl eine Unterscheidung, aber keine Trennung möglich ist.«

[311] Anders Bultmann, GV II, S. 252 ff. Auf die Entscheidungsfrage, die er richtig stellt: »Hilft er mir, weil er der Sohn Gottes ist, oder ist er der Sohn Gottes, weil er mir hilft?« (aaO. S. 252) entscheidet er sich im Gegensatz zu uns für letzteres: »Nun, ich glaube: Man darf sagen, daß im Neuen Testament, jedenfalls a parte potiori, die Aussagen über Jesu Göttlichkeit oder Gottheit in der Tat Aussagen sind, die nicht seine Natur, sondern seine Bedeutsamkeit zum Ausdruck bringen wollen« (aaO. S. 252 f.); siehe auch daselbst S. 257. Ähnlich Hans Küng, Christ sein, S. 380 f.; siehe auch Küng aaO. S. 427, 436 f., 439 f.

[312] Viele moderne Christologien können »Person und Werk« überhaupt nicht »unabhängig voneinander beschreiben«, weil sie als »Prinzipchristologie« oder als »Urbildchristologie« »die Würde Christi nicht« darin suchen, »daß ihm gottheitliche Prädikate zuerkannt werden.

Seine Würde besteht« nach ihnen »vielmehr darin, daß er die Wahrheit des Menschseins verwirklicht hat« (Mildenberger, Grundwissen, 7. 4. 2, 3. Aufl. S. 159). Diese Bildungen entsprechen nicht der Bibel. Näheres dazu siehe unten.

[313] Kleiner Katechismus (vgl. BSLK S. 510) zur Erklärung des Apostolischen Glaubensbekenntnisses.

[314] Siehe dazu Kim, »The ›Son of Man‹« as the Son of God, S. 99; vgl. auch Hengel, Der Sohn Gottes, S. 102

[315] Kim, »The ›Son of Man‹« as the Son of God, S. 99

[316] Maier, Daniel, S. 280

[317] Maier, Daniel, S. 280

[318] Maier, Daniel, S. 281

[319] Interessant ist auch der Vergleich mit Hes 1, 26, wo Gott mit den Worten umschrieben wird: ». . . einer, der aussah wie ein Mensch« (vgl. Taylor, Ezekiel, S. 59). Eine interessante Wurzel des Menschensohn-»Titels« findet sich auch in Jes 43, 4b, wo Gott zu Israel spricht: »Ich gebe einen Menschen an deiner Statt« (nämlich als Sühnemittel); in der Jesajarolle von Qumran steht sogar der bestimmte Artikel ». . . den Menschen«. Jesus nimmt diese Stelle aus dem Jesajabuch in dem zentralen »Menschensohnwort« Mk 10, 45 auf: »Denn auch der Menschensohn ist nicht gekommen, daß er sich dienen lasse, sondern daß er diene und sein Leben gebe als Lösegeld für viele« (siehe dazu Grimm-Dittert, Deuterojesaja, S. 178 f.).

[320] Es gibt allerdings auch Stellen, die auf den Gottesknecht zurückgehen (z. B. Mt 3, 17 / Jes 42, 1), da das hebr. Wort für ›Knecht‹ in der griechischen LXX mit ›pais‹ übersetzt wurde, was ›Knecht‹ und ›Sohn‹ bedeutet (Cullmann, Christologie des NT, S. 290; vgl. auch Hengel, Der Sohn Gottes, S. 104). Siehe auch Hengel, Der Sohn Gottes, S. 101: »In dem Titel »Sohn Gottes« laufen so verschiedene Traditionslinien zusammen.« (Siehe dazu auch Hengel, Der Sohn Gottes, S. 90). Die Bezeichnung von Königen als Sohn Gottes (Cullmann, Christologie des NT, S. 279) hängt mit 2. Sam 7 zusammen, da die Davididen Vorläufer und ›Platzhalter‹ des letzten Davidssohns und Gottessohns sind, der die volle Erfüllung von 2. Sam 7 ist. Die Bezeichnung des Gottesvolkes als Sohn Gottes im AT (Cullmann, Christologie des NT, S. 279) wird insofern aufgenommen, als der Gottessohn (wie auch der Menschensohn, Dan 7, 27) Repräsentant des wahren Gottesvolkes ist (vgl. Kim, The Origin of Paul's Gospel, S. 250 f.; Kim, »The ›Son of Man‹« as the Son of God, S. 99)

[321] Betz, Was wissen wir von Jesus?, S. 59 ff. (englisch: What do we know about Jesus?, S. 87 ff.)

[322] Zur engen Verbindung von Menschensohn und Gottessohn im Neuen Testament siehe auch Kim, The Origin of Paul's Gospel, S. 250 f.: »Jesus' teaching of his unique filial relationship to God and his ingathering of his disciples to participate in that relationship also support the view that he designated himself as › the Son of Man‹ in full consciousness that he was the Son of God, the inclusive representative of the faithful or ideal Israel, whom Daniel saw appearing as one ›like a son of man‹ in a vision.« Siehe auch Hengel, Der Sohn Gottes, S. 102 f.

[323] Auch Röm 1, 3 f. ist von 2. Sam 7 her zu verstehen; als Davidssohn ist er nach 2. Sam 7, 14 schon Gottessohn; durch die Auferstehung wird er also nicht erst Gottessohn, sondern eingesetzt in seine Stellung »*in Kraft*«. (So auch Cullmann, Christologie des NT, S. 242 f.; anders Hengel, Der Sohn Gottes, S. 94)

[324] Maier, Lukas-Evangelium, 1. Teil, S. 40

[325] Maier, Lukas-Evangelium, 1. Teil, S. 41

[326] Zur Gottessohnschaft Jesu siehe auch Künneth, Fundamente, S. 105 ff.; daselbst (S. 109): »Das Zeugnis von der Anwesenheit Gottes in dem ›Sohn‹ bedeutet ... einen Generalangriff gegenüber zwei extremen Ideologien des jeweiligen Zeitgeistes:

Zunächst gegenüber der idealistisch-pantheistischen Verallgemeinerung des Gottesgedankens ... Diese Konzeption verwechselt das universale, aber verborgene Wirken Gottes mit seinem Offenbarwerden. Sodann stellt die Botschaft von der Anwesenheit Gottes in dem ›Sohn‹ die harte Antithese gegenüber all den Formulierungen einer ›Gott ist tot-Theologie‹ oder einer ›Theologie nach dem Tode Gottes‹ (s. Dorothee Sölle) dar, die die Rede von einer totalen ›Abwesenheit‹ Gottes in der Welt zu einem verabsolutierten, bleibenden Grundsatz des Daseinsverständnisses erhebt.

Im Gegensatz zu derartigen Fehldeutungen behauptet die Proklamation der Gottessohnschaft Jesu folgendes: Der ›*Sohn*‹ *ist die einzige Stelle* in der gesamten Daseinswirklichkeit, an der Gott selbst sich der Welt zugewendet hat, *in der Gott selbst in der Welt geschichtlich existent geworden ist.* An keinem anderen Ort als in dem ›Sohn‹ ist Gott wirklich zu finden ...« Hier, im Sohn, wird »aus dem fernen, unbekannten, verborgenen Gott ... der nahe, anwesende, präsente Gott ...«

[327] Schlatter, Erläuterungen I, zu Lk 1, 35b, S. 431

[328] Hengel, Der Sohn Gottes, S. 120; Cullmann, Christologie des NT, S. 241 f.; siehe auch Cullmann, Christologie des NT, S. 206

[329] Cullmann, Christologie des NT, S. 242; vgl. auch Hengel, Der Sohn Gottes, S. 120

[330] Cullmann, Christologie des NT, S. 242

[331] Hengel, Der Sohn Gottes, S. 120

[332] Cullmann, Christologie des NT, S. 242 (*theos* im Original in griechischen Buchstaben). Cullmann, Christologie des NT, S. 244: »Die Bezeichnung Jesu als ›Kyrios‹ hat ... zur Folge, daß eigentlich alle Würdetitel Gottes selber — mit Ausnahme des Vaternamens — auf Jesus übergehen konnten.« Auch »die Anwendung des Namens ›Gott‹ ... auf Jesus, die im Urchristentum am Rande ebenfalls auftaucht, ... bedeutet keineswegs ... eine Steigerung gegenüber der nicht zu überbietenden Bezeichnung Kyrios.« (aaO.)

[333] Selbst Bultmann muß zugeben, daß es im Neuen Testament »naive Aussagen« gibt, »die in der Tat nun von Jesus Christus als von Gott reden« (Bultmann, GV II S. 253 (mit Ausführungen aaO. S. 253 ff.))

[334] Siehe dazu Cullmann, Christologie des NT, S. 318 ff.

[335] Roloff, Neues Testament, S. 143; Buhner, Der Gesandte, S. 166. Roloff aaO.: »die sog. *Offenbarungsformel* ... ›ich bin ... ‹ ... Mit ihr gibt sich Jesus in seiner wahren Gottheit zu erkennen, analog zu Jahwe, der sich mit der Formel ani hu (ich bin, d.Vf.) als der alleinige Herr der Geschichte offenbart (z. B. Jes 51, 12; 43, 11; Ex 20, 2). In allen Fällen ist dabei das ego eimi (ich bin (d. Vf.); im Original in griechischen Buchstaben) betont und hat exklusive Bedeutung.« Bühner, Der Gesandte, S. 166: Wenn das ›Ich bin‹ absolut gebraucht ist, »stellt« es »in formgeschichtlicher Hinsicht einen Sonderfall dar und steht einer unvermittelt theologischen Interpretation als Epiphanie-Formel offen.«

[336] Dazu Cullmann, Christologie des NT, S. 245 ff.

[337] Dazu Cullmann, Christologie des NT, S. 255 ff.; siehe auch Gese, Johannesprolog, S. 173 ff.

[338] Vgl. auch Cullmann, Christologie des NT, S. 320 und 221 f. und Künneth, Fundamente, S. 141

[339] Ewiges Leben, S. 75; Wahrheit, S. 47

[340] Ewiges Leben, S. 76

[341] Ewiges Leben, S. 72 f.

[342] Ewiges Leben, S. 81: »Als er zum Himmel auffuhr, kehrte er zur himmlischen Mutter des verheißenen ›Samens‹ zurück, die Gottes ›Weib‹ oder Frau ist. Sie erhielt den obersten der himmlischen Söhne Gottes zurück.«

[343] Vgl. Michel, Hebräer, S. 131; siehe auch Bakker, Christ an Angel? ZNW 32, 1933 S. 255 ff., sowie Hengel, Der Sohn Gottes, S. 131 ff.

[344] Michel, Hebräer, S. 149 (zu Hebr 2, 11): »Priesterdienst setzt Blutsgemeinschaft voraus«; S. 160 (zu Hebr 2, 14): »Blut sühnt, im Blut liegt das Leben.« Für den Erlöserdienst ist auch auf das Löserinstitut des

AT zu verweisen (3. Mo 25, 25 ff. 47 ff.) (siehe beim Abschnitt über das Werk Christi).

Zur Menschheit Christi vgl. Pieper-Mueller S. 320 (ff.); Pieper-Mueller S. 320: »Eine ausfuehrliche dogmatische Darlegung der wahren und vollkommenen Menschheit Christi ist dadurch veranlasst, dass man innerhalb der aeusseren Christenheit die Menschheit Christi teils ganz leugnete, indem man Christo nur einen Scheinkoerper zuschrieb (so die Doketen), teils doch verstuemmelte, indem man Christo einen Leib ohne Seele (so die Arianer) oder einen Leib und eine Seele ohne Geist (so Apollinaris) oder Leib und Seele ohne einen menschlichen Willen (so die Monotheleten) oder ueberhaupt ein hoeheres geistliches, dem unsern nicht gleichwesentliches Fleisch zuschrieb (so Gnostiker u.a.).«

[345] Pieper-Mueller S. 330.

[346] Siehe z. B. Pöhlmann S. 213 ff.; Mildenberger, Grundwissen, 7. 1. 3, 3. Aufl. S. 144 f.; Mildenberger, Grundwissen, 2. Aufl., S. 248 ff.

[347] Siehe dazu: Walter Kasper, Christologie von unten? Quaestiones disputatae 72, 1975, S. 141 ff., insbesondere S. 166-168, sowie: Hengel, Der Sohn Gottes, S. 141.

[348] Vgl. Pieper-Mueller S. 339

[349] Zur lutherischen Lehre von den Ständen Christi siehe Schmid, Dogmatik § 38, S. 243 ff.; Mildenberger, Grundwissen, 7. 2. 2. 2, 3. Aufl. S. 151; Pieper-Mueller S. 380 – 398

[350] Übersetzung Luthers des Liedes des Ambrosius »Veni redemptor gentium«, EKG 1 Vers 3

[351] Siehe Bühner, Der Gesandte. Joh 1 – 20 beschreibt die Sendung Jesu, jeweils am Anfang und am Ziel wird Jesus als Gott bezeichnet (Joh 1, 18 bzw. Joh 20, 28), dazwischen steht die Hingabe des Sohnes (mit Joh 3, 16 als Kurzfassung des Evangeliums). Kapitel 21 handelt dann von den Aposteln.

[352] De Boor, Philipper, S. 78; im Griechischen steht das Verb im Partizip der Gegenwart, das sich auf das dauernde ›Wesen‹ in der Gestalt Gottes beziehen kann. De Boor S. 78: »**In Gestalt Gottes wesend**‹ ist etwas in sich selbst Ewiges und Unverlierbares.«
Zu dieser Stelle und ihre nähere Ausführung in Hebr 1, 1 ff. siehe auch Hengel, Der Sohn Gottes, S. 134.

[353] Vgl. Künneth, Fundamente, S. 112; zur Präexistenz siehe auch Hengel, Der Sohn Gottes, S. 104 ff., Cullmann, Christologie des NT, S. 243 und 253 ff., sowie den Aufsatz von Riesner: Präexistenz und Jungfrauengeburt, thb 4/81. Man beachte: »Entsprechend dem biblischen Gottesbegriff muß auch in bezug auf den ›Sohn‹ eine ontologische

Aussage (Seinsaussage, d.Vf.) vollzogen werden. Die in der Theologie so beliebte Anwendung der Kategorie des ›Funktionalen‹ ... reicht hier nicht aus« (Künneth, Fundamente, S. 111 f.)

[354] Joest, Dogmatik I, S. 239

[355] Wobei klar ist, daß das »Zuvor‹ des Seins Gottes, des dreieinigen Gottes, ... kategorial unverrechenbar mit dem Vorher und Nachher unseres Zeitbegriffs« ist (Weber, Dogmatik, Bd. 1, S. 335). Er ist der Ewige (vgl. Joh 8, 58).

[356] Hengel, Der Sohn Gottes, S. 108: »Die Präexistenz des endzeitlichen Erlösers konnte schon aus Mi 5, 1 oder aus Ps 110, 3 herausgelesen werden...«

[357] Künneth, Fundamente, S. 111 f.

[358] Luther, EKG 15 Vers 2

[359] Vgl. Künneth, Fundamente, S. 122; unsere Lieder zum Christfest können uns uns dabei leiten; Gellert (EKG 34 Vers 3)· »Wenn ich dies Wunder fassen will, so steht mein Geist vor Ehrfurcht still; er betet an und er ermißt, daß Gottes Lieb unendlich ist.«

[360] Vgl. Künneth, Fundamente, S. 116 und 114. Auch die Naturwissenschaft kann heute nicht mehr gegen die Jungfrauengeburt ins Feld geführt werden; nicht nur, weil es Parthenogenese in der Natur gibt (siehe Künneth, Fundamente, S. 114) — die biblische Jungfrauengeburt ist ja nicht als natürliche Erscheinung verstanden —, sondern weil sie sich berechtigterweise heute kein geschlossenes Weltbild mehr leisten kann, wie das im 19. Jahrhundert noch möglich war. Es kann »die menschliche Ratio ... keine legitime Instanz sein ..., gegen die Dimension der Offenbarung Einspruch zu erheben« (Künneth, Fundamente, S. 114).
Auch die tiefenpsychologische Deutung (Drewermann, Tiefenpsychologie und Exegese I, S. 393, 502 ff.) wird der biblischen Jungfrauengeburt nicht gerecht; es handelt sich hier nicht um einen Mythus (siehe Künneth, Fundamente, S. 115), sondern um eine Gottestat.

[361] Zur Jungfrauengeburt siehe Künneth, Fundamente, S. 112 ff.; Riesner, Präexistenz und Jungfrauengeburt, th 4/81; Pieper-Mueller S. 322 f., 392; Präexistenz und Jungfrauengeburt schließen sich nicht gegenseitig aus, sie gehören zusammen (siehe Künneth, Fundamente, S. 116; siehe auch Joest, Dogmatik I, S. 239 f., der zwar sieht, daß zwischen beiden logischerweise kein Widerspruch bestehen muß, aber meint, auf »ihre Entstehungsgeschichte gesehen« seien »sie aber wohl alternative Sätze, den Ursprung der Sohnschaft Jesu zu verstehen« (aaO. S. 240)).

[362] Vgl. Künneth, Fundamente, S. 119

[363] Vgl. Pieper-Mueller S. 392; siehe zur katholischen Lehre L. Ott, Dogmatik, S. 245 ff.

[364] Siehe jedoch Pieper-Mueller S. 392 f.; zur katholischen Lehre siehe L. Ott, Dogmatik, S. 245 f., 249 f.

[365] NR 479

[366] NR S. 328

[367] L. Ott, Dogmatik, S. 254; Ott aaO.: »In den Himmel aufgenommen und über alle Chöre der Engel und Heiligen erhöht, herrscht Maria mit Christus, ihrem göttlichen Sohne.«

[368] NR 481

[369] Siehe dazu Künneth, Fundamente, S. 121

[370] Fahlbusch, Kirchenkunde der Gegenwart, S. 54, 100; Lumen gentium 52 (Rahner-Vorgrimler S. 187)

[371] Biblische Lehre kennt keine von der Geschichte, von den »großen Taten Gottes« (Apg 2, 11) abgehobenen ›Bedeutsamkeiten‹, wie sie Bultmanns Theologie hat. Bultmann (Neues Testament und Mythologie, S. 41): »Für die Aussagen von der *Präexistenz* oder von der *Jungfrauengeburt* dürfte es klar sein, daß ihr Sinn darin besteht, die Bedeutsamkeit der Person Jesu für den Glauben auszusprechen ... Er ist nicht auf seine historische Herkunft hin zu befragen, sondern seine wirkliche Bedeutung wird erst sichtbar, wenn von solcher Fragestellung abgesehen wird.« Dagegen fragt biblische Lehre zuerst: Was ist geschehen? Und dann erst: Was bedeutet das? Die Jungfrauengeburt ist geschehen. Deshalb können wir fragen, was sie bedeutet.

[372] Künneth, Fundamente, S. 120

[373] Künneth, Fundamente, S. 120

[374] EKG 53

[375] Vgl. Künneth, Fundamente, S. 120 f.

[376] Künneth, Fundamente, S. 121

[377] Vogel, EKL II, Sp. 1301: »Die M. (Menschwerdung, d. Vf.) Gottes, das Wunder der Weihnacht«. In einem weiteren Sinn wird Inkarnation auch gebraucht nicht nur für das Geschehen der Mensch*werdung*, den »Akt der Menschwerdung« (Schmid, Dogmatik § 38, S. 244), sondern für den ganzen Stand des Menschseins Jesu, so Schmid, Dogmatik aaO.: »die Menschwerdung aber (ist) für alle Zeiten bleibend«, mit Zitat von Hollaz (aaO. S. 247): »... incarnationis status permanet« (der Stand der Inkarnation bleibt). Nach Hengel, Der Sohn Gottes, S. 119, »vollendet« »sich« »die Menschwerdung« Christi »in seinem Tod am Kreuz«.

[378] Fahlbusch, Kirchenkunde der Gegenwart, S. 100

[379] Fahlbusch, Kirchenkunde der Gegenwart, S. 54

[380] Feiner — Fischer, Neues Glaubensbuch, S. 29

[381] Goppelt, Theologie des NT II, S. 402

[382] Vgl. Schmid, Dogmatik § 38, S. 245

[383] Siehe Maier, Matthäus-Evangelium, 1. Teil, S. 61; allerdings gehört schon sein Kommen und bisheriges Leben zu seiner Heilandstätigkeit, worauf auch sein Jesus-Name hinweist. Pieper-Mueller S. 399: »Der menschgewordene Sohn Gottes war in seinem Erloeseramt nicht erst seit der Taufe, durch welche die feierliche Einfuehrung in seine oeffentliche Wirksamkeit geschah, sondern von seiner Menschwerdung an. Schon in seiner Empfaengnis, Geburt, Beschneidung und seinem Kindesgehorsam war Christus der Weltheiland.«

[384] Maier, Matthäus-Evangelium, 1. Teil, S. 61.
Es geht hier also nicht um Wiedergeburt — Jesus war ja schon der Gottessohn (Maier, aaO. S. 62: »Mit den Worten ›*Dieser ist mein Sohn, der Geliebte*‹ ... wird Jesus als Gottessohn anerkannt. Sie führen uns auf den messianisch zu deutenden Ps 2 zurück. Aber die Worte ›heute habe ich dich gezeugt‹ aus Ps 2, 7 fehlen! D. h.: Jesus ist nicht erst seit der Taufe Gottessohn, sondern ist es in ewiger Existenz immer gewesen!«)
Es geht hier auch nicht um eine Geistestaufe, die einen höheren Stand der Gottverbundenheit bringe, sondern um Bevollmächtigung zum Dienst. (Wie auch später die Jünger zu ihrem Dienst bevollmächtigt wurden, Joh 20, 22; zu dieser Stelle Schneider, Johannes, S. 322 f.: »Um sie für die Erfüllung ihrer Aufgabe zuzurüsten, verleiht er ihnen ... den heiligen Geist ... Durch die Geistmitteilung verleiht er ihnen die Vollmacht zur Vergebung der Sünden und der Verweigerung derselben. Man wird darum nicht sagen können, daß bei Johannes ›Ostern und Pfingsten zusammenfallen‹«, wie es Bauer und Bultmann vertreten (Schneider, Johannes, S. 323, Anm. 3). Schneider, Johannes, S. 72: »Die Taube galt schon im Spätjudentum als Sinnbild des heiligen Geistes.«

[385] Cullmann, Christologie des NT, S. 65

[386] Zu letzterem siehe Maier, Matthäus-Evangelium, 1. Teil, S. 62

[387] Cullmann, Christologie des NT, S. 70

[388] Siehe Röm 9, 13; zu dieser Stelle Michel, Römer, S. 303: »Nach ihm« (dem »Schriftzitat Mal 1, 2 f.«) »ist Jakob ›geliebt‹ (= erwählt), Esau dagegen ›gehaßt‹ (= verworfen).«

[389] Hengel, Der Sohn Gottes, S. 90: »es (ist) irreführend ..., wenn man das Geflecht der christologischen Titel in eine Vielzahl selbständiger, je einander widersprechender ›Christologien‹ und verschiedener dahinterstehender Gemeinden aufzulösen sucht.«

390 Westermann, Jesaja 40-66, S. 203

391 Übersetzung Westermann, Jesaja 40-66, S. 204

392 Strack-Billerbeck, III, S. 283, zu Röm 10, 16

393 Vgl. Schlatter, Erläuterungen III, S. 39; anders Stibbs S. 141: Fleisch und Geist in 1. Petr 3, 18 f. betreffen nach ihm das Menschsein Jesu, nicht den Heiligen Geist.

394 Stibbs weist darauf hin, daß im griechischen Text hier nicht das Wort *euangelizein* (gute Nachricht bringen) steht, sondern *käryssein* (herolden, verkünden). »Peter is not saying that Christ preached the gospel. Rather He announced His triumph over evil, which was for the evil spirits bad news.« (Stibbs S. 142). Zwar spricht 1. Petr 4, 6 von der Evangeliumsverkündigung; aber zum einen ist die Frage, ob es sich um Verkündigung noch zu Lebzeiten der inzwischen Verstorbenen handelt (Stibbs S. 151 f.); und auch falls es sich um Verkündigung an Tote handelt, ist die Frage, ob es sich um das Evangelium als jene Hörenden noch rettende Botschaft handelt oder um einen anderen Wortgebrauch, etwa wie in Offb 14, 6 f. steht: »der hatte ein ewiges Evangelium zu verkünden . . . Und er sprach . . . : Fürchtet Gott und gebt ihm die Ehre; denn die Stunde seines Gerichts ist gekommen! . . .«

395 Schmid, Dogmatik § 38, S. 246; siehe auch daselbst S. 255, Anm. 21

396 Schlatter, Erläuterungen, Bd. 3, zum 1. Petrusbrief, S. 39 f.

397 Dazu Künneth, Fundamente, S. 133-141; Klappert, Diskussion um Kreuz und Auferstehung; Hempelmann, Die Auferstehung Jesu Christi — eine historische Tatsache?; Schmid, Dogmatik, § 38, S. 246

398 Künneth, Fundamente, S. 133

399 Dazu Lutherbibel erklärt: ». . . Jesu Ostersieg verbürgt nicht nur eine Seligkeit der Seele, sondern die ewige Errettung und Neuwerdung des ganzen durch ihn erlösten Menschen! . . .«

400 Künneth, Fundamente, S. 139

401 Siehe Künneth, Fundamente, S. 135 ff.

402 Vgl. Künneth, Fundamente, S. 139

403 R. Bultmann, Neues Testament und Mythologie, S. 20 f., 44 ff.; siehe dazu und zur Diskussion darüber Klappert, Diskussion um Kreuz und Auferstehung, S. 53 ff.

404 Handbuch Religiöse Gemeinschaften, 2. Aufl., S. 443

405 Hutten, Seher, Grübler, Enthusiasten, S. 94

406 Handbuch Religiöse Gemeinschaften, 2. Aufl., S. 444

407 Ewiges Leben, S. 81: »Als er zum Himmel auffuhr, kehrte er zur himmlischen Mutter des verheißenen ›Samens‹ zurück, die Gottes ›Weib‹ oder Frau ist. Sie« — die himmlische Engelwelt ist hier gemeint — »erhielt den obersten der himmlischen Söhne Gottes zurück.«

[408] Du kannst für immer im Paradies auf Erden leben, Kap. 14, S. 120 ff.; Handbuch Religiöse Gemeinschaften, 2. Aufl., S. 444

[409] Ewiges Leben, S. 379

[410] Schmid, Dogmatik § 38, S. 246: »Nachdem Christus sich seinen Jüngern als Auferstandener erwiesen hat, steigt er auf gen Himmel, d. h. erhebt sich auch seine menschliche Natur in den Himmel, in dem sie bisher noch nicht war.«

[411] Schmid, Dogmatik, § 38, S. 247; vgl. auch Pieper-Mueller S. 397 f.

[412] Künneth, Fundamente, S. 141; vgl. auch Mt 28, 18. 20b

[413] Schmid, Dogmatik § 38, S. 247

[414] Künneth, Fundamente, S. 141

[415] Pieper-Mueller S. 400; Weber II, S. 198

[416] Rienecker, Lexikon zur Bibel, Stichworte ›Salbung‹, Sp. 1177, und ›Gesalbter‹, Sp. 470

[417] Zu dieser Lehre vom »munus triplex Christi« (dreifachen Amt Christi) siehe auch Mildenberger, Grundwissen, 7. 3. 2, 3. Aufl. S. 154 ff.; Schmid, Dogmatik, § 34, S. 224; Pieper-Mueller S. 399 ff.; Weber II, S. 198 ff.

[418] Pieper-Mueller S. 399; derselbe S. 400: »Schon im Alten Testament ist Christus in dieser dreifachen Taetigkeit beschrieben (5. Mos. 18, 15 ff.; Ps. 110; Ps. 2, 7 ff.).«

[419] Schmid, Dogmatik § 35, S. 226

[420] Mildenberger, Grundwissen, 3. Aufl. S. 289 (Ziff. 60)

[421] Schmid, Dogmatik §§ 34 und 35, S. 224, 226; vgl. auch Mildenberger, Grundwissen, 3. Aufl S. 289 (Ziff. 60)

[422] Vgl. Pieper-Mueller S. 401

[423] Schmid, Dogmatik § 36, S. 227

[424] Schmid, Dogmatik § 36, S. 228

[425] Schmid, Dogmatik § 36, S. 229 f.

[426] Jesus Christus als Priester (Hohenpriester) zeigt uns in der Bibel vor allem der Hebräerbrief. Siehe dazu Cullmann, Christologie des NT, 3. Kapitel, S. 82 ff.; daselbst S. 103 f.: »der Begriff des Hohenpriesters, wie er im Hebräerbrief entwickelt ist, (bietet) eine in jeder Hinsicht vollständige Christologie ... Alle drei grundlegenden Aspekte des Wirkens Jesu sind einbezogen: das einmalige irdische Werk ..., das gegenwärtige des Erhöhten ..., und das des Wiederkehrenden ...; ›Gestern‹, ›Heute‹, ›bis in die Äonen‹ (Hebr. 13, 8) ... Andererseits hat aber der Verfasser des Hebräerbriefs neben den Hohepriesterbegriff mit besonderer Betonung einen anderen christologischen Titel gestellt, der gerade auch auf die Präexistenz Jesu hinweist: den Titel ›Sohn Gottes‹.«

Zu dem priesterlichen Amt Christi siehe auch Mildenberger, Grundwissen, 7.3.2.2, 3. Aufl. S. 155 und S. 289 f., Ziff. 61 und 62; Pieper-Mueller S. 404 ff.

[427] Zum königlichen Amt Christi siehe Schmid, Dogmatik § 37, S. 240 ff.; Pieper-Mueller, S. 423 ff.

[428] Schmid, Dogmatik § 37, S. 240

[429] Pieper-Mueller, S. 423

[430] Pieper-Mueller, S. 423

[431] Vgl. Schmid, Dogmatik § 37, S. 240 f.; Pieper-Mueller, S. 423

[432] Mildenberger, Grundwissen, 7.3.2.3, 3. Aufl. S. 156

[433] Maier, Matthäus-Evangelium, 2. Teil, S. 496 f.

[434] Luthardt, siehe J. Heckel, EKL III, Sp. 1945

[435] Zur Zwei-Reiche-Lehre siehe EKL III, Sp. 1927 ff. (mit Darstellungen dieser Lehre von P. Althaus und J. Heckel, sowie Künneth, Staatsbürger, S. 27 ff.)

[436] Althaus, EKL III, Sp. 1928 — 1931. Nach Althaus stellt sich die Zweireichelehre als Lehre von den zwei Regierweisen (Regimenten) Gottes dar (Grundmann, EvStL, Sp. 2592); er hat die › funktionale Deutung‹ im Unterschied zur ›personalen Deutung‹ Johannes Heckels (Grundmann, EvStL, Sp. 2592 und 2594). Zur Deutung Heckels siehe EKL III, Sp. 1937 ff. und Grundmann, EvStL, Sp. 2594 ff.

[437] Künneth, Staatsbürger, S. 31

[438] Künneth, Staatsbürger, S. 31

[439] Die reformierte Theologie hat mit ihrer Dekretenlehre auch für das Verhältnis von Staat und Kirche einen ganz anderen Ausgangspunkt (siehe dazu Thielicke, Theol. Ethik II/2, S. 706 ff.). Ein bedeutender Vertreter der reformierten Theologie ist Karl Barth, nach dem Staat und Kirche —»Christengemeinde und Bürgergemeinde« —»zwei konzentrische Kreise« sind (Thielicke, Theol. Ethik II/2, S. 710). Die Christengemeinde besteht »als innerer Kreis inmitten« des »weiteren«, den der Staat, die »Bürgergemeinde« darstellt (Barth, Christengemeinde und Bürgergemeinde, S. 54); »gemeinsames Zentrum (ist) Christus« (Thielicke, Theol. Ethik II/2, S. 710). Der Staat ist »im Verhältnis zu der die Christengemeinde konstituierenden Wahrheit gleichnis*fähig*«, nämlich »fähig dazu« diese Wahrheit und Wirklichkeit »indirekt, im Spiegelbild zu reflektieren«. Er ist aber auch »gleichnis*bedürftig*«. »Der rechte Staat muß in der rechten Kirche sein Urbild und Vorbild haben« (Barth, Christengemeinde und Bürgergemeinde, S. 65.66.80). Bei diesem Modell Barths ist die Verschiedenheit der Äonen nicht genügend beachtet. Das Verhältnis von Staat und Kirche ist nicht nur ein Quantitatives, wie bei Barth (Thielicke, Theol. Ethik II/2, S. 711

(4073)). Es ist ›Neues geworden‹ (2. Kor 5, 17) (vgl. Künneth, Politik, S. 535). Künneth, Politik, S. 536: »Die Rede von der Christokratie (Christusherrschaft, d. Vf.) ist an sich ein legitimes urchristliches Zeugnis. Aber es darf nicht vergessen werden, daß diese Weltherrschaft des erhöhten Christus zwischen Auferstehung und Parusie (Wiederkunft, d. Vf.) eine heimliche ist. Wird diese Verborgenheit geleugnet, so kommt es zu einer theologia gloriae (Theologie der Herrlichkeit, d. Vf.) . . .« Zum Modell Barths, siehe Barth, Christengemeinde und Bürgergemeinde; Künneth, Staatsbürger, S. 38 ff.; Thielicke, Theol. Ethik II/2, S. 710 ff.

[440] Künneth, Politik, S. 536

[441] Nach der herkömmlichen Einteilung des dreifachen Amtes Christi (siehe oben I.) wäre dieser Punkt dem priesterlichen Amt Christi zuzuordnen. Zum »Heilsgeschehen am Kreuz« siehe auch Künneth, Fundamente, S. 127 ff.

[442] Gese, Sühne, S. 85

[443] Gese, Sühne, S. 85

[444] Gese, Sühne, S. 87

[445] Gese, Sühne, S. 87

[446] Vgl. Buber, Israel und Palästina, S. 25 und Janowski, Sühne als Heilsgeschehen, S. 163

[447] Althaus, Kreuz, S. 249

[448] v. Rad, 5. Mose, S. 98, zu 5. Mose 21, 8; vgl. Janowski, Sühne als Heilsgeschehen, S. 166

[449] Gese, Sühne, S. 96

[450] Gese, Sühne, S. 96

[451] Gese, Sühne, S. 97

[452] Gese, Sühne, S. 97

[453] Gese, Sühne, S. 97

[454] Gese, Sühne, S. 97

[455] Gese, Sühne, S. 97; solche Sündenabladung findet sich beim Sündenbockritus, 3. Mo 16, 20-22 (Gese, Sühne, S. 96 f.); das ist eine andere Linie des Alten Testaments, die möglicherweise in Jesus ebenfalls Erfüllung findet.

[456] Gese, Sühne, S. 97

[457] EKG 86, 6

[458] Gese, Sühne, S. 97

[459] Janowski, Sühne als Heilsgeschehen

[460] Gese, Sühne, S. 88

[461] Vgl. Gese, Sühne, S. 105

[462] Gese, Sühne, S. 105 f.

[463] Althaus, Kreuz, S. 241 f.

[464] Barth, KD IV/2, S. 660

[465] Barth, KD II/2, S. 351; siehe dazu auch Burkhardt, Bekehrung, S. 48 f.

[466] Althaus aaO.

[467] Handbuch Religiöse Gemeinschaften, 2. Aufl., S. 524 f.; siehe dazu auch Baral, Anthroposophie, S. 57, 67 ff., 128, 145 f.

[468] Gese, Sühne, S. 85

[469] Bultmann, Neues Testament und Mythologie, S. 20

[470] Drewermann, Markusevangelium, Zweiter Teil, S. 658

[471] Drewermann, Markusevangelium, Zweiter Teil, S. 665. Zu den »Fehldeutungen« des Kreuzes in der modernistischen Theologie (bei Bultmann, Käsemann, Ebeling, Zahrndt . . .) siehe Künneth, Fundamente, S. 123 – 126, 129 f., 132

[472] vgl. Stamm, THAT I, Sp. 385

[473] Der Gebrauch des Wortes ›Löser‹ *(goel)*, das im Unterschied zu dem (manchmal in Parallele zu *goel* stehenden) in der Bedeutung ähnlichen hebräischen Wort pada mehr die Verwandtschaft des Lösers voraussetzt (Harris I, S. 144, Harris II, S. 716), setzt voraus »die besonders nahe Lebensbeziehung Gottes zu dem Menschen« (Weiser, Hiob, S. 150).

[474] Westermann, Jesaja 40 — 66, S. 64

[475] vgl. auch Stamm, THAT I, Sp. 389 ff.

[476] Vgl. Bultmann, Theologie, S. 296 f., zu Gal 1, 4 und 3, 13; 1. Kor 6, 20 und 7, 23; vgl. auch Stamm, THAT I, Sp. 394

[477] Siehe dazu auch Künneth, Fundamente, S. 131

[478] Aulén, Haupttypen; siehe dazu auch Mildenberger, Grundwissen, 7. 3. 1, 3. Aufl. S. 152 ff., Pöhlmann, Dogmatik S. 203 ff., 210 ff.; Kreck, Grundfragen der Dogmatik, S. 275 ff. (Ziff. 25)

[479] Aulén, Haupttypen, S. 503

[480] Aulén, Haupttypen, S. 502

[481] Mildenberger, Grundwissen, 7. 3. 1, 3. Aufl. S. 152

[482] EKG 76, 4

[483] Aulén, Haupttypen, S. 502

[484] Aulén, Haupttypen, S. 505 f.

[485] Aulén, Haupttypen, S. 508

[486] Aulén, Haupttypen, S. 503

[487] Aulén, Haupttypen, S. 513

[488] Aulén, Haupttypen, S. 514

[489] Aulén, Haupttypen, S. 527 f.

[490] Aulén, Haupttypen, S. 527; wenn Mildenberger, Grundwissen, 7. 3. 1, 3. Aufl. S. 154 meint, der dritte Typ könne sich mit der Versöhnung des Menschen mit Gott auf Paulus, nämlich 2. Kor 5, 18 f. beru-

fen, so ist das nicht richtig; der erste Typ kann sich darauf berufen, in dem diese Versöhnung so aussieht, daß die Mächte des Bösen besiegt werden. Nach Aulén, Haupttypen, S. 505 f. ist Christus der Sieger über die »Mächte des Verderbens . . . , vor allem Sünde, Tod und Teufel. Soweit diese Mächte in der Welt herrschen, besteht Feindschaft zwischen Gott und Welt. Wenn sie besiegt werden, hört die Feindschaft auf: Gott und Welt werden versöhnt«. Hier findet sich also nicht der harmlose Gottesbegriff des dritten Typus Auléns, und das entspricht der paulinischen Theologie.

[491] Aulén, Haupttypen, S. 528

[492] Aulén: »Das Gottesbild ist humanisiert worden« (Aulén, Haupttypen, S. 536); »Der Gottesbegriff wird humanisiert« (aaO. S. 327).

[493] Aulén, Haupttypen, S. 532

[494] Aulén, Haupttypen, S. 538

[495] Anselm von Canterbury, Cur Deus homo, 1. Buch, Kap 21, S. 74: »Nondum considerasti, quanti ponderis sit peccatum« (Du hast noch nicht bedacht, welches Gewicht die Sünde hat)

[496] Aulén, Haupttypen, S. 533

[497] Aulén, Haupttypen, S. 514 zum ›lateinischen Typus‹

[498] Aulén, Haupttypen, S. 508; Aulén allerdings versucht, das für den ersten Typus zu ermöglichen: »Die Relation ist zwar in erster Reihe eine Relation zu den feindlichen Mächten. Aber gerade weil diese Mächte auch das göttliche Gericht repräsentieren, ist es ganz natürlich, daß man daneben von einer Relation zu Gott selbst sprechen kann« (Aulén, Haupttypen, S. 508 f.)

[499] Mildenberger, Grundwissen, 7. 4, 3. Aufl. S. 156 ff.

[500] Mildenberger, Grundwissen, 7. 4, 3. Aufl. S. 156

[501] Mildenberger, Grundwissen, 7. 4, 3. Aufl. S. 158

[502] Mildenberger, Grundwissen, 7. 4, 3. Aufl. S. 158 f.; Näheres siehe dort. In der 2. Aufl. hatte Mildenberger dafür auch W. Pannenberg angeführt (Mildenberger, Grundwissen, 2. Aufl. S. 281 und 254 ff.)

[503] Mildenberger, Grundwissen, 7. 4. 2, 3. Aufl. S. 159

[504] Mildenberger, Grundwissen, 7. 4. 2, 3. Aufl. S. 159

[505] Mildenberger, Grundwissen, 7. 4. 2, 3. Aufl. S. 159 – 161; Näheres siehe dort.

[506] Vgl. Aulén, Haupttypen, S. 534, zu dem ›dritten Typ‹: »Man . . . bemüht sich . . . , vor allem den psychologischen Einfluß Christi auf den Menschen aufzuzeigen. Wenn aber Christus hier als ›Urbild‹, ›Idealmensch‹ usw. gesehen wird, folgt daraus, daß das Gottesverhältnis etwas Sekundäres wird. Das Primäre wird die Verwandlung der Gesinnung des Menschen. Es ist dann nicht erstaunlich, daß der Versöh-

nungsbegriff seinen tiefsten Inhalt verliert. Die Versöhnung als eine ein neues Gottesverhältnis schaffende Gottestat wird verdunkelt.« Zu Schleiermacher, den Aulén seinem dritten Typus ausdrücklich zuordnet, siehe Aulén, Haupttypen, S. 529 f.

[507] Siehe dazu Mt 25, 34; Eph 1, 4; 2. Tim 1, 9; zwar kann nach dem Neuen Testament von einem Menschen erst gesagt werden, er sei erwählt, wenn er zum Glauben an Jesus gekommen ist. Doch die genannten Bibelstellen zeigen, daß Gottes Heilswille schon von Anfang an da war, und dieser Heilswille bezieht sich nach 1. Tim 2, 4 auf alle Menschen. Zur ewigen Erwählung siehe unten.

[508] Siehe dazu auch Schmid, Dogmatik, § 30, S. 183 f.

[509] Schmid, Dogmatik, PARS III, Kap. II, S. 196 ff.; siehe dazu oben, 5. TEIL, VON CHRISTUS

[510] Siehe Schmid, Dogmatik, PARS III, Kap. III, S. 261 ff.

[511] Vergleiche Luthers Erklärung im Kleinen Katechismus zum dritten Glaubensartikel:
»Ich glaube, daß ich nicht aus eigener Vernunft noch Kraft an Jesus Christus, meinen Herrn, glauben oder zu ihm kommen kann, sondern der heilige Geist hat mich durchs Evangelium berufen, mit seinen Gaben erleuchtet, im rechten Glauben geheiligt und erhalten, gleichwie er die ganze Christenheit auf Erden beruft, sammelt, erleuchtet, heiligt und bei Jesus Christus erhält, im rechten, einigen Glauben . . .«

[512] Siehe Augsburger Bekenntnis (CA), Artikel 2: ». . . alle Menschen, die natürlich geboren werden«, also alle außer Jesus. Vgl. auch Mt 9, 12 f.; Lk 19, 10. Dazu, daß dem Menschen das Heil nicht aufgezwungen oder verordnet wird, siehe unten.

[513] Anders die katholische Lehre, die zu einer klaren Unterscheidung findet zwischen dem, was Gott tut, und dem, was der Mensch tut; siehe dazu Mildenberger, Grundwissen, 8.1.1 und 8.2.1, 3. Aufl. S. 164 bzw. S. 170 ff.

[514] Althaus, Die christliche Wahrheit II, S. 338

[515] Zur dinglichen Gnade in der Lehre der katholischen Kirche siehe Mildenberger, Grundwissen, 8.1.1, 3. Aufl. S.164

[516] Vgl. auch Bultmann, Theologie, S. 287: »DIE charis (Gnade, d. Vf.) ALS GESCHEHEN«; die griechischen Worte, die bei ihm in griechischer Schrift stehen, werden hier und im folgenden in unserer Schrift, aber kursiv wiedergegeben.

[517] Bultmann, Theologie, S. 287 f.; wie an anderen Stellen dieses Buches deutlich wird, entspricht die Theologie Bultmanns nicht der Bibel; jedoch hat er in seiner wissenschaftlichen Arbeit am Neuen Testament — wie hier an den zitierten Stellen — die Sicht des Neuen Testaments

(hier der »Theologie des Paulus«) in manchem richtig entdeckt und dargestellt, was dann allerdings nicht unbedingt heißt, daß das immer auch seine persönlich vertretene Theologie ist. In Klammern: Erklärungen des Verfassers.

518 Bultmann, Theologie, S. 288
519 Bultmann, Theologie, S. 289
520 Bultmann, Theologie, S. 289
521 Bultmann, Theologie, S. 290, über »Die Theologie des Paulus«
522 Bultmann, Theologie, S. 290
523 Althaus, Die christliche Wahrheit II, S. 338
524 Bultmann, Theologie, S. 290
525 Michel, Römer, S. 177 f. zu Röm 5, 2
526 Joest, Dogmatik II, S. 437
527 Michel, Römer, S. 178
528 Luther im Kleinen Katechismus zum 1. Glaubensartikel; das gilt auch hier.
529 Zur Stellung der Gnadenmittel im Aufbau der Dogmatik siehe Mildenberger, Grundwissen, 9. 1, 3. Aufl. S. 183 f.
530 Schmid, Dogmatik § 50, S. 319
531 Dieser wesenhaften inneren Einheit und Gleichordnung von Wort und Sakrament entspricht auch die Zusammenstellung und Gleichbehandlung beider im Augsburger Bekenntnis, nicht allein in CA V, wo es nicht eigentlich um das sie verwaltende Amt, sondern um die Gnadenmittel geht (Grane, Die Confessio Augustana, S. 47), sondern auch in CA XIV. Von daher ist der Widerstand mancher unter Berufung auf das Bekenntnis gegen die Austeilung des Heiligen Abendmahls durch Prediger und ›Laien‹ in landeskirchlichen Gemeinschaften schwer verständlich, wo doch schon seit langer Zeit die Austeilung des Wortes durch dieselben Personen selbstverständlich ist. Entweder handelt es sich hier um ›*öffentliches*‹ Lehren und Sakramenteverwalten; dann wurde die Berufung der Verkündiger durch die Gemeinschaften anscheinend als »rechtmäßig« angesehen und man kann fragen, warum das beim Sakramenteverwalten nicht entsprechend gesehen wird. Oder aber es handelt sich nicht um öffentliche, sondern um private Verkündigung und Sakramentsverwaltung, dann trifft CA XIV für diesen Fall sowieso nicht zu.
532 Pieper-Mueller, Christliche Dogmatik S. 558 f.
533 Die Meinung, »dass nicht das gelesene, sondern nur das gepredigte Wort Gnadenmittel sei« (Pieper-Mueller, Christliche Dogmatik, S. 559 über andere Theologen), entspricht nicht der Lehre der Bibel; siehe dazu Pieper-Mueller aaO. S. 559

[534] Vgl. Mildenberger, Grundwissen, 9. 2. 2, 3. Aufl. S. 187 f.; vgl. auch Joest, Dogmatik II, S. 564

[535] Calvin, Institutio, IV, 14, 1: ».... ein Sakrament ist ein *äußeres Merkzeichen . . . , mit dem der Herr unserem Gewissen die Verheißungen seiner Freundlichkeit gegen uns versiegelt, um der Schwachheit unseres Glaubens eine Stütze zu bieten, und mit dem wiederum wir unsere Frömmigkeit gegen ihn* sowohl vor seinem und der Engel Angesicht als auch vor Menschen bezeugen . . .«; vgl. auch Mildenberger, Grundwissen, 9. 4. 1, 3. Aufl. S. 200; zu diesem Thema siehe auch Joest, Dogmatik II, S. 572 f. (daselbst zur Taufe)

[536] Mildenberger, Grundwissen, 9. 2. 1, 3. Aufl. S. 186

[537] Althaus, Die christliche Wahrheit II, S. 338; s.o.

[538] Althaus, Die christliche Wahrheit II, S. 332

[539] Mildenberger, Grundwissen, 8. 1. 1, 3. Aufl. S. 164

[540] Wenn in der Übersetzung des Alten Testaments von Gnaden (also Mehrzahl) die Rede ist, liegt nicht dieses katholische Verständnis zugrunde. chsdjm im Hebräischen des AT sind nicht »Gnaden«, sondern Gnadenerweisungen, auch im Sinn von Verheißungen; so 2. Chr 6, 42

[541] Siehe dazu Joest, Dogmatik II, S. 564 f.

[542] Althaus, Die christliche Wahrheit II, S. 331 f.

[543] Siehe auch Joest, Dogmatik II, S. 564

[544] Z. B. Hoseas Ehe (Hos 1); Ackerkauf des Jeremia (Jer 32); Jeremias Ehelosigkeit (Jer 16) und sein Tragen des Jochs (Jer 27 und 28, 10 ff.

[545] Vgl. BSLK S. 701 bzw. 697

[546] Kunkel, Römische Rechtsgeschichte, S. 83, Anm. 36; die griechischen Worte im letzten Satz des Zitats stehen bei Kunkel in griechischer Schrift

[547] Beasley-Murray, Die christliche Taufe, S. 342

[548] Siehe dazu Weber, Barths KD, S. 340; Mildenberger, Grundwissen, 9. 4. 2. 3, 3. Aufl. S. 203 f.; Joest, Dogmatik II, S. 569

[549] Joest, Dogmatik II, S. 569

[550] Vgl. Schmid, Dogmatik S. 341: »Die Taufe ist eine von dem Herrn befohlene und mit einer Verheißung (Matth. XXVIII, 19) begleitete Handlung.«

[551] Didache 7. 3: Wenn Quell- oder Flußwasser o.ä. »nicht zur Verfügung steht, gieße dreimal Wasser auf den Kopf im Namen des Vaters und des Sohnes und des heiligen Geistes« (aaO. S. 77). Die Didache ist sehr alt; Robinson, Redating, S. 352, datiert sie sogar auf ca. 40 – 60 n. Chr., noch vor den Evangelien und der Apostelgeschichte.

[552] Cundall, Judges, S. 108

[553] Beasley-Murray, Die christliche Taufe, S. 47

[554] Damit deckt sich die Bedeutung des »auf den Namen« im damaligen griechischsprachigen Giroverkehr, wo es »aufs Konto« hieß. Auch nach dieser Erklärung aus der griechischen Sprache wird bei der Taufe der Mensch dem dreieinigen Gott anvertraut und übereignet.

[555] Strack-Billerbeck I, S. 1055; vgl. auch Beasley-Murray, Die christliche Taufe, S. 126

[556] Handbuch Religiöse Gemeinschaften, 3. Aufl. S. 345

[557] Bultmann, Neues Testament und Mythologie, S. 20

[558] Siehe auch schon Didache 9, 5: »Niemand aber soll von eurer Eucharistie essen noch trinken als die auf den Namen des Herrn Getauften!« (aaO. S. 81)

[559] Pieper-Mueller, Christliche Dogmatik, S. 674

[560] Zur ausnahmslosen Ersetzung des Weins durch Saft siehe Neuer, Abendmahl, S. 11 ff.

[561] EKG 161, 3

[562] Lang, Korinther, S. 127 f. zum »Trinken aus dem Kelch« in 1. Kor 10, 16

[563] Vgl. dazu auch Gese, Herrenmahl, S. 123 f.

[564] Lang, Korinther, S. 154; siehe dazu auch Schilling, Heiliges Abendmahl oder Feierabendmahl?

[565] Zum Abendmahl, verstanden vom alttestamentlichen Dankopfer *(toda)* her, siehe Gese, Psalm 22, S. 197 ff., sowie Gese, Herrenmahl

[566] Vgl. Gese, Psalm 22, S. 199, zum atl. Dankopfer: »Das Mahl . . . stiftet die Gemeinschaft zwischen Gott und Gemeinde«; vgl. auch Gese aaO. S. 200.

[567] Vgl. auch Gese, Herrenmahl, S. 124

[568] Gese, Psalm 22, S. 197: »Zu dem Gemeinschaft und neues Sein stiftenden Mahl gehört untrennbar der Lobpreis Jahwes, das Bekenntnis Jahwes als des Retters durch das Gedenken *(zekär)* des Rettungsgeschehens: die Klage wird zitiert. So wird in dem Mahl die Errettung kultisch nachvollzogen . . . die Gemeinde des Auferstandenen feiert das Herrenmahl, bei dem sie den Tod Jesu verkündet: ›So oft ihr dieses Brot eßt und diesen Becher trinkt, verkündet ihr den Tod des Herrn, bis er kommt.‹ (1. Kor 11, 26)«; siehe auch Gese, Psalm 22, S. 199. »Das tut zu meinem Gedächtnis« meint also nicht nur eine gedankliche Erinnerung, sondern es gehört zum Ganzen des Mahls, das dem Teilnehmenden in die Heilstat Jesu hineinnimmt.

[569] Vgl. Hartenstein, Der wiederkommende Herr, S. 165; Schnepel, Offenbarung, S. 197. Neuer, Abendmahl, S. 14: »Adolf Schlatter (lehnt) die Ersetzung des Wein-Abendmahles durch das Saft-Abendmahl mit den Worten ab . . . : ›Zum Abendmahl Jesu gehörte der Wein; er war für ihn und sein Volk das Zeichen, das dem Mahl das festliche,

frohe Gepräge gab‹ (unsere Abendmahlsfeier, Velbert 1928, S. 19).
Man müßte sogar ergänzen: Er war für ihn und sein Volk ein Merk-
mal des messianischen Freudenmahles, dessen Vorwegnahme das
Abendmahl darstellt!«

[570] L. Ott, Dogmatik, S. 478

[571] L. Ott, Dogmatik, S. 479

[572] Siehe auch Augsburger Bekenntnis (CA), Artikel 24 (BSLK S. 91 ff.)
und Heidelberger Katechismus Frage 80

[573] Das Konzil von Trient dagegen: »Wer sagt, durch das Meßopfer
werde das hochheilige Opfer Christi am Kreuz gelästert oder herab-
gesetzt, der sei ausgeschlossen.« (NR 609)

[574] L. Ott, Dogmatik, S. 478 und 484

[575] L. Ott, Dogmatik, S. 478 f.

[576] L. Ott, Dogmatik, S. 484. Vgl. auch obige Aussagen des Trienter Konzils, sowie die folgenden desselben (NR 599): »... es ist ein und die-
selbe Opfergabe, und es ist derselbe, der jetzt durch den Dienst der
Priester opfert und der sich selbst damals am Kreuz darbrachte, nur
die Art der Darbringung ist verschieden.«

[577] Cullmann, Christologie des NT, S. 99

[578] einmal im Sinn von ein für allemal (d. Vf.); bei Cullmann in griechischer Schrift

[579] L. Ott, Dogmatik, S. 458

[580] L. Ott, Dogmatik, S. 463

[581] Vgl. Heidelberger Katechismus, Frage 80

[582] Althaus, Die christliche Wahrheit II, S. 399

[583] Siehe dazu Brecht, Johann Albrecht Bengels Lehre vom Blut Jesu
Christi

[584] aaO. S. 35

[585] Zu Bengels Lehre in diesem Punkt siehe Bengel, Gnomon, bei Hebr
12, 24; dazu Brecht aaO. S. 23 ff.

[586] Brecht aaO. S. 24

[587] Brecht aaO. S. 38

[588] Siehe Brecht aaO. S. 35

[589] Vgl. Schmid, Dogmatik § 41, S. 263 f.; Althaus, Die christliche Wahrheit II, S. 338

[590] DS 1608; NR 513

[591] L. Ott, Dogmatik S. 394; Siedenschnur S. 48; vgl. auch Mildenberger,
Grundwissen, 9. 2. 1, 3. Aufl. S. 186

[592] Großer Katechismus, BSLK S. 697

[593] Zur Abhängigkeit des Glaubens vom Wort siehe auch die Liedstro-
phe Philipp Spittas (EKG Württ. 471, 2): Der Herr kennt die Seinen

»am Glauben, der nicht schaut und doch dem Unsichtbaren, als säh er ihn, vertraut; der aus dem Wort gezeuget und durch das Wort sich nährt und vor dem Wort sich beuget und mit dem Wort sich wehrt.« Siehe auch Künneth, Fundamente, S. 145 ff.

[594] notitia, assensus und fiducia (Schmid, Dogmatik S. 264; Pöhlmann, Dogmatik S. 84)

[595] Luther hat Glauben sogar von Säuglingen angenommen und sah in dem Geschehen Lk 1, 40 einen Beweis dafür (Beasley-Murray, Die christliche Taufe, S. 456); zu Luthers Annahme des Glaubens von kleinen Kindern siehe auch seine Predigt zu Mt 8, 1 - 13 am 3. Sonntag nach Epiphanias W XI, 490, Ziff. 31; zu solchen Anschauungen auch schon vor Luther siehe Beasley-Murray, Die christliche Taufe, S. 458.

[596] Schmid, Dogmatik S. 264; vgl. Joh 1, 12; Offb 3, 20

[597] Schlatter, Glaube, S. 551

[598] Schlatter, Glaube, S. 551

[599] Vgl. die Hif'il-Form des hebräischen *häämijn*

[600] Vgl. v. Rad, 1. Mose, S. 156 zu 1.Mose 15, 6: »Glauben ist ein ›sich fest machen in Jahwe‹ . . . Es ist ein Akt des Vertrauens, ein Eingehen auf Gottes Pläne in der Geschichte. Auf die Haltung des Menschen gesehen, ist Glauben mehr etwas Passives, jedenfalls ein Raumgeben dem Walten Gottes«.

[601] Schneider, Johannes, S. 100

[602] Zitiert aus Michel, Römer, S. 75

[603] EKG Württ., 505, 1

[604] Siehe dazu auch Pieper-Mueller, Christliche Dogmatik, S. 475 ff.

[605] Siehe zum Thema ›Bekehrung‹ das sehr informative Buch Burkhardt, Bekehrung; zum Thema ›Wiedergeburt‹ siehe Burkhardt, Wiedergeburt. Zur täglichen Buße (Umkehr) des Christen (vgl. die erste der 95 Thesen Luthers vom 31. 10. 1517) siehe unten.

[606] Burkhardt, Wiedergeburt und Bekehrung, Ziff. 10; vgl. auch Haarbeck S. 159: »die Wiedergeburt (ist) nicht ein zum Glauben, zur Rechtfertigung, zur Buße, zur Bekehrung noch hinzukommendes Erlebnis . . .«, sowie Pache, Der heilige Geist, S. 57: »*Wann findet die Wiedergeburt statt?* Genau in dem Augenblick, wo das Herz, durch den Heiligen Geist von der Sünde und der Gerechtigkeit überzeugt, den angebotenen Erlöser annimmt.«

[607] Joest, Dogmatik II, S. 443

[608] Lange, Eine Bewegung bricht sich Bahn, S. 44

[609] Siehe dazu Schmidt, Speners Wiedergeburtslehre

[610] NR S. 496; dieses Dekret siehe NR 790 ff.; DS 1520 ff.; zu diesem

Lehrentscheid siehe Mildenberger, Grundwissen, 8.2.1, 3. Aufl.
S. 170 ff.; Joest, Dogmatik II, S. 443 ff.

[611]   NR S. 500 ff.

[612]   Mildenberger, Grundwissen, 8.2.1, 3. Aufl. S. 172

[613]   L. Ott, Dogmatik S. 324

[614]   L. Ott, Dogmatik S. 325

[615]   Anders die Bibel, siehe Jes 53, 5b. Auch 2. Sam 12, 14 rechtfertigt die
katholische Lehre nicht: An dieser Stelle geht es um die Ehre Gottes
vor seinen Feinden.

[616]   L. Ott, Dogmatik S. 327

[617]   DS 1525: »cooperando«; vgl. auch Joest, Dogmatik II, S. 444 ff.

[618]   Mildenberger, Grundwissen, 8.1.1, 3. Aufl. S. 164; siehe weiter daselbst 8.1.2, S. 167

[619]   Vgl. Mildenberger, Grundwissen, 8.1.2, 3. Aufl. S. 167

[620]   EKG Württ., 273, 2a. 2b

[621]   Althaus, Die christliche Wahrheit II, S. 338

[622]   Brenz

[623]   Joest, Dogmatik II, S. 440, zu Luthers Rechtfertigungslehre; siehe
dazu auch Mildenberger, Grundwissen, 8.2.2 und 8.2.4, 3. Aufl.
S. 173 ff. bzw. 179 f.

[624]   Joest, Paulus und das Lutherische Simul Iustus et Peccator, S. 274

[625]   Joest, Dogmatik II, S. 441, zu Luthers Rechtfertigungslehre

[626]   Vgl. Joest, Dogmatik II, S. 441, zu Luthers Rechtfertigungslehre

[627]   Das lutherische »simul iustus et peccator« ist in neuerer Zeit verschie-
dentlich angegriffen worden; das aber kann nur wirklich geschehen,
wenn man das »simul« substanzhaft mißversteht; Luther will aber solches Substanzdenken gerade nicht, und er ist damit in Einklang mit
der Bibel, die in Beziehungen denkt.

[628]   Vgl. W^2 XVIII, Sp. 71

[629]   Lang, Korinther, S. 34

[630]   Vgl. auch Morris, Thessalonians, S. 74 f., zu 1. Thess 4, 3, sowie Künneth, Fundamente, S. 153

[631]   Joest, Gesetz und Freiheit, S. 55 ff.

[632]   Luther, Großer Katechismus, BSLK S. 705

[633]   Siehe FC SD III, BSLK S. 925

[634]   Mildenberger, Grundwissen, 8.3.1, 3. Aufl. S. 181

[635]   Hutten, Seher, Grübler, Enthusiasten, S. 104 f.

[636]   Ewiges Leben, S. 386 f.

[637]   Ewiges Leben, S. 388

[638]   Eine derartige Lehre hat einst John Wesley aufgebracht: »... wir können die Werke des Fleisches trotz aller in der Rechtfertigung ge-

schenkten Gnade nicht ausrotten. Wir können es bestimmt nicht, bis daß es unserm Gott gefallen mag, ein zweites Mal zu sprechen: ›Sei rein!‹ dann erst ist der Aussatz gereinigt, ist die böse Wurzel, der fleischliche Sinn zerstört« (zitiert aus Eicken S. 18). Sie fand Fortsetzung in der amerikanischen Heiligungsbewegung (Reimer-Eggenberger S. 125 f.; Eicken S. 25 ff.), kam dann in die europäische Heiligungsbewegung (Oxfordbewegung), durch die auch die deutschsprachige Gemeinschaftsbewegung mit ihr in Kontakt kam (Lange, Eine Bewegung bricht sich Bahn, S. 32 ff. und 46 ff.; Eicken S. 27; Reimer-Eggenberger S. 126). Sie findet sich heute in der Pfingstbewegung (Hutten, Seher, Grübler, Enthusiasten, S. 308; Handbuch Religiöse Gemeinschaften S. 160 f.; Bühne S. 26 f.). Die charismatische »Geistliche Gemeindeerneuerung« unter Kopfermann lehnte die *»Stufentheorien«* ab (Birnstein S. 89).

[639] Gutsche, Biblisches Wörterbuch, S. 93; zur Erwählung siehe auch Künneth, Fundamente, S. 147

[640] Vgl. EKG Württ., 420, 4; siehe auch das staunende Bekenntnis Philipp Friedrich Hillers in Hiller, Liederkästlein, S. 32, zu Joh 3, 16, wo er schreibt (daselbst Vers 2):
»Gottlob! ich bin auch unter allen,
Die er im Sohn geliebet hat;
Der starb nach Gottes Wohlgefallen
An aller und an meiner Statt,
Daß ewig lebe, wer da glaubt,
Und mir ist glauben auch erlaubt!«

[641] Pieper-Mueller, Christliche Dogmatik, S. 753

[642] FC Ep XI, Ziff 6, 7 und 11, nach BSLK S. 817 ff.

[643] Mt 22, 14

[644] Pieper-Mueller, Christliche Dogmatik, S. 760

[645] Pieper-Mueller, Christliche Dogmatik, S. 760 f.

[646] Pöhlmann, Dogmatik S. 255 f.

[647] Barth, KD IV/2, S. 660

[648] Barth, KD II/2, S. 351

[649] Vgl. Pieper, Christian Dogmatics III, S. 89

[650] Hewitt, Hebrews, S. 110

[651] Hewitt, Hebrews, S. 110

[652] Hewitt, Hebrews, S. 110

[653] Vgl. Michel, Hebräer, S. 241 ff. (245 f.); Goppelt, Theologie des NT II, S. 591 ff.

[654] Pieper, Christian Dogmatics III, S. 89; Übersetzung d. Vf.

[655] Pieper, Christian Dogmatics, III, S. 91; Übersetzung d. Vf.

[656] Pieper, Christian Dogmatics III, S. 92 f.

[657] Barth, KD II/2, S. 363

[658] Zitiert aus Hirsch, Hilfsbuch, S. 384

[659] Barth, KD II/2, S. 365

[660] Pieper-Mueller, Christliche Dogmatik, S. 760; siehe dazu oben, Abschnitt 1. Die ewige Erwählung

[661] ASm III, nach BSLK S. 448

[662] Pieper, Christian Dogmatics III, S. 98; Übersetzung d. Vf.

[663] Goppelt, Theologie des NT I, S. 94

[664] Vgl. auch Goppelt, Theologie des NT I, S. 104 ff.

[665] Vgl. auch Goppelt, Theologie des NT I, S. 111 ff.

[666] Goppelt, Theologie des NT I, S. 121; vgl. auch Jeremias, Neutestamentliche Theologie I, S. 192; zum »Inhalt der Gottesherrschaft« siehe Goppelt, Theologie des NT I, S. 118 ff.

[667] Hartenstein, Daniel, S. 12, daselbst zum Buch Daniel, durch das dieser Kampf gehe, wobei er in der damaligen Zeit des »Dritten Reiches« (aaO.) schreibt, es sei »ein Thema, das uns heute tief bewegt«.

[668] Michel, Römer, S. 73: »Wenn man von 2. Tim 2, 8 ausgeht, ist die Bestimmung ›aus dem Samen Davids‹ auf die Anwartschaft und die Verheißung 2. Sam 7, 14 ff. bezogen...« Als Davidssohn ist Jesus nach 2. Sam 7, 14 schon Gottessohn; durch seine Auferstehung wird er also nach Röm 1, 3 f. nicht erst Gottessohn, sondern eingesetzt in seine Stellung »in Kraft«. (So auch Cullmann, Christologie des NT, S. 242 f.).

[669] Diese Stelle ist auf das davidische Königshaus zu beziehen, das Gottes Verheißung gegeben hat. Die Stelle ist wohl perfektisch zu übersetzen, wie auch der masoretische Text nahelegt: »siehe, ich (bin es, der) gegründet hat« (Gesenius, zitiert nach Wildberger, Jesaja 28-39, S. 1065)

[670] W. Tlach

[671] Vgl. auch 1. Mo 6, 1 ff.: Gottmächte, Zwischenmächte der unsichtbaren Welt, verbinden sich mit Menschen, die dann von ihnen besessen, ideologisiert sind. Gott aber macht durch Jesus frei von solchen Zwischenmächten, Christen sind »reichsunmittelbar« zu ihm (Gal 4, 8 f.)

[672] Siehe das Konzept der einstigen DDR: Es gab verschiedene Parteien; aber alle mußten sich nach der führenden Partei, der SED richten. Siehe auch die dortige gefährliche Rede von der »Kirche im Sozialismus«, die auch nahelegt, die Kirche werde zwar geduldet, aber sie stehe letztlich unter der Staatsideologie; da habe sie sich einzuordnen. Das ist genau die Konzeption des Weltreichs.

[673] Tlach, Der neue Mensch und die neuen Strukturen, S. 33 f.

[674] Siehe den in sich selbst widersprüchlichen Ausdruck ›Friedens-kampf‹ in: Kleines Wörterbuch der marxistisch-leninistischen Philo-sophie, S. 119 und 120

[675] Bright, Geschichte Israels, S. 270

[676] Bright, Geschichte Israels, S. 274 f.

[677] Würthwein, Könige, ATD 11, 2, S. 386

[678] Alt, Zur Geschichte des Volkes Israel, S. 447

[679] Maier, Daniel, S. 294, zu Dan 7, 27: »... in der prophetischen Schau Daniel bzw. in der Engelerklärung liegen Tausendjähriges Reich und Neuschöpfung, die das NT als zwei Epochen unterscheidet, noch ein-heitlich ineinander.«

[680] Alt, Zur Geschichte des Volkes Israel, S. 448

[681] Kaiser, Jesaja 1-12, S. 125 f.

[682] Wildberger, Jesaja 1-12, S. 380

[683] Vgl. Wildberger, Jesaja 1-12, S. 380. Dies Wort bezieht sich auf das im syrisch-ephraimitischen Krieg verlorene Land im Norden (Kaiser, Jesaja 1-12, S. 99)

[684] Wildberger, Jesaja 1-12, S. 380; für die hebräischen Worte im Origi-nal hebr. Schrift

[685] Vgl. Kraus, Syst. S. 494

[686] Zur Erwartung der Gottesherrschaft beim ›pharisäischen Judentum‹, bei der ›Apokalyptik‹ und bei Jesus siehe Roloff, Neues Testament, S. 95 f.; zum Thema des Kommens des Gottesreiches siehe auch Cull-mann, Christus und die Zeit.
Zu verschiedenen Entwürfen zur Eschatologie siehe Walter Kreck, Die Zukunft des Gekommenen, A. DIE HAUPTTYPEN DER ESCHATOLOGIE, S. 14 ff.; siehe auch Mildenberger, Grundwissen, 11. 1, 3. Aufl. S. 227 ff.; siehe weiter Hubmer, Der Heilsplan Gottes, der auch im Hinblick auf die Naherwartung des Reiches Gottes fol-gende Antwort nennt (daselbst S. 78 ff.): Weil Israel als Volk seinen Messias nicht angenommen hat, wurde das Zeitalter der Gemeinde vor der Wiederkunft des Herrn eingeschaltet; dieses Geheimnis der Gemeinde war im Alten Testament noch nicht deutlich mitge-teilt, sondern es wurde dem Apostel Paulus »durch *direkte und einma-lige Offenbarung* Jesu Christi (Gal. 1, 11 ff.)« (Hubmer aaO. S. 80) ge-geben.

[687] Jeremias, Neutestamentliche Theologie I, S. 193 f.; er zeigt daselbst, wie diese Bitte — wie alle anderen des Vaterunsers — ›eschatologisch ausgerichtet‹ ist; damit wird aber die Bitte ums Brot nicht vergeistigt (Jeremias aaO. S. 194). In der Vollendung ist auch die Leiblichkeit nicht vergessen; es gibt auch keinen leiblichen Hunger mehr. Diese

Vaterunserbitte geht also aufs irdische Brot und aufs Brot des Lebens im geistlichen Sinn.

[688] Kraus, Syst. S. 494

[689] Kraus, Syst. S. 494; vgl. auch Kraus, Syst. S. 496

[690] Kraus, Syst. S. 494 bzw. 495

[691] Schmalkaldische Artikel, BSLK S. 459

[692] Vgl. Künneth, Fundamente, S. 166

[693] Vgl. auch 1. Kor 12, 1 ff.: Am Bekenntnis zu Jesus entscheidet sich das Christsein (V. 3), nicht an den Machtereignissen, die nicht nur in christlichen Gaben, sondern auch in heidnischen Wirkungen (V. 2) da sein können; die Entscheidung fällt nicht an der Art der Gaben, sondern an ihrem Ursprung und Herrn, auch ob sie in Abhängigkeit von Jesus gebraucht werden; ihr Wert zeigt sich auch in der Bedeutung für die Gemeinde (V. 7).
Zu den Kennzeichen der Kirche siehe auch Mildenberger, Grundwissen, 10. 2. 2, 3. Aufl. S. 214 ff; Joest, Dogmatik II, S. 531 ff.; Althaus, Die christliche Wahrheit II, S. 288 ff.; daselbst (S. 289 f.): »Luther nennt in seiner Schrift ›Von Conciliis und Kirchen‹ unter den sieben Kennzeichen der wahren Kirche als letztes auch das ›Heiltum des heiligen Kreuzes‹, also daß die wahre Kirche Christi im *Leiden* steht und daran erkannt wird . . . Das Neue Testament sieht es nicht anders an. Die Gemeinde Gottes wird in dieser Welt immer wieder eine nicht nur innerlich, sondern auch äußerlich leidende werden, wenn sie aus der Wahrheit ist. Denn der Christus, den sie bekennt, ist der Gekreuzigte, dem natürlichen Menschen unerträglich.«

[694] Joest, Dogmatik II, S. 531; in der reformierten Theologie wird zu Wort und Sakrament zum Teil »als dritte nota noch die über die Reinheit des Lebens wachende Ausübung der Kirchenzucht« gerechnet (Joest, Dogmatik II, S. 532)

[695] Klaus Mörsdorf, EvStL, Sp. 899

[696] Klaus Mörsdorf, EvStL, Sp. 901

[697] Feine, Kirchliche Rechtsgeschichte, S. 40

[698] Feine, Kirchliche Rechtsgeschichte, S. 40

[699] Feine, Kirchliche Rechtsgeschichte, S. 41

[700] Feine, Kirchliche Rechtsgeschichte, S. 42

[701] Can. 1008 CIC; Schumacher, evangelisch-katholisch, S. 57

[702] Vgl. L. Ott, Dogmatik, S. 537

[703] Feine, Kirchliche Rechtsgeschichte, S. 42

[704] Feine, Kirchliche Rechtsgeschichte, S. 42

[705] Feine, Kirchliche Rechtsgeschichte, S. 43

[706] Vgl. Luthers Zweireichelehre

707 Künneth, Fundamente, S. 162
708 Künneth, Fundamente, S. 162
709 Vgl. Roloff, Apostelgeschichte, S. 66; siehe auch Künneth, Fundamente, S. 163
710 Künneth, Fundamente, S. 159
711 Künneth, Fundamente, S. 164
712 Grundmann, Matthäus, S. 578; daselbst: ». . . wie soll die Aufgabe erfüllt werden, Völker zu Jüngern zu machen, da doch Jünger nur der einzelne werden kann, den der Ruf erreicht, vor dem er sich entscheidet? Indem die einzelnen ihr Volk repräsentieren, werden in ihnen, durch sie vertreten, Völker zu Jüngern.«
713 Zum »Zeugendienst der Kirche« siehe auch Künneth, Fundamente, S. 164 ff.
714 Frucht und Gaben S. 6
715 Vgl. Käsemann, Amt, S. 48; im übrigen kennt das Neue Testament »keinen technischen Begriff für das, was wir als kirchliches Amt zu bezeichnen pflegen, obgleich es ganz unbefangen von dem Amt und den Funktionen der weltlichen Obrigkeit und des alttestamentlichen Priestertums spricht und sogar eine Vielzahl kirchlicher Ämter und Funktionen benennt. Erscheint gelegentlich in der Lutherbibel das Wort ›Amt‹, so findet sich dafür im Urtext gewöhnlich ›Diakonie‹ . . . Dem technischen Amtsbegriff . . . scheint das NT geflissentlich auszuweichen, weil damit ein Herrschaftsverhältnis vorausgesetzt und anerkannt werden müßte, das in der Ordnung der Kirche keinen Platz hat . . .« (Käsemann, Amt, S. 33).
716 Käsemann, Amt, S. 34
717 Hutten, Seher, Grübler, Enthusiasten S. 360; vgl. auch Reimer, Geist, S. 22
718 Bittlinger, Integrating, S. 96 f.; Übersetzung K.B.
719 Käsemann, Amt, S. 36
720 vgl. Käsemann, Amt, S. 35
721 vgl. Frucht und Gaben S. 6
722 Bühne S. 221.
723 Käsemann, Amt, S. 36
724 Lang, Korinther, S. 182
725 Vgl. Käsemann, Amt, S. 112 f., 115, 119 f.
726 Lang, Korinther, S. 90, versteht die Stelle so, daß die Enthaltsamkeit, nicht die Ehe, eine Gnadengabe ist; also die Ehe ist dann Naturgabe, die Gabe der Ehelosigkeit Geistesgabe. Anders: Frucht und Gaben S. 7 und Käsemann, Amt, S. 38
727 Siehe Käsemann, Amt, S. 34

[728] Abgedruckt in: Birnstein, S. 55 ff.

[729] Etwa bei Yonggi Cho's Visualisierung, s.o.; auch Reimer (Reimer-Eggenberger S. 149) über das Zungenreden: »Es handelt sich offensichtlich um eine natürliche Fähigkeit des Menschen, die sowohl von göttlichen wie auch von ›teuflischen‹ Kräften gebraucht werden kann«. Siehe auch die Darstellungen Bühne S. 120, 136 f., 138 ff., 226

[730] Vgl. auch Goppelt, Theologie des NT I, S. 204 über die Wunder des irdischen Jesus: Sie »sind verborgene Zeichen des Neuen; das Neue bricht an Ostern an, nicht mehr als Zeichen, sondern als Wirklichkeit der Auferstehung, aber immer noch als verborgene Wirklichkeit.«

[731] Frucht und Gaben S. 9

[732] Lang, Korinther, S. 169

[733] diakonia; vgl. 2. Kor 5, 18 f.: diakonia täs katallagäs (Dienst der Versöhnung; es folgt danach: Wort der Versöhnung), also Verkündigung

[734] Althaus, Die christliche Wahrheit II, S. 291 f.

[735] Siehe dazu auch Jeremias, Timotheus und Titus, S. 35 f.; man könnte auch Joh 20, 21 - 23 für eine Ordination anführen; in dieser Stelle geht es nicht um ein vorweggenommenes Pfingsten, sondern um die Sendung in den Dienst und den Geist Gottes als Amtsausrüstung.

[736] Künneth, Fundamente, S. 170

[737] Übersetzung Grane, Die Confessio Augustana, S. 62

[738] Grane, Die Confessio Augustana, S. 63

[739] Schrupp S. 10

[740] Siehe dazu Künneth / Beyerhaus, Reich Gottes oder Weltgemeinschaft?

[741] Kraus, Syst. S. 488

[742] Vgl. Kraus, Syst. S. 494

[743] Schmid, Dogmatik, § 62, S. 394

[744] Vgl. das englische ›As now, so then‹ und das werbende Wort »Schick dein Herze da hinein, wo es ewig wünscht zu sein«.

[745] Vgl. die in moderner Zeit sich zeigende Gnosis bei Rudolf Steiner, der ähnlich lehrt: ». . . ein Heruntersteigen von den Göttern und ein Sich-wieder-Hinaufwenden zu den Göttern, um die Götter nach und nach wieder zu erreichen und sich wieder mit ihnen zu vereinigen, das ist der Weg des Menschen durch das Erdenleben . . . es ist ein Funke dieses Göttlichen in dem Menschen« (Steiner, Joh.evangelium im Verhältnis, S. 33). Zu Origenes siehe Kettler, RGG IV, Sp. 1697.

[746] L. Ott, Dogmatik S. 565

[747] L. Ott, Dogmatik S. 575

[748] L. Ott, Dogmatik S. 517

[749] L. Ott, Dogmatik S. 525

[750] Luther, Schmalkaldische Artikel, nach BSLK S. 420
[751] Stroh, Lehre, §§ 300 ff., S. 486 ff.
[752] Stroh, Lehre, § 307, S. 497
[753] L. Ott, Dogmatik S. 564
[754] Vgl. L. Ott, Dogmatik S. 564 f.
[755] Köberle, Das griechische und das biblische Verständnis von Seele, thb 3, 1983, S. 141; siehe dazu auch Köberle, Stirbt die Seele im Tod mit?; Kettling, Wo sind unsere Toten?; Kettling, Biblische Aussagen über den Tod — Der Weg vom Alten zum Neuen Testament
[756] Grünzweig, Johannes-Offenbarung, 2. Teil, S. 225
[757] Grünzweig, Johannes-Offenbarung, 2. Teil, S. 225, zu Offb 20, 6
[758] EKG 330, 5; vgl. Mildenberger, Grundwissen, 11. 2, 3. Aufl. S. 234, der daselbst auf dieses Lied verweist.
[759] EKG 297, 12
[760] Siehe dazu Grünzweig, Johannes-Offenbarung, 2. Teil, S. 222 — 225
[761] Siehe dazu Grünzweig, Johannes-Offenbarung, 2. Teil, S. 226
[762] Vgl. dazu EKG 330, 7, wo es nach dieser Bibelstelle heißt:
»... Gebt nicht statt der Traurigkeit:
sterbt ihr, Christus ruft euch wieder,
wenn die letzt Posaun erklingt,
die auch durch die Gräber dringt.«
[763] Vgl. Grünzweig, Johannes-Offenbarung, 1. Teil, S. 261; siehe auch Offb 11, 15 und vgl. dazu Offb 19, 6. 7
[764] Grünzweig, Johannes-Offenbarung, 1. Teil, S. 116 f. und 2. Teil, S. 84
[765] Grünzweig, Johannes-Offenbarung, 1. Teil, S. 117; siehe auch 2. Thess 2, 1 ff.
[766] Grünzweig, Johannes-Offenbarung, 2. Teil, S. 84 f.; Hubmer, Der Heilsplan Gottes, S. 85 ff.
[767] Vgl. Hubmer, Der Heilsplan Gottes, S. 102 – 104, 114
[768] L. Ott, Dogmatik S. 566
[769] Cullmann, Christologie des NT, S. 233
[770] L. Ott, Dogmatik S. 566
[771] Leif Grane, Die Confessio Augustana, S. 135
[772] Nach BSLK S. 72
[773] Grünzweig, Johannes-Offenbarung, 2. Teil, S. 233
[774] Grünzweig, Johannes-Offenbarung, 2. Teil, S. 233 f.
[775] In Joh 5, 24 meint »Gericht«, in das die Glaubenden nicht kommen, »nicht die Gerichtsverhandlung ..., sondern den Zustand des ewigen ›Gerichts‹ (= Verdammnis). Und in diese ewige Verdammnis ›kommt‹ der Glaubende ›nicht‹ (vgl. Joh 3, 18; Röm 8, 1)« (Maier, Johannes-Evangelium, 1. Teil, S. 218).

[776] Goppelt, Theologie des NT II, S. 516
[777] Schlatter, Erläuterungen zum NT III, daselbst im Teil »Die Offenbarung des Johannes« S. 144
[778] RL 155
[779] EKG 318, 5

Literaturverzeichnis

Die benutzten Abkürzungen stehen in Klammern beim jeweiligen Werk.

Alt, Albrecht: Zur Geschichte des Volkes Israel, 2. Aufl. München 1979 (Alt, Zur Geschichte des Volkes Israel)

Althaus, Paul: Das Kreuz Christi, in: Mysterium Christi. Christologische Studien britischer und deutscher Theologen, herausgegeben von G. K. A. Bell, D.D. und D. Adolf Deißmann, D.D., Berlin 1931, S. 237 ff. (Althaus, Kreuz)

Althaus, Paul: Die christliche Wahrheit, Zweiter Band, Gütersloh 1948 (Althaus, Die christliche Wahrheit II)

Althaus, Paul in: Evangelisches Kirchenlexikon, Dritter Band, 2. Aufl. Göttingen 1962, Sp. 192 ff., Stichwort »Zwei-Reiche-Lehre«, A. und B., (Althaus, EKL III)

Anselm von Canterbury: Cur Deus homo / Warum Gott Mensch geworden, lateinisch und deutsch, 3. Aufl. Darmstadt 1970 (Anselm von Canterbury: Cur Deus homo)

Augustinus, Confessiones / Bekenntnisse, 4. Aufl. Darmstadt 1980, Lizenzausgabe 1984 für die Wissenschaftliche Buchgesellschaft Darmstadt (Augustinus, Bekenntnisse)

Aulén, Gustaf: Die drei Haupttypen des christlichen Versöhnungsgedankens. In: Zeitschrift für systematische Theologie, Achter Jahrgang 1930/31, 3. Vierteljahresheft, S. 501 ff. (Aulén, Haupttypen)

Bakker, Adolphine: Christ an Angel? ZNW 32, 1933 S. 255 ff. (Bakker, Christ an Angel?)

Bardtke, Hans in: Evangelisches Kirchenlexikon, Erster Band, 2. Aufl. Göttingen 1961, Sp. 1159 ff., Stichwort »Esra«, (Bardtke, EKL I)

Baral, Karl: Anthroposophie, 1. Aufl. Neuhausen-Stuttgart 1987 (Baral, Anthroposophie)

Barth, Karl: Christengemeinde und Bürgergemeinde, Theologische Studien 104, 2. Aufl. Zürich 1970 (Barth, Christengemeinde und Bürgergemeinde)

Barth, Karl: Die kirchliche Dogmatik, Band I/2, 3. Aufl. Zollikon-Zürich 1945; Band II/2, 4. Aufl. Zollikon-Zürich 1959; Band III/4, Zollikon-Zürich 1951; Band IV/2, 2. Aufl. Zollikon-Zürich 1964 (Barth, KD I/2 bzw. II/2 bzw. III/4 bzw. IV/2)

Beasley-Murray, George R.: Die christliche Taufe, Kassel 1968 (Beasley-Murray, Die christliche Taufe)

Bengel, Johann Albrecht: Gnomon, Deutsch von C. F. Werner, Band II 8. Aufl. Stuttgart 1970 (Bengel, Gnomon)

Betz, Otto: Was wissen wir von Jesus?, Stuttgart 1965 (Betz, Was wissen wir von Jesus?)

Betz, Otto: What do we know about Jesus?, London 1968 (Betz, What do we know about Jesus?)

Beyerhaus, Peter / v. Padberg, Lutz E.: Eine Welt — eine Religion?, Asslar 1988 (Beyerhaus — v. Padberg, Eine Welt)

Beyerlin, Walter (Herausgeber): Religionsgeschichtliches Textbuch zum Alten Testament, Göttingen 1975 (Beyerlin, Religionsgeschichtliches Textbuch zum Alten Testament)

Birnstein, Uwe: Neuer Geist in alter Kirche? Stuttgart 1987 (Birnstein)

Bittlinger, Arnold: Integrating Other Religious Traditions into Western Christianity, in: Tosh Arai und Wesley Ariarajah (Herausgeber): spirituality in interfaith dialogue, Genf 1989 (Bittlinger, Integrating)

Bonhoeffer, Dietrich: Ethik. Zusammengestellt und herausgegeben von Eberhard Bethge. 9. Aufl. München 1981 (Bonhoeffer, Ethik)

Boor, Werner de: Die Briefe des Paulus an die Philipper und an die Kolosser, 3. Aufl. Wuppertal 1969 (de Boor, Philipper)

Brecht, Martin: Johann Albrecht Bengels Lehre vom Blut Jesu Christi, in: Blätter für württembergische Kirchengeschichte, 73./74. Jahrgang 1973 / 1974, S. 22 ff. (Brecht, Johann Albrecht Bengels Lehre vom Blut Jesu Christi)

Bright, John: Geschichte Israels, Düsseldorf 1966 (Bright, Geschichte Israels)

Bruce, F. F., The Epistle of Paul to the Romans, Nachdruck der 1. Aufl. vom Juni 1963, London Dezember 1963 (Bruce, Romans)

Brunner, Emil: Die Christliche Lehre von Schöpfung und Erlösung, Dogmatik Band II, 3. Aufl. Zürich 1972 (Brunner, Dogmatik II)

Brunner, Peter: Das Hirtenamt der Frau, 1959, in: Pro Ecclesia, Berlin / Hamburg 1962, S. 310 ff. (Peter Brunner, Das Hirtenamt der Frau)

Buber, Martin: Israel und Palästina. Zur Geschichte einer Idee, dtv-Taschenbuch München, Mai 1968 (Buber, Israel und Palästina)

Bühne, Wolfgang: Spiel mit dem Feuer, Bielefeld 1989 (Bühne)

Bühner, Jan-A.: Der Gesandte und sein Weg im 4. Evangelium, Wissenschaftliche Untersuchungen zum Neuen Testament, 2. Reihe 2, Tübingen 1977 (Bühner, Der Gesandte)

Bultmann, Rudolf: Glauben und Verstehen, Zweiter Band, 5. Aufl. Tübingen 1968 (Bultmann, GV II)

Bultmann, Neues Testament und Mythologie, in: Kerygma und Mythos, 5. Aufl. Hamburg-Bergstedt 1967, S. 15 ff. (Bultmann, Neues Testament und Mythologie)

Bultmann, Rudolf: Theologie des Neuen Testaments, 9. Aufl. Tübingen 1984 (Bultmann, Theologie)

Burkhardt, Helmut: Das biblische Zeugnis von der Wiedergeburt, Theologie und Dienst Heft 5, Gießen 1974 (Burkhardt, Wiedergeburt)

Burkhardt, Helmut: Die biblische Lehre von der Bekehrung, Gießen 1978 (Burkhardt, Bekehrung)

Burkhardt, Helmut: Die Glaubensbasis der Evangelischen Allianz — erklärt, Wiedergeburt und Bekehrung, Rundbrief 3/83 des Arbeitskreises für evangelikale Theologie, letzte Seite (Burkhardt, Wiedergeburt und Bekehrung)

Calvin, Johannes: Unterricht in der christlichen Religion / Institutio christianae religionis, nach der letzten Ausgabe übersetzt und bearbeitet von Otto Weber, 2. Aufl. Neukirchen-Vluyn 1963 (Calvin, Institutio)

Codex iuris canonici / Codex des kanonischen Rechtes, Lateinisch-deutsche Ausgabe, Kevelaer 1983 (CIC)

Creiffelds, Carl (Herausgeber): Rechtswörterbuch, 3. Aufl. München 1973 (Creiffelds, Rechtswörterbuch)

Cullmann, Oscar: Christus und die Zeit, 3. Aufl. Zürich 1962 (Cullmann, Christus und die Zeit)

Cullmann, Oscar: Die Christologie des Neuen Testaments, Tübingen 1957 (Cullmann, Christologie des NT)

Cundall, Arthur E.: Judges, in: The Tyndale Old Testament Commentaries, Judges and Ruth, 1. Aufl. London Januar 196, S. 7 ff. (Cundall, Judges)

Denzinger, Henricus — Schönmetzer, Adolfus: Enchiridion symbolorum definitionum et declarationum de rebus fidei et morum, 34. Aufl., Freiburg im Breisgau 1976 (DS)

Didache (Apostellehre), Barnabasbrief, Zweiter Klemensbrief, Schrift an Diognet, eingeleitet, herausgegeben, übertragen und erläutert von Klaus Wengst, Darmstadt 1984 (Didache)

Die Bekenntnisschriften der evangelisch-lutherischen Kirche, 6. Aufl.

Die Wahrheit, die zu ewigem Leben führt, Veröffentlicht in Deutsch 1968 von der Watchtower Bible and Tract Society of New York, Inc., International Bible Students Association, Brooklyn, New York, U.S.A. (Wahrheit)

Dombois, Hans, Stichwort »Institution« »II. Juristisch« in: Kunst, Hermann / Grundmann, Siegfried (Herausgeber): Evangelisches Staatslexikon, Stuttgart 1966, Sp. 797 ff. (Dombois, EvStL)

Drewermann, Eugen: Das Markusevangelium, Zweiter Teil, 4. Aufl. Olten 1991 (Drewermann, Markusevangelium, Zweiter Teil)

Drewermann, Eugen: Tiefenpsychologie und Exegese, Band I, 1. Aufl. der Sonderausgabe, Olten 1991 (Drewermann, Tiefenpsychologie und Exegese I)

Du kannst für immer im Paradies auf Erden leben, Veröffentlicht in Deutsch 1982 von der Watchtower Bible and Tract Society of New York, Inc., International Bible Students Association, Brooklyn, New York, U.S.A. (Du kannst für immer im Paradies auf Erden leben)

Eicken, Erich von: Die charismatische Frage — Heiliger Geist oder Schwarmgeist? Moers 1988 (Eicken)

Evangelisches Kirchengesangbuch, Ausgabe für die Evangelische Landeskirche in Württemberg, 34. Aufl. der Ausgabe von 1953, 1985 (EKG oder EKGwürtt.)

Evangelisches Kirchenlexikon, Dritter Band, 2. Aufl. Göttingen 1962 (EKL III)

Ewiges Leben — in der Freiheit der Söhne Gottes, Veröffentlicht in Deutsch 1967 von der Watchtower Bible and Tract Society of New York, Inc., International Bible Students Association, Brooklyn, N.Y., U.S.A. (Ewiges Leben)

Fahlbusch, Erwin: Kirchenkunde der Gegenwart, Stuttgart 1979 (Fahlbusch, Kirchenkunde der Gegenwart)

Feine, Hans Erich: Kirchliche Rechtsgeschichte, Die katholische Kirche, 4. Aufl. Köln 1964 (Feine, Kirchliche Rechtsgeschichte)

Feiner, Johannes / Fischer, Lukas: Neues Glaubensbuch, 2. Aufl. Freiburg im Breisgau 1973 (Feiner — Fischer, Neues Glaubensbuch)

Fohrer, Georg: Einleitung in das Alte Testament, 11. Aufl. Heidelberg 1969 (Fohrer)

Friedrich, Gerhard: Sexualität und Ehe, Stuttgart 1977 (G. Friedrich, Sexualität und Ehe)

Frucht und Gaben des Heiligen Geistes, St. Chrischona, Juni 1983 (Frucht und Gaben)

Gerhardsson, Birger: Die Anfänge der Evangelientradition, Wuppertal 1977 (Gerhardsson, Evangelientradition)

Gerleman, G. in: RGG, Erster Band, 3. Aufl., ungekürzte Studienausgabe, Tübingen 1986, Sp. 1193 ff., Stichwort »Bibelübersetzungen«, »I. Altgriechische Bibelübersetzungen« (Gerleman, RGG I, Sp. . . .)

Gese, Hartmut: Das biblische Schriftverständnis, in: Zur biblischen Theologie, München 1977, S. 9 ff. (Gese, Schriftverständnis)

Gese, Hartmut: Der Johannesprolog, in: Gese, Hartmut: Zur biblischen Theologie. Alttestamentliche Vorträge, München 1977, S. 152 ff. (Gese, Johannesprolog)

Gese, Hartmut: Die Herkunft des Herrenmahls, in: Zur biblischen Theologie, München 1977, S. 107 ff. (Gese, Herrenmahl)

Gese, Hartmut: Die Sühne, in: Gese, Hartmut: Zur biblischen Theologie. Alttestamentliche Vorträge, München 1977, S. 85 ff. (Gese, Sühne)

Gese, Hartmut: Ps 22 und das Neue Testament, in: Vom Sinai zum Zion, München 1974, S. 180 ff. (Gese, Ps 22)

Gesenius, Wilhelm: Hebräische Grammatik, völlig umgearbeitet von E. Kautzsch, Vierte Nachdruckauflage der 2. Auflage Leipzig 1909, Hildesheim, Zürich, New York 1983 (GK)

Gesenius, Wilhelm: Hebräisches und aramäisches Handwörterbuch über das Alte Testament, bearbeitet von Frants Buhl, unveränderter Neudruck der 1915 erschienenen 17. Aufl. Berlin, Göttingen, Heidelberg 1962 (Gesenius)

Göttliche Verheißungen und ihre Erfüllung. Herausgeber: Neuapostolische Kirche — Internationaler Apostelbund, Zürich (Schweiz), 1983 (Göttliche Verheißungen)

Goppelt, Leonhard: Theologie des Neuen Testaments, Erster Teil, Göttingen 1975; Zweiter Teil, Göttingen 1976 (Goppelt, Theologie des NT I bzw. II)

Grane, Leif: Die Confessio Augustana, Göttingen 1970 (Grane, Die Confessio Augustana)

Grimm, Werner: Deuterojesaja. Deutung — Wirkung — Gegenwart. Ein Kommentar zu Jesaja 40-55 von Werner Grimm in Zusammenarbeit mit Kurt Dittert, Stuttgart 1990 (Grimm — Dittert, Deuterojesaja)

Grünzweig, Fritz: Johannes-Offenbarung, 1. Teil Neuhausen-Stuttgart 1981; 2. Teil Neuhausen-Stuttgart 1982 (Grünzweig, Johannes-Offenbarung, 1. Teil bzw. 2. Teil)

Grundmann, Siegfried, Stichwort »Kirchenrecht« »I. Evangelisches Kirchenrecht«, A — D, in: Kunst, Hermann / Grundmann, Siegfried (Herausgeber): Evangelisches Staatslexikon, Stuttgart 1966, Sp. 965 ff. (Grundmann, EvStL, Sp. . . .)

Grundmann, Siegfried, Stichwort »Zwei-Reiche-Lehre« in: Kunst, Hermann / Grundmann, Siegfried (Herausgeber): Evangelisches Staatslexikon, Stuttgart 1966, Sp. 2589 ff. (Grundmann, EvStL, Sp. . . .)

Grundmann, Walter: Das Evangelium nach Matthäus, 5. Aufl. Berlin 1981 (Grundmann, Matthäus)

Gutsche, Friedhardt, Stichwort »Erwählung« in: Biblisches Wörterbuch, herausgegeben von Fritz Grünzweig, Jürgen Blunck, Martin Holland, Ulrich Laepple und Rolf Scheffbuch, Wuppertal 1982, S. 92 f. (Gutsche, Biblisches Wörterbuch)

Haarbeck, Theodor: Die Bibel sagt ..., 12. Aufl. Gießen 1977 (Haarbeck)

Handbuch Religiöse Gemeinschaften, Für den VELKD-Arbeitskreis Religiöse Gemeinschaften im Auftrage des Lutherischen Kirchenamtes herausgegeben 2. Aufl. von Horst Reller, Gütersloh 1979, 3. Aufl. von Horst Reller und Manfred Kießig, Gütersloh 1985 (Handbuch Religiöse Gemeinschaften, 2. bzw. 3. Aufl.)

Harris, R. Laird (Herausgeber); Archer, Gleason L. Jr. und Waltke, Bruce K. (Mitherausgeber): Theological Wordbook of the Old Testament, Band 1 und Band 2, Chicago, 2. Aufl. 1981 (Harris I bzw. II)

Hartenstein, Karl: Der Prophet Daniel, 2. Aufl. Stuttgart und Basel 1937 (Hartenstein, Daniel)

Hartenstein, Karl: Der wiederkommende Herr, 4. Aufl. Stuttgart 1983 (Hartenstein, Der wiederkommende Herr)

Hauck, F. / Schwinge, G.: Theologisches Fach- und Fremdwörterbuch, 5. Aufl. Göttingen 1982 (Hauck-Schwinge)

Heckel, Johannes in: Evangelisches Kirchenlexikon, Dritter Band, 2. Aufl. Göttingen 1962, Stichwort »Zwei-Reiche-Lehre«, C., Sp 1937 ff. (J. Heckel, EKL III)

Hempelmann, Heinzpeter: Die Auferstehung Jesu Christi — eine historische Tatsache? Wuppertal 1982

Hengel, Martin: Der Sohn Gottes. Die Entstehung der Christologie und die jüdisch-hellenistische Religionsgeschichte, Tübingen 1975 (Hengel, Der Sohn Gottes)

Heussi, Karl: Kompendium der Kirchengeschichte, 13. Aufl., Tübingen 1971 (Heussi, Kirchengeschichte)

Hewitt, Thomas: Hebrews, The Tyndale New Testament Commentaries, Nachdruck der 1. Aufl. vom November 1960, Leicester 1978 (Hewitt, Hebrews)

Hiller, Philipp Friedrich: Geistliches Liederkästlein zum Lobe Gottes, 14. Aufl. Metzingen 1982 (Hiller, Liederkästlein)

Hirsch, Emanuel: Hilfsbuch zum Studium der Dogmatik, 4. Aufl. Berlin 1964 (Hirsch, Hilfsbuch)

Hubmer, Fritz: Der Heilsplan Gottes, 8. Aufl. Bad Liebenzell 1987 (Hubmer, Der Heilsplan Gottes)

Hutten, Kurt: Seher, Grübler, Enthusiasten, 12. Aufl. Stuttgart 1982 (Hutten, Seher, Grübler, Enthusiasten)

Janowski, Bernd: Sühne als Heilsgeschehen. Wissenschaftliche Monographie zum Alten und Neuen Testament, 55. Band, Neukirchen-Vluyn 1982 (Janowski, Sühne als Heilsgeschehen)

Jeremias, Joachim: Die Briefe an Timotheus und Titus, in: Das Neue Testament Deutsch, Teilband 9, Göttingen 1975, S. 1 ff. (Jeremias, Timotheus und Titus)

Jeremias, Joachim: Neutestamentliche Theologie, Erster Teil, Berlin 1973 (Jeremias, Neutestamentliche Theologie I)

Jeremias, Jörg: Ps 130 und Luthers Nachdichtung, in: Theologische Beiträge 6/1989, S. 284 ff. (Jörg Jeremias, thb 6/89)

Joest, Wilfried: Dogmatik, Band 1, Göttingen 1984; Band 2, Göttingen 1986 (Joest, Dogmatik I bzw. II)

Joest, Wilfried: Fundamentaltheologie, Stuttgart 1974 (Joest, Fundamentaltheologie)

Joest, Wilfried: Gesetz und Freiheit, 4. Aufl. Göttingen 1968 (Joest, Gesetz und Freiheit)

Joest, Wilfried: Paulus und das Lutherische Simul Iustus et Peccator, in: Kerygma und Dogma, 1. Jahrgang (1955), Heft 4, S. 269 ff. (Joest, Paulus und das Lutherische Simul Iustus et Peccator)

Käsemann, Ernst: Amt und Gemeinde im Neuen Testament, in: Käsemann: Exegetische Versuche und Besinnungen, Auswahl, Göttingen 1986, S. 33 ff. (Käsemann, Amt)

Kaiser, Otto: Der Prophet Jesaja, Kapitel 1-12, Das Alte Testament Deutsch, Teilband 17, 4. Aufl. Göttingen 1978 (Kaiser, Jesaja 1-12)

Kaiser, Otto: Der Prophet Jesaja, Kapitel 13-39, Das Alte Testament Deutsch, Teilband 18, Göttingen 1976 (Kaiser, Jesaja 13-39)

Kasper, Walter: Christologie von unten? Quaestiones disputatae 72, 1975, S. 141 ff.

Kayser, Hans (Herausgeber): Schriften Jakob Böhmes, Leipzig 1923 (Kayser, Schriften Jakob Böhmes)

Keil, Carl Friedrich: Leviticus, Numeri und Deuteronomium, 3.Aufl. Gießen 1987 (Keil, Lev/Num/Dtn)

Kemner, Heinrich: Da kann ich nur staunen. Lebenslauf, 2. Aufl. Wuppertal 1984 (Kemner, Lebenslauf)

Kettler, F. H. in: RGG, Vierter Band, 3. Aufl., ungekürzte Studienausgabe, Tübingen 1986, Sp. 1692 ff., Stichwort »Origenes« (Kettler, RGG IV, Sp. ...)

Kettling, Siegfried: Biblische Aussagen über den Tod — Der Weg vom Alten zum Neuen Testament, in: Der Reichgottesarbeiter 6/1989, S. 115 ff. (Kettling, Biblische Aussagen über den Tod — Der Weg vom Alten zum Neuen Testament)

Kettling, Siegfried: Wo sind unsere Toten? In: Der Reichgottesarbeiter 6/1987, S. 123 ff. (Kettling, Wo sind unsere Toten?)

Kidner, Derek: The Proverbs, The Tyndale Old Testament Commentaries, London 1964 (Kidner, Proverbs)

Kim, Seyoon: The Origin of Paul's Gospel, Wissenschaftliche Untersuchungen zum Neuen Testament, 2. Reihe 4, Tübingen 1981 (Kim, The Origin of Paul's Gospel)

Kim, Seyoon: »The ›Son of Man‹« as the Son of God, Wissenschaftliche Untersuchungen zum Neuen Testament 30, Tübingen 1983 (Kim, »The ›Son of Man‹« as the Son of God)

Kirchenbuch für die Evangelische Landeskirche in Württemberg, Die kirchliche Trauung, Probeausgabe von 1978

Kittel, Gisela: Der Name über alle Namen II, Biblische Theologie / NT, Göttingen 1990 (Kittel II)

Klappert, Bertold (Herausgeber): Diskussion um Kreuz und Auferstehung, 4. Aufl. Wuppertal 1971 (Klappert, Diskussion um Kreuz und Auferstehung)

Kleines Wörterbuch der marxistisch-leninistischen Philosophie, von Manfred Buhr und Alfred Kosing, 5. Aufl. Berlin 1981 (Kleines Wörterbuch der marxistisch-leninistischen Philosophie)

Koch, Kurt E.: Heinrich Coerper und sein Werk, Bad Liebenzell 1964 (Koch, Coerper)

Köberle, Adolf: Das griechische und das biblische Verständnis von Seele, Theologische Beiträge 3/1983, S. 133 ff.

Köberle, Adolf: Stirbt die Seele im Tod mit? In: Köberle, Adolf: Universalismus der christlichen Botschaft, Darmstadt 1978, S. 55 ff. (Köberle, Stirbt die Seele im Tod mit?)

König, Reinhard: Geheime Gehirnwäsche, Neuhausen-Stuttgart 1986 (König, Geheime Gehirnwäsche)

Kraus, Hans-Joachim: Psen, 2. Teilband, Biblischer Kommentar Altes Testament, Band XV/2, 5. Aufl. Neukirchen-Vluyn 1978 (Kraus, Psen II)

Kraus, Hans-Joachim: Systematische Theologie im Kontext biblischer Geschichte und Eschatologie, Neukirchen-Vluyn 1983 (Kraus, Syst.)

Kreck, Walter: Die Zukunft des Gekommenen, München 1966 (Kreck, Die Zukunft des Gekommenen)

Kreck, Walter: Grundfragen der Dogmatik, München 1970 (Kreck, Grundfragen der Dogmatik)

Küng, Hans: Christ sein, 10. Aufl. München 1980 (Küng, Christ sein)

Künneth, Walter: Der Christ als Staatsbürger, Wuppertal 1984 (Künneth, Staatsbürger)

Künneth, Walter: Fundamente des Glaubens. Biblische Lehre im Horizont des Zeitgeistes. 2. Aufl. Wuppertal 1975 (Künneth, Fundamente)

Künneth, Walter: Politik zwischen Dämon und Gott, Berlin 1954 (Künneth, Politik)

Künneth, Walter / Beyerhaus, Peter: Reich Gottes oder Weltgemeinschaft? Bad Liebenzell 1975 (Künneth / Beyerhaus, Reich Gottes oder Weltgemeinschaft?)

Kunkel, Wolfgang: Römische Rechtsgeschichte, 5. Aufl. Köln — Graz 1967 (Kunkel, Römische Rechtsgeschichte)

Lamparter, Helmut: Prüfet die Geister. Philosophen und Denker von Kant bis Bloch. 3. Aufl. Wuppertal 1975 (Lamparter)

Lang, Friedrich: Die Briefe an die Korinther, Das Neue Testament Deutsch, Teilband 7, Göttingen 1986 (Lang, Korinther)

Lange, Dieter: Eine Bewegung bricht sich Bahn, Berlin 1979 (Lange, Eine Bewegung bricht sich Bahn)

Lapide, Pinchas: Ist die Bibel richtig übersetzt?, 2. Aufl. Gütersloh 1987 (Lapide, Ist die Bibel richtig übersetzt?)

Lutherbibel erklärt. Die Heilige Schrift in der Übersetzung Martin Luthers mit Erläuterungen für die bibellesende Gemeinde, Stuttgart 1974 (Lutherbibel erklärt)

Maier, Gerhard: Matthäus-Evangelium, 1. Teil, Neuhausen-Stuttgart 1979; 2. Teil Neuhausen-Stuttgart 1980 (Maier, Matthäus-Evangelium, 1. bzw. 2. Teil)

Maier, Gerhard: Biblische Hermeneutik, Wuppertal 1990 (Maier, Hermeneutik)

Maier, Gerhard: Das Ende der historisch-kritischen Methode, Wuppertal 1974 (Maier, hist.-krit. Methode)

Maier, Gerhard: Der Abschluß des jüdischen Kanons und das Lehrhaus von Jabne, in: Maier, Gerhard (Herausgeber): Der Kanon der Bibel, Gießen 1990 (Maier, Kanon)

Maier, Gerhard: Der Prophet Daniel, Wuppertal 1982 (Maier, Daniel)

Maier, Gerhard: Lukas-Evangelium, 1. Teil, Neuhausen-Stuttgart 1991 (Maier, Lukas-Evangelium, 1. Teil)

Maier, Gerhard: Johannes-Evangelium, 1. Teil, Neuhausen-Stuttgart 1984 (Maier, Johannes-Evangelium, 1. Teil)

Michel, Otto: Der Brief an die Römer, 5. Aufl. Göttingen 1978 (Michel, Römer)

Mildenberger, Friedrich: Grundwissen der Dogmatik, 2. Aufl. 1977; 3. Aufl. Stuttgart 1987 (Mildenberger, Grundwissen, 2. bzw. 3. Aufl.)

Mörsdorf, Klaus, in: Kunst, Hermann / Grundmann, Siegfried (Herausgeber): Evangelisches Staatslexikon, Stuttgart 1966, Sp. 897 ff. Stichwort »Kirche«, »II. Römisch-katholisch« (Mörsdorf, EvStL, Sp ...)

Moldaenke, G. in: RGG, Zweiter Band, 3. Aufl., ungekürzte Studienausgabe, Tübingen 1986, Sp. 971, Stichwort »Flacius« (Moldaenke, RGG II, Sp ...)

Morris, Leon: Thessalonians, The Tyndale New Testament Commentaries, Nachdruck der 1. Aufl. vom Oktober 1956, London 1976 (Morris, Thessalonians)

Müller, Max / Halder, Alois (Herausgeber): Kleines Philosophisches Wörterbuch, 6. Aufl. Freiburg im Breisgau 1977 (Müller-Halder)

Neuer, Werner: Zur generellen Ersetzung des Weins durch Traubensaft beim Heiligen Abendmahl, in: Ev. Sammlung in Württemberg, Informationen, Oktober 1985, S. 11 ff. (Neuer, Abendmahl)

Neuner, Josef — Roos, Heinrich: Der Glaube der Kirche in den Urkunden der Lehrverkündigung, neubearbeitet von Karl Rahner und Karl-Heinz Weger, 9. Aufl. Regensburg 1971 (NR)

Ott, Ludwig: Grundriß der katholischen Dogmatik, 10. Aufl. Freiburg im Breisgau 1981 (L. Ott, Dogmatik)

Pache, René: Der Heilige Geist, 2. Aufl. Wuppertal 1975 (Pache, Der Heilige Geist)

Pache, René: Inspiration und Autorität der Bibel, Wuppertal 1968 (Pache, Inspiration)

Pieper: Christian Dogmatics, Band III, St. Louis 1953 (Pieper, Christian Dogmatics III)

Pieper, Franz; Mueller, J. T.: Christliche Dogmatik, St. Louis 1946 (Pieper-Mueller, Christliche Dogmatik)

Platon: Das Gastmahl, in: Platon, Hauptwerke, ausgewählt und eingeleitet von Wilhelm Nestle, Stuttgart 1973, S. 113 ff. (Platon, Das Gastmahl)

Pöhlmann, Horst Georg: Abriß der Dogmatik, 4. Aufl. Gütersloh 1985 (Pöhlmann, Dogmatik, 4. Aufl.)

Preuß, Horst Dietrich: Theologie des Alten Testaments, Band 2, Stuttgart 1992 (Preuß II)

Rad, Gerhard von: Christliche Weisheit?, 1971, in: Gesammelte Studien zum Alten Testament, ThB Band 48, München 1973, S. 267 ff. (v. Rad, Christliche Weisheit?)

Rad, Gerhard von: Das erste Buch Mose, Das Alte Testament Deutsch, Band 2 bis 4, Berlin 1955 (v. Rad, 1. Mo)

Rad, Gerhard von: Das fünfte Buch Mose, Deuteronomium. Das Alte Testament Deutsch, Teilband 8, 3. Aufl. Göttingen 1978 (v. Rad, 5. Mo)

Rad, Gerhard von: Theologie des Alten Testaments, Band I, 7. Aufl. München 1978 (v. Rad, Theologie des AT I)

Rad, Gerhard von: Weisheit in Israel, Neukirchen-Vluyn 1970 (v. Rad, Weisheit)

Rahner, Karl — Vorgrimler, Herbert: Kleines Konzilskompendium. Sämtliche Texte des Zweiten Vatikanums. 7. Aufl., Freiburg im Breisgau 1971 (Rahner-Vorgrimler)

Reichs-Lieder. Deutsches Gemeinschaftsliederbuch. Alte Ausgabe. Neumünster i. Holst. 1967 (RL)

Reimer, Hans-Diether, Eggenberger, Oswald: ... neben den Kirchen, 2. Aufl. Konstanz 1980 (Reimer-Eggenberger)

Reimer, Hans-Diether: Wenn der Geist in der Kirche wirken will, Stuttgart 1987 (Reimer, Geist)

Rendtorff, Rolf: Das Alte Testament, Neukirchen-Vluyn 1983 (Rendtorff)

Rienecker, Fritz (Herausgeber): Lexikon zur Bibel, 5. Aufl. der Volksausgabe Wuppertal 1977 (Rienecker, Lexikon zur Bibel)

Riesner, Rainer: Jesus als Lehrer, Tübingen 1981 (Riesner, Jesus als Lehrer)

Riesner, Rainer: Präexistenz und Jungfrauengeburt, in: Theologische Beiträge 4/1981 S. 177 ff. (Riesner, Präexistenz und Jungfrauengeburt, thb 4/81)

Robinson, John A. T.: Redating the New Testament, 4. Aufl. London 1981 (Robinson, Redating)

Roloff, Jürgen: Die Apostelgeschichte, Das Neue Testament Deutsch, Teilband 5, Göttingen 1981 (Roloff, Apostelgeschichte)

Roloff, Jürgen: Neues Testament, Neukirchen-Vluyn 1977 (Roloff, Neues Testament)

Schäfer, Heinz (Herausgeber): Mach ein Fenster dran, Stuttgart 1976 (Schäfer II)

Schilling, Werner: Heiliges Abendmahl oder Feierabendmahl?, Bielefeld 1980 (Schilling, Heiliges Abendmahl oder Feierabendmahl?)

Schlatter, Adolf: Der Glaube im Neuen Testament, 6. Aufl. Stuttgart 1982 (Schlatter, Glaube)

Schlatter, Adolf: Die christliche Ethik, 4. Aufl. Stuttgart 1961 (Schlatter, Ethik)

Schlatter, Adolf: Erläuterungen zum Neuen Testament, Erster Band, Die Evangelien und die Apostelgeschichte. 2. Aufl. Calw und Stuttgart 1918; Dritter Band, Die Briefe des Petrus, Judas, Johannes, an die Hebräer, des Jakobus. Die Offenbarung des Johannes, 2. Aufl. Stuttgart 1921 (Schlatter, Erläuterungen I bzw. III)

Schleiermacher, Friedrich: Der christliche Glaube, Erster Band, 7. Aufl. Berlin 1960 (Schleiermacher, Der christliche Glaube I)

Schmid, Heinrich: Die Dogmatik der evangelisch-lutherischen Kirche. Dargestellt und aus den Quellen belegt. Neu herausgegeben und durchgesehen von Horst Georg Pöhlmann. 9. Aufl. Gütersloh 1979 (Schmid, Dogmatik)

Schmidt, Kurt Dietrich: Die Bekenntnisse und grundsätzlichen Äußerungen zur Kirchenfrage des Jahres 1933, Göttingen 1937 (Schmidt, Bekenntnisse)

Schmidt, Martin: Speners Wiedergeburtslehre, in: Greschat, Martin (Herausgeber), Zur neueren Pietismusforschung, Wege der Forschung Band CDXL, Darmstadt 1977, S. 9 ff. (Schmidt, Speners Wiedergeburtslehre)

Schmidt, Werner H.: Exodus, 1. Teilband, Biblischer Kommentar Altes Testament Band II/1, Neukirchen-Vluyn 1988 (Schmidt, Exodus)

Schneider, Dieter: Das fünfte Buch Mose, Wuppertal 1982 (Schneider, Das fünfte Buch Mose)

Schneider, Johannes: Das Evangelium nach Johannes. Aus dem Nachlaß herausgegeben unter Leitung von Erich Fascher. 2. Aufl. Berlin 1978 (Schneider, Johannes)

Schnepel, Erich: Die Offenbarung des Johannes, Stuttgart 1960 (Schnepel, Offenbarung)

Scholder, Klaus: Die Kirchen und das Dritte Reich, Band 2, Berlin 1985 (Scholder II)

Schott, E. in: RGG, Dritter Band, 3. Aufl., ungekürzte Studienausgabe, Tübingen 1986, Sp. 1116 ff., Stichwort »Kanon«, I. 1-5 (Schott, RGG III, Sp. . . .)

Schrupp, Ernst in: Evangelisches Gemeindelexikon, herausgegeben von Erich Geldbach, Helmut Burkhardt und Kurt Heimbucher, Wuppertal 1978, S. 9 f., Stichwort »Allianz, Evangelische« (Schrupp)

Schumacher, Gerhard: evangelisch – katholisch in Frage und Antwort, 9. Aufl. 1984 (Schumacher, evangelisch – katholisch)

Siedenschnur, Günther: evangelisch – katholisch in Frage und Antwort, 8. Aufl. Bielefeld 1980 (Siedenschnur)

Slenczka, Reinhard: Die Ordination von Frauen zum Amt der Kirche, in: idea-Dokumentation Nr. 28/91 S. 5 ff.

Slenczka, Reinhard: Kirchliche Entscheidung in theologischer Verantwortung, Göttingen 1991 (Slenczka, Kirchl. Entscheidungen)

Soe, N. H.: Christliche Ethik, 3. Aufl. München 1965 (Soe, Christliche Ethik)

Stadelmann, Helge: Grundlinien eines bibeltreuen Schriftverständnisses, Wuppertal 1985 (Stadelmann, Grundlinien)

Stamm, J. J. in: Theologisches Handwörterbuch zum Alten Testament, herausgegeben von Ernst Jenni unter Mitarbeit von Claus Westermann, Band I München 1971, Stichwort »*g'l* erlösen«, Sp. 383 ff. (Stamm, THAT I)

Steiner, Rudolf: Aus der Akasha-Chronik, Taschenbuchausgabe Dornach 1983 (Steiner, Aus der Akasha-Chronik)

Steiner, Rudolf: Das Johannesevangelium im Verhältnis zu den drei anderen Evangelien, besonders zu dem Lukasevangelium, Dornach 1928 (Steiner, Joh.evangelium im Verhältnis)

Steiner, Rudolf: Das Lukas-Evangelium. Ein Zyklus von zehn Vorträgen, gehalten in Basel vom 15. bis 26. September 1909, 8. Aufl. Dornach 195 (Steiner, Lukas-Evangelium)

Stibbs, Alan M.: Peter, The Tyndale New Testament Commentaries, Nachdruck der 1. Aufl. vom Januar 1959, London 1966 (Stibbs)

Strack, Hermann L. / Billerbeck, Paul: Kommentar zum Neuen Testament aus Talmud und Midrasch, Erster Band, 8. Aufl. München 1982; Dritter Band, 7. Aufl. München 1979 (Strack-Billerbeck I bzw. III)

Stroh, W. F.: Die Lehre des württembergischen Theosophen Johann Michael Hahn, systematisch entwickelt und in Auszügen aus seinen Schriften dargestellt, 4. Aufl. Stuttgart 1965 (Stroh, Lehre)

Stuhlhofer, Franz: Jesus und seine Schüler, Gießen 1991 (Stuhlhofer, Jesus und seine Schüler)

Stuttgarter Erklärungsbibel. Die Heilige Schrift nach der Übersetzung Martin Luthers mit Einführungen und Erklärungen, Stuttgart 1992 (Stuttgarter Erklärungsbibel)

Taylor, John B.: Ezekiel, The Tyndale Old Testament Commentaries, Nachdruck der 1. Aufl. vom September 1969, Leicester 1976 (Taylor, Ezekiel)

Thielicke, Helmut: Theologische Ethik, II. Band, 2. Teil, 3. Aufl. Tübingen 1974; III. Band, 2. Aufl. Tübingen 1968 (Thielicke, Theol. Ethik II/2 bzw. III)

Thompson, J. A.: Deuteronomy, The Tyndale Old Testament Commentaries, Nachdruck der 1. Aufl. vom Oktober 1974, Leicester 1976 (Thompson, Deuteronomy)

Tlach, Walter: Der neue Mensch und die neuen Strukturen, in: Scheffbuch, Winrich (Herausgeber): Der neue Mensch, Auszüge aus den Ansprachen der 18. Ludwig-Hofacker-Konferenz am 13. Juni 1974 in der Neuen Messehalle Sindelfingen und der Sporthalle Böblingen, Metzingen 1974, S. 33 ff. (Tlach, Der neue Mensch und die neuen Strukturen)

Trillhaas, Wolfgang: Sexualethik, 2. Aufl. Göttingen 1970 (Trillhaas, Sexualethik)

Vogel, H. in: Evangelisches Kirchenlexikon, Zweiter Band, 2. Aufl. Göttingen 1962, Sp. 1301 ff., Stichwort »Menschwerdung Gottes« (Vogel, EKL II)

Walch, Joh. Georg (Herausgeber): Dr. Martin Luthers Sämtliche Schriften, Nachdr. d. 2., überarb. Aufl. von 1880-1910, Groß Oesingen 1986, 1987 (W^2)

Weber, O. in: RGG, Erster Band, 3. Aufl., ungekürzte Studienausgabe, Tübingen 1986, Sp. 414 ff., Stichwort »Anthropologie«, »III. Theologiegeschichtlich« (Schott, RGG III, Sp. ...) (Weber, RGG I, Sp. ....)

Weber, Otto: Grundlagen der Dogmatik, Erster Band, Vierte Auflage Neukirchen-Vluyn 1972; Zweiter Band, Zweite Auflage Neukirchen-Vluyn 1972 (Weber I bzw. II)

Weber, Otto: Karl Barths Kirchliche Dogmatik, 8. Aufl. Neukirchen-Vluyn 1977 (Weber, Barths KD)

Weiser, Artur: Das Buch Hiob, Das Alte Testament Deutsch, Teilband 13, 7. Aufl. Göttingen 1980 (Weiser, Hiob)

Wendland, Heinz-Dietrich: Die Briefe an die Korinther, NTD 7, Göttingen 1972 (Wendland, Korinther)

Westermann, Claus: Das Alte Testament und die Menschenrechte, in: Baur, Jörg (Herausgeber): Zum Thema Menschenrechte, Stuttgart 1977, S. 5 ff. (Westermann, Menschenrechte)

Westermann, Claus: Das Buch Jesaja, Kapitel 40-66, Das Alte Testament Deutsch Teilband 19, 3. Aufl. Göttingen 1976 (Westermann, Jesaja 40-66)

Westermann, Claus: Genesis, Kapitel 1-11, Biblischer Kommentar Altes Testament I / 1, 2. Aufl Neukirchen-Vluyn 1976 (Westermann, Genesis 1-11)

Wildberger, Hans: Jesaja, 1. Teilband, Jesaja 1-12, Biblischer Kommentar Altes Testament Band X / 1, 2. Aufl. Neukirchen-Vluyn 1980; 2. Teilband, Jesaja 13-27, Biblischer Kommentar Altes Testament Band X / 2, Neukirchen-Vluyn 1978; 3. Teilband, Jesaja 28-39, Biblischer Kommentar Altes Testament Band X / 3, Neukirchen-Vluyn 1982 (Wildberger, Jesaja 1-12 bzw. 13-27 bzw. 28-39)

Wolf, Ernst: Barmen, 3. Aufl. München 1984 (Wolf, Barmen)

Wolff, Hans Walter: Anthropologie des Alten Testaments, 2. Aufl. München 1974 (Wolff, Anthropologie)

Würthwein, Ernst: Die Bücher der Könige, 1. Kön. 17 – 2. Kön. 25, Das Alte Testament Deutsch, Teilband 11, 2, Göttingen 1984 (Würthwein, Könige, ATD 11, 2)

Zimmerli, Walther: 1. Mo 1-11, 3. Aufl. Zürich 1967 (Zimmerli, 1. Mo 1-11)

Zimmerli, Walther: Grundriß der alttestamentlichen Theologie, 2. Aufl. Stuttgart 1975 (Zimmerli, Theologie)

Verzeichnis der Personennamen

Seitenzahlen in in [ ] = in den Anmerkungen, ( ) = im Literaturverzeichnis

Verzeichnis der Stichworte, Orte und Sachen

Seitenzahlen in in [ ] = in den Anmerkungen, ( ) = im Literaturverzeichnis

Bibelstellenverzeichnis

Die Abkürzungen der biblischen Bücher in den Zitaten wurde den allgemein verwendeten Abkürzungen angeglichen.